生态空间可占用性：理论框架与应用实践

李平星　著

科 学 出 版 社

北　京

内 容 简 介

人地关系地域系统的研究越来越注重生态、经济、社会等多要素的协同作用，以期科学判断地域功能、推动国土空间格局优化和区域可持续发展，但针对生态要素的系统性评价尚处于探索和起步阶段。本书通过对地理学和生态学相关理论的回顾，提出生态空间可占用性概念，构建其理论研究框架和方法体系，并以广西西江经济带为案例区进行应用实践，以期充实地域功能研究的理论和方法，也为构架可持续的空间开发格局提供指导。

本书可供政府管理和决策部门以及区域与城市规划、经济地理学、应用生态学、可持续发展科学等领域的研究人员和高等院校师生参考、阅读。

图书在版编目（CIP）数据

生态空间可占用性：理论框架与应用实践/李平星著. —北京：科学出版社，2014.11

ISBN 978-7-03-042414-3

Ⅰ. ①生… Ⅱ. ①李… Ⅲ. ①城市规划–研究 Ⅳ. ①TU984

中国版本图书馆 CIP 数据核字（2014）第 259084 号

责任编辑：周 丹 罗 吉 / 责任校对：赵桂芬
责任印制：徐晓晨 / 封面设计：许 瑞

科学出版社出版
北京东黄城根北街 16 号
邮政编码：100717
http://www.sciencep.com
北京凌奇印刷有限责任公司印刷
科学出版社发行 各地新华书店经销
*
2014 年 11 月第 一 版 开本：720×1000 1/16
2019 年 6 月第二次印刷 印张：10 5/8 插页：3
字数：214 000

定价：88.00 元

（如有印装质量问题，我社负责调换）

前　言

随着经济社会的快速发展，生产、生活空间快速蔓延，大量占用了林地、草地、耕地等具有重要功能的生态空间，因此带来了生态破坏、环境恶化等现实问题，进而导致人类生存环境的恶化、生产效率的限制和生活质量的下降。近年来，对这些负面效应的关注使得人类开始反思以往的空间发展模式，日益将协调人与自然的关系、实现可持续发展作为发展的重要导向。然而，人类的不断发展将难以避免地占用自然生态空间，来满足自身生产和生活的需求。面对发展与保护的矛盾冲突，如何科学引导生产、生活空间对生态空间的占用成为摆在研究者和决策者面前的现实问题。解决这一人地关系问题，需要整合生态学、地理学等相关学科知识，这对以解决人类可持续发展为目标的多学科交叉研究也提出了新的需求，使之成为具有重要价值的科学命题。

基于此，本书通过对相关文献和研究进展的回顾，以满足现实需求为目标，以开展多学科交叉研究为导向，提出了生态空间可占用性的概念。所谓生态空间占用，是指人类生产、生活空间对自然生态空间的侵占和使用，从而使自然生态空间的主导功能由满足生态需求向满足人类发展需求转变，而生态空间可占用性，则是指基于生态学相关理论，生态空间可以被人类占用、转化为生产或生活空间的程度。生态空间可占用性反映的是生态系统或景观单元被生产或生活空间占用、其主导功能不再是生态功能之后，对整个区域生态系统或景观的结构、功能引起的破坏的程度。人地关系地域系统理论、可持续发展理论、社会-经济-自然复合生态系统理论、生态因子理论、景观生态学理论等都是生态空间可占用性分析的理论基础。

以解决生态空间可占用性的问题提出、研究框架构建和案例区研究为主要内容，全书分为六章，第一章为绪论，全面分析研究背景，从现实和理论需求揭示问题提出的原因，明确研究的主要目标和研究思路；第二章为概念辨析与理论基础，深入阐述生态空间可占用性的概念，综述其理论基础，提出生态空间可占用性的评价模型；第三章为生态空间可占用性评价技术方法与案例区概况，全面综述了与本研究相关的技术方法，提出了本研究拟采用的具体方法，详细介绍了广西西江经济带自然地理概况和经济社会发展背景；第四章为西江经济带生态空间可占用性评价，在案例区生态适宜性、生态重要性和生态脆弱性评价的基础上，基于生态空间可占用性评价模型，对案例区生态空间可占用性进行评价和分区，揭示不同类型可占用性分区的空间格局；第五章为基于情景模拟的生态空间可占用性效应研究，以可占用性为约束条件模拟未来城镇扩展过程，并与基于开发建设适宜性为约束条件的城镇扩张情景进行对比分析，揭示两种情景在生态系统服务功能和城镇格局、形态等方面的效应；第六章为结论建议与展望，全面总结本书的主要结论，阐述未来空间开发的原则和建议，提出未来深化研究的展望。

本书是基于笔者在中国科学院地理科学与资源研究所读博所完成的毕业论文和在中国科学院南京地理与湖泊研究所工作期间发表的工作成果整理而成。笔者本科和硕士阶段主要从事生物学和理论生态学方面的研究，将这些理论应用于人文-经济地理学研究以解决人地关系问题，既有一定的优势，又面临着极大的挑战。无论是在读博还是工作期间，笔者一直尝试如何有效地开展这一交叉研究工作。本书诸多观点和思路是基于作者在多年研究中的思考和读博期间发表的论文及近几年工作成果整理而成，也凝聚着读博和工作期间所在单位和团队的集体智慧。需要指出的是，在中国科学院地理科学与资源研究所读博期间，恰逢导师樊杰研究员开展《广西西江经济带发展总体规划》的编制工作，笔者有幸作为项目组学术秘书全程参与这项具有重要意义的区域发展总体规划的编制，既为案例区选择和资料收集提供了便捷，也在参与项目组多次学术讨论的过程中进一步明确了笔者的研究设想，使之更具备可行性和实用价值。在此，对中国科学院地理科学与资源研究所区域可持续发展分析与模拟重点实验室主任樊杰研究员多年的悉心指导和长期关注表示由衷的感谢。此外，书中个别指标的计算也充分参考和借鉴了项目组各位专家的研究成果，在此一并致谢。同时，也感谢区域可持续发展分析与模拟重点实验室各位老师、广西西江经济带发展总体规划项目组各位专家、广西西江经济带发展领导小组对本书资料搜集、实地调研、数据分析、思路形成等方面提供的诸多帮助，中国科学院资源环境科学数据中心、地球系统科学数据共享平台等提供了数据方面的支撑，笔者表示由衷的感谢。在中国科学院南京地理与湖泊研究所工作期间，所在区域发展与规划中心的诸位同事对深化研究、理清思路、书稿整理等提出了许多宝贵的意见，在此一并致谢。

写作本书最大的意义在于提出生态空间可占用性的概念、构建其理论研究框架，以之作为开展交叉研究的切入点。本书有助于拓宽生态学、地理学等开展交叉研究的思路，充实地域功能识别研究的理论和方法，也能为政府明确空间功能定位、制定差别化空间管制政策、推动区域可持续发展提供借鉴和参考。鉴于概念的提出、框架的构架等均是一项全新的、探索性的研究工作，诸多方面尚不成熟，需要进一步深化和完善，期待各位专家提出宝贵意见，以不断推动研究走向深入。此外，由于水平、资料、时间所限，书中难免存在一些疏漏和不当之处，还请广大读者不吝指教。

李平星

2014 年夏于南京九华山

目　录

第一章　绪　　论

改革开放以来，随着经济社会的快速发展，生产、生活空间占用生态空间的现象屡见不鲜，并因此带来了生态破坏、环境恶化等现实问题，严重影响到区域可持续发展。空间资源的合理利用、分工与调控成为研究者和政府关注的热点，以解决在空间资源有限的情况下，“发展”和“保护”两种需求对空间资源的配置问题。在此背景下，人类逐渐开始运用地理学、生态学、可持续发展科学等相关理论和方法，提出有序开发、科学利用和合理保护空间资源的思想，以期在满足人类发展需求的同时，保障生态环境质量不出现根本性的恶化。生态学研究在解决这些问题方面具有先天的优势，近年来在空间资源利用与保护方面发挥着重要的作用。自然生态空间具有多样的属性，其中之一表现为不同空间板块对维护生态系统健康和生态过程安全的重要性存在差异。从开发利用的角度而言，这种差异表现为人类活动占用不同区域和不同类型的生态空间后所产生的生态环境效应不同。基于此思想，本书提出了“生态空间可占用性”的概念，详细阐述了其理论基础和研究方法，并以处于快速发展期的广西西江经济带为例开展应用研究，以期为空间资源配置和生态环境保护提供理论依据和方法支撑。

第一节　研 究 背 景

对生态问题的关注起源于生态破坏对人类生产和生活带来的负反馈效应，其降低了生产效率或生活质量，甚至对人类的生命安全造成破坏。如同空气、水等资源一样，空间曾经是一种普遍存在的资源类型，可以满足人类生产和生活活动的各种需求。但是，随着人口的持续增长和工业化、城镇化进程的迅速推进，大量的生态空间被无序占用，使得生态系统健康受到严重破坏。在此背景下，空间资源的有限性问题日益凸显。如何保护有限的空间资源，既是现实需求，也是摆在研究者面前的科学问题。

一、现实需求

生态环境保护是我国的基本国策，近年来我国经济社会高速发展给生态环境保护带来了巨大的压力，对开展生态空间可占用性研究产生了较大的现实需求。

1. 经济社会高速发展，给生态空间保护带来了巨大压力

改革开放以来，中国经济取得了突飞猛进的发展，2012 年 GDP 总量为 51.89 万亿元，是 1978 年的 142 倍，年增速为 15.70%（图 1-1）。但是，由于中国的经济增长相对粗放式，建设用地规模扩展伴随着经济总量的增大，生态环境保护面对的压力也较大。数据表明，1996～2012 年，全国 GDP 从 7.12 万亿元增长至 51.95 万亿元，同期建设用地从 29.18 万 km^2 增加至 36.91 万 km^2，增长了 7.73 万 km^2，国土开发强度从 3.04%增长至 3.44%[①]，建设用地年均增长 0.48 万 km^2。在东部发达地区，经济发展带来的建设用地扩展更为明显。在改革开放的排头兵——珠三角地区，GDP、资产投资、出口规模的增长和建设用地面积的增加是同步的，珠三角诸多城市的国土开发强度已经超过了德国、法国、日本等国家的大都市圈地区（杨伟民，2008）。

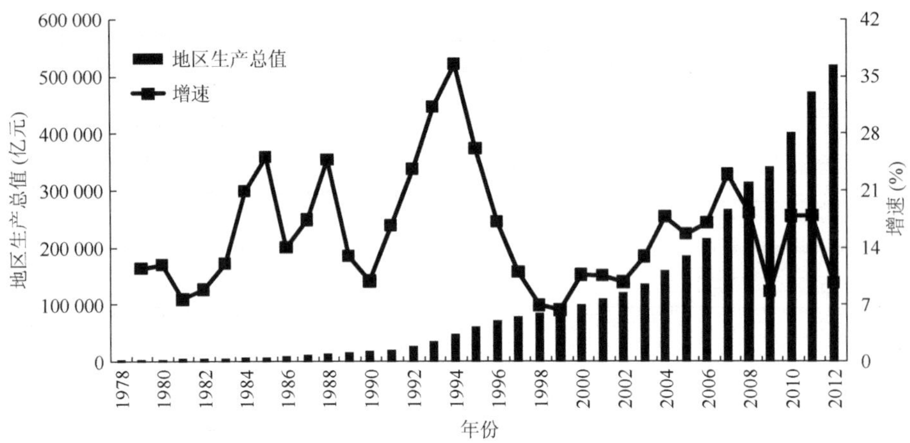

图 1-1　1978～2012 年全国 GDP 总量及各年份增速（数据源自 2013 年《中国统计年鉴》）

建设用地的增加在很大程度上是通过占用具有生态功能的用地来进行的。具有重要生态功能的空间被大量占用，造成了生态破坏、环境质量恶化、景观效果降低等问题。图 1-2（a）所示的某城市，沿江岸线密密麻麻布局着人工建筑，自然岸线丧失殆尽；而图 1-2（b）所示的某城市则是保留了大量的自然岸线。仅仅从城市景观营造的角度出发，图 1-2（a）这种不给自然生态系统留一点空间、以生产和生活岸线完全替代生态岸线的做法是否合适，是值得商榷的；且自然岸线

① 开发强度指一个区域建设空间（建设用地）占该区域总面积的比例。建设空间包括城镇建设用地、农村居民点、独立工矿、交通、水利设施及其他建设用地。

在生物多样性保护、防洪等方面具有重要作用。因此，在未来的城市发展和扩展过程中，迫切需要对生态空间的可占用性进行识别，以保障重要的生态功能区不被破坏或占用。

(a)

(b)

图 1-2 城市岸线开发对比

（（a）引自 www.urban-photos.com，（b）引自 http：//www.kepu.gov.cn/kply/mi/default.htm）

2. 关键生态系统总是遭到破坏，生态安全屏障体系未得到建立

有些生态系统在构建区域生态安全屏障体系的过程中起到重要的作用，应该受到优先保护。但是，在现实发展过程中，由于缺乏对关键生态系统重要性的认识，导致一些重要的生态系统遭到破坏，而引发了严重的生态环境问题，影响到人民的生产、生活。2007 年夏天，由于连续高温高热，太湖蓝藻在短期内积聚暴发，水源水质恶化。无锡主要水源南泉水厂水源受到蓝藻暴发的破坏，自来水无法正常饮用，市民纷纷抢购纯净水，导致 18L 桶装纯净水每桶从平日的 8 元上涨到 50 元，仍供不应求。太湖污染与天气等自然原因固然有一定的关系，但是从根本上而言，还是人为造成的现象。以乡镇企业为经济主体的“苏南模式”成为太湖污染的根源。太湖周边周铁镇被誉为“化工之乡”，当 GDP 不断增长之时，滚滚而来的工业废水也流入太湖，太湖成了这些企业的“废水池”。太湖的污染不仅仅关系到太湖周边无锡、宜兴等地的经济发展和人民生活，更影响到了长三角地区生态安全格局的建立（图 1-3，图 1-3（b）见书后彩图）。

3. 在生态保护和环境建设背景下，生态环境局部改善与整体恶化的现象并存

近年来，我国推出了大量的生态保护和环境建设工程，如天然林保护、三北

防护林建设、退耕还林（草）、长江流域重点防护林体系建设等诸多工程，生态省、

(a)

(b)

图 1-3　太湖污染及太湖流域 2010 年土地利用状况

（（a）左志英，2007）

生态市、生态县建设工作也开展得如火如荼。这些工程对于改善区域生态环境质量起到了巨大的推动作用，并取得了明显的效果。但是，由于对生态系统本身的功能、结构的理解不是特别清楚，有些行为在带来局部生态环境改善的同时，却引发了整个区域生态环境的恶化。以生态城市建设为例，很多地方将城市绿化作为创建生态城市的主要手段，将提高绿化面积和绿化率作为主要指标。在实施过程中，出现了很多违背常规的现象、造成了一定的生态环境问题。如大树进城，一方面，大树进城后变成“老树”甚至“死树”，生态效应难以发挥，调查显示，贵阳引进的数万计大树、古树、珍稀树的死亡率超过 70%；另一方面，破坏了大树来源地的森林资源和区域整体的生态平衡，影响了原有的生态功能格局，有可能导致更大的生态破坏。通过“大树进城”构建生态城市的做法，靠的是牺牲异地生态环境来满足局部景观工程或“重点工程”的需要，对改善城市及区域生态环境弊大于利。

二、理论需求

面对上述现实需求，急需开展理论创新以解决生态环境保护问题，这对生态空间可占用性研究提出了理论需求。

1. 丰富地域功能理论、推动主体功能区划工作的需求

国家“十一五”规划纲要明确提出划分主体功能区的要求，指出要将国土空间划分为优化开发、重点开发、限制开发和禁止开发 4 类主体功能区。“十二五”规划纲要更将主体功能区划上升为国家战略，提出要尽快推动主体功能区的形成，按照主体功能定位确定区域发展方向。主体功能区规划直接面向资源环境和经济社会共同构筑的陆地表层系统，因素和机制复杂，综合集成难度大，规划理论创新和技术创新性强。研究功能区划的理论基础是科学编制区划方案的根本保障和重要的科学支撑。在影响地域功能生成的因素之中，生态是重要影响因素之一，是决定地域功能形成的基础性要素（图 1-4）。借鉴生态学基本原理和方法，以我国生态系统区域分异为基础，研究不同区域生态环境的基本功能及其承载能力，评价我国生态系统的重要性及脆弱性，探究我国生态功能的地域格局及其作用，可以为主体功能区划提供理论基础，从而推动主体功能区划工作的顺利开展和实施。

2. 生态学和地理学开展交叉、综合研究，解决人地关系复杂问题的需求

综合性是地理学研究的重要特征之一（樊杰，2004）。经济地理学就是揭

示经济地理事象空间格局形成与演变过程的一门学科，功能形成与演变过程、空间结构有序化规则等方面的理论是学科的核心理论。经济地理学在我国区域可持续发展方面具有引领性作用。可持续发展要求既要达到发展经济的目的，又要保护好人类赖以生存的大气、淡水、海洋、土地和森林等自然资源和环境。但是由于学科的限制，经济地理学角度的可持续发展更多的是强调了“发展”的意义，而对于可持续性缺乏深入的研究。在人地关系研究中，地理学家的研究重视了“人”而忽略了“地”，尤其是没有重视“综合研究”。从生态学的角度来看，传统的生态学强调“唯生态论”，认为保护生态系统自身结构的完整性是主要目的。偏激者更是强调每一块林子就要保护，每一块草地都不能破坏，在涉及人类活动时，一般认为人的活动是对生态系统固有功能和格局的“干扰”。虽然“干扰”以中性意义出现，但是客观反映了生态学研究在“目标导向”上的偏差。保护生态环境从根本上而言也是为了人的利益，不能为了保护生态环境、保留生态空间而破坏了人的发展空间、影响了人的发展潜力、牺牲了人的发展需求。如果脱离了这个根本的立足点，那么保护生态就是失去了其根本价值。传统的生态学虽然对自然本身开展了大量的研究，有广泛的理论支撑，但是没有解决当人类发展需求与生态系统自身功能需求相重合时，如何优化区域生态功能及其空间布局的问题；经济地理学虽然重视了发展的需求，但是在相关领域没有充足的理论支撑来保障发展的可持续性。因此，迫切需要开展生态学、地理学的综合研究，整合自然的、人文的多种理论和方法，开展人地关系的综合研究，为“以人为本，尊重自然”的科学发展理念和行动服务（图 1-5）。

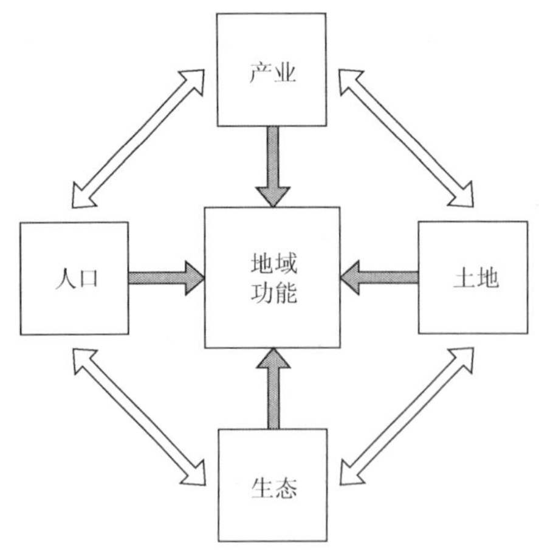

图 1-4　地域功能形成的影响因素

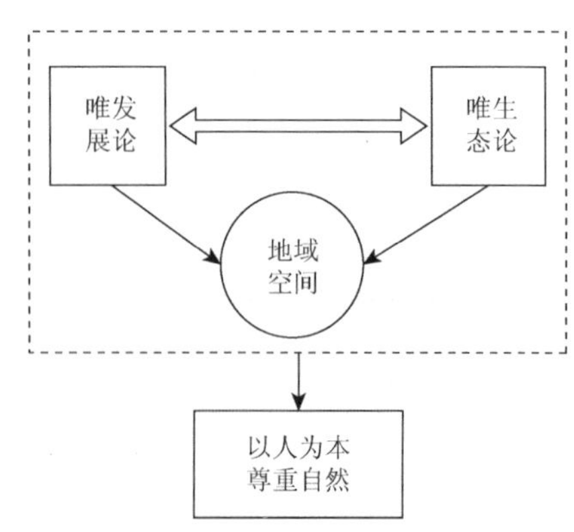

图 1-5　地域功能定位的双重导向

第二节 问题的提出

人类生产、生活空间的选择是人类自诞生起就面临的重要问题。选择在什么地方开展生产和生活活动，人类具有自己的标准。一般意义上而言，地势平坦、物产丰富、气候宜人、靠近水源地、自然灾害较少的地方，大都被人类列为开展生产、生活活动的首选之地。由于地球上并非只有人类这一种生物的存在，因此，人类活动空间的扩展必然引起其他生物活动空间（也就是生态空间，或者分布着自然生态系统的空间）的下降和萎缩；同时由于适宜于人类活动的空间，在很大程度上也是优质的生态空间，因此，这种空间占用上的矛盾冲突也就更为严重。初期，人类生产、生活空间数量有限，强度不高，对于自然生态空间的占用不至于引起严重的生态破坏，人与自然尚处于相对和谐的状态。随着人类生产、生活空间数量的不断增长，强度的不断加剧，这种原始的、和谐的状态就会被打破，生态破坏不断出现，生态问题不断涌现。这一方面影响了生态系统的健康，另一方面也对人类的可持续发展带来了严重的威胁。曾经人类没有认识到自然系统所提供的功能是人类生存和发展所必需的，因此，人类将自身的收益最大化等同于综合收益最大化［图 1-6（a)]；但随着生态系统破坏的加剧不断涌现出许多生态问题，人类这才意识到综合收益不仅包含人类自身收益，还包含生态系统提供的服务功能，同时，由于生态系统承受的外界干扰存在阈值，一旦超过其阈值，就会引起生态系统的灾变，这不仅使生态系统提供的服务功能急剧下降，同时也使总收益下降，人类的发展将难以为继［图 1-6（b)]。

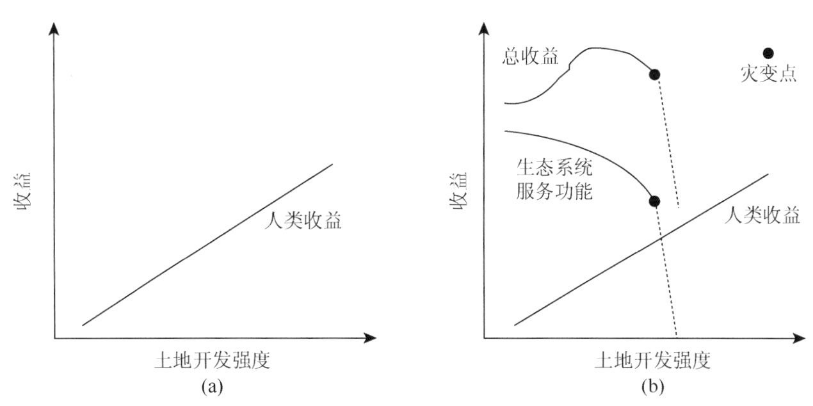

图 1-6 两种开发利用理念和行为的对比

生产、生活空间的扩展很大一部分是通过对生态空间的占用进行的，由此引发了生态空间面积不断减少、景观日趋破碎化、自然系统的连续性和完整性受到破坏等问题，从而严重影响到区域和国家的可持续发展（刘彦随和陈百明，2002；陆大道和樊杰，2009）。虽然生产、生活空间对生态空间的占用是不可避免的，但是对具有重要生态价值的核心生态空间的占用势必将影响到区域的可持续发展。所以，确定生态系统的空间可占用性，保证重要的生态系统和生态空间得到保护和建设，已经成为生产、生活空间对生态空间占用过程中首先需要解决的问题。因此，生态空间可占用性的概念就被提了出来（李平星等，2011）。生态空间可占用性分析的目的，即是从生态系统本身的结构和功能出发，揭示哪些生态空间的空间可占用性较高，可以进行开发建设；哪些生态空间的空间可占用性较低，不能进行开发建设。其最终目的，即人类在面临快速发展所引起的生产、生活的空间需求的情况下，如何占用生态空间，才能将生态破坏效应降到最小。生态空间可占用性分析既要从生态学角度出发，考虑生态系统的完整和稳定，又要从人类的需求出发，分析人类的互动方式、规模和强度等生态效应（图 1-7）。在此基础上，得出“以人为本、尊重自然”的结果，即分析生态空间可占用性，识别地域功能，引导开发建设空间格局的优化。

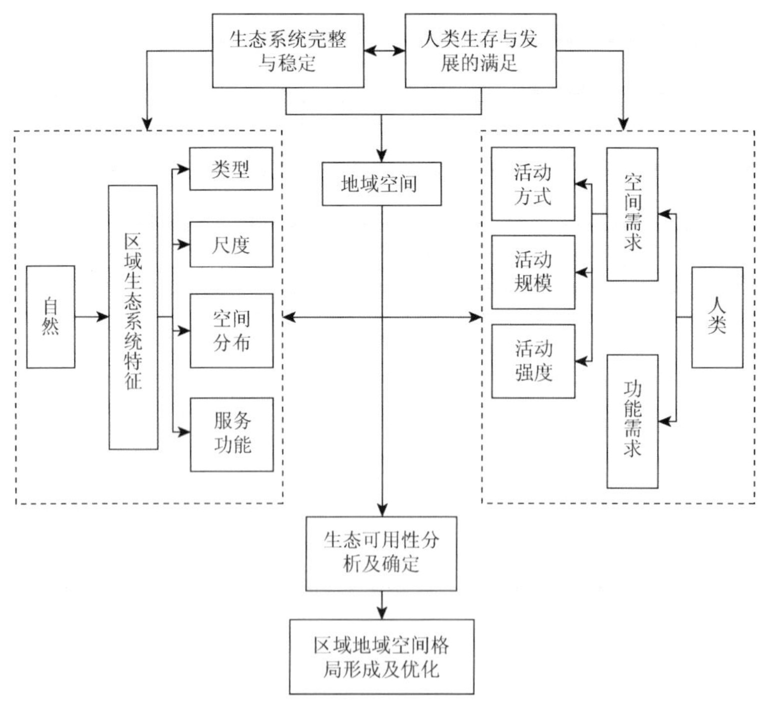

图 1-7　生态空间可占用性分析的理论思路

但是，生态空间可占用性的具体内涵是什么？什么因素影响生态空间可占用性？如何进行生态空间可占用性的分析？一系列的问题尚未得到解决。陆大道、刘卫东在《区域发展地学基础综合研究的意义、进展与任务》一文中指出，在研究自然系统时较少考虑人类因素的作用，没有从“自然-人文”综合巨系统研究自然综合体（陆大道和刘卫东，2003）。同时，人类在进行开发和建设的同时，也很少考虑到自然生态系统的空间需求、区域的资源环境承载能力、构建安全的生态格局的过程中生态系统需要保持什么样的结构。人类的发展还在不断地占用生态空间，来满足生产、生活的需要，可是越来越多的生态问题已经出现，使得人类仿佛到了没有空间可以占用的地步。在这种情况下，一方面不能不求发展，另一方面还要减小破坏。于是，进行生态空间可占用性分析，通过选择性地占用生态空间来降低生态破坏，成为可能的选择。而如何分析生态空间可占用性，成为摆在研究者面前的任务。

第三节　研究思路与框架

一、主要研究内容

针对上述需求和问题，本书提出了“生态空间可占用性”的概念，并围绕其开展理论框架构建和实践应用研究，主要研究内容包括以下几个方面。

1. 提出生态空间可占用性的概念，完善其理论框架和分析模型

生态空间可占用性反映了生态系统或景观单元被生产或生活空间占用，对整个区域生态系统或景观的结构、功能引起的破坏的程度。本书旨在综合生态学、地理学的相关理论，分析生态空间可占用性的理论基础，完善生态空间可占用性的概念，搭建理论研究框架，构建分析评价模型。

2. 开展案例区的生态空间可占用性评价及其效应研究

以广西西江经济带为案例区，开展实地调研、数据搜集和分析，评价经济带不同景观单元的生态空间可占用性，进行生态空间可占用性分区，揭示不同类型区的管制要求。在此基础上，以生态可占用性为约束条件，分析未来城市扩展格局，为优化区域开发格局提供理论依据。

二、主要研究手段

结合已有研究基础和主要内容，本书采用理论探索与案例研究相结合、定性研究与定量分析相结合、统计分析与空间分析相结合的研究手段，全面阐述生态

空间可占用性的内涵，对可占用性空间差异进行评估。

1. 理论探索与案例研究相结合

一方面，从现实需求出发凝练科学问题，利用现有学科（生态学、经济地理学等）的理论基础和技术方法，揭示人类和自然共同作用下区域生态功能空间格局形成的影响因素、机制和优化空间格局的原理和途径；另一方面，通过以广西西江经济带这一特殊、典型的区域为案例区开展实际工作，解决区域开发和生态环境保护面临的实际问题，基于西江经济带的生态系统特点，解决几个影响西江经济带生态功能空间格局的关键问题，构建满足人类开发利用活动和生态环境保护双重需求的生态功能空间格局，探索合理布局西江经济带生产-生活-生态空间的途径。

2. 定性研究与定量分析相结合

定性研究帮助把握关键的影响因素，为研究的开展作出正确的方向性指导；定量分析能够为问题的解决提供定量的、具有可操作性的手段和具体的指标。通过总结前人的研究成果，对经济带生态空间可占用性的影响因素进行定性研究和归纳总结；在此基础上，构建分析模型，并搜集相关数据，定量分析生态适宜性、重要性和脆弱性，得出生态空间可占用性；最后定量比较基于生态空间可占用性和开发建设适宜性的建设空间扩展对于区域生态系统服务功能的影响。定性研究和定量分析在本书中都发挥了重要的作用。

3. 统计分析与空间分析相结合

系统论的理论与原理指出，系统功能不仅受到系统内各子系统数量和自身功能的影响，还受到系统结构的影响；景观生态学相关理论与原理指出，景观功能受到各景观元素数量和结构（空间分布）的双重影响。因此，构建、优化满足自然和人类双重需求下的区域生态功能空间格局，不仅需要对区域生态系统的类型进行数量上的统计分析，还要对各个生态系统的空间分布进行优化，以实现在有限数量的生态空间的约束下，生态功能的最大化和空间格局的最优化。因此，需要统计分析与空间分析相结合的研究方法。

三、本书研究架构

本书采用了图 1-8 所示的写作架构，这也是本书的基本研究架构。基于现实

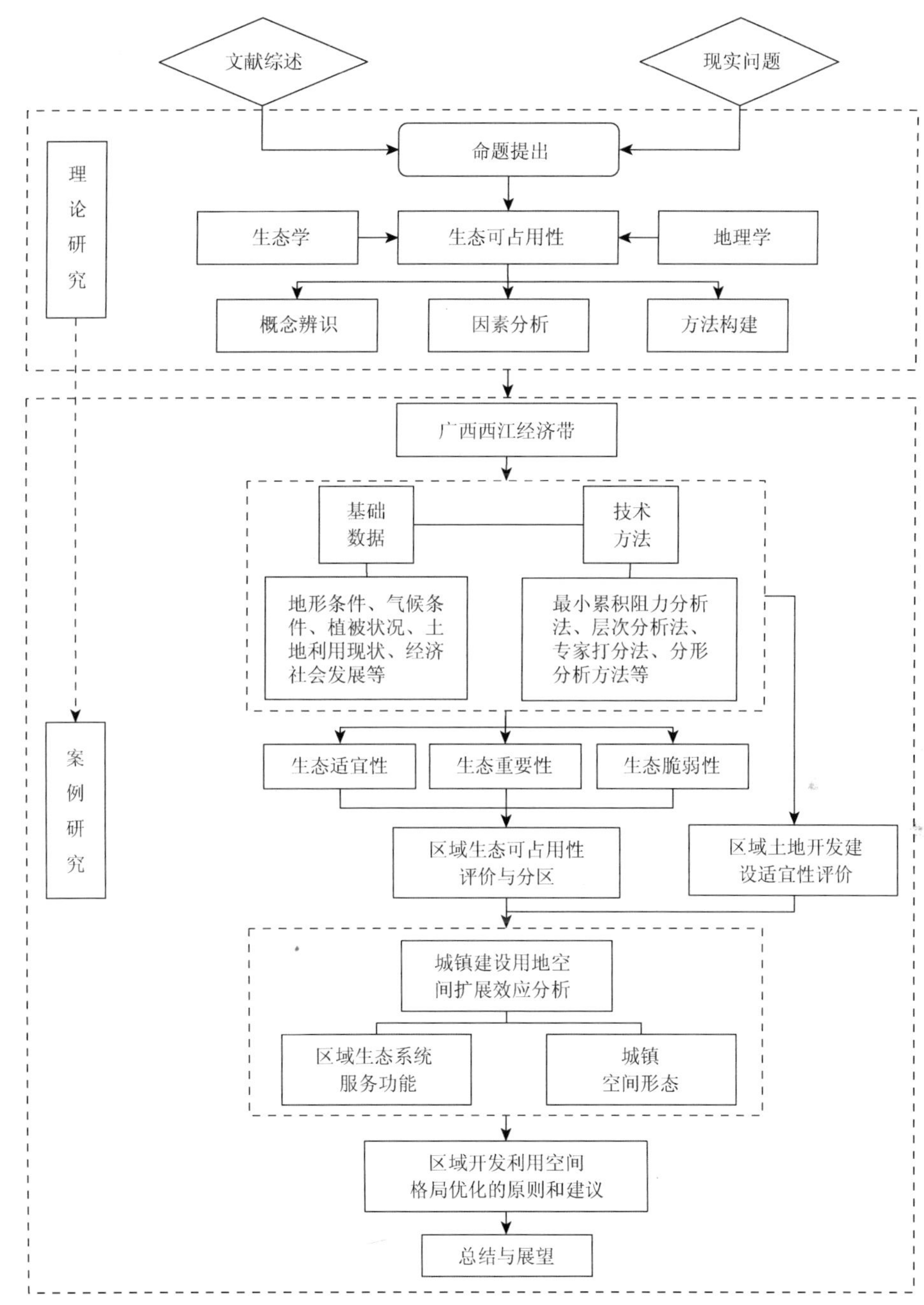

图 1-8 写作架构

问题总结科学命题，确定研究的主要内容和方向；从对相关文献的综述出发，得出生态空间可占用性的概念、内涵、影响因素和分析方法；结合广西西江经济带，搜集相关基础数据，分析生态适宜性、生态重要性和生态脆弱性，并基于以上 3 个方面的研究，进而进行整合研究和集成分析，得出生态空间可占用性评价结果和分区方案；此后，通过对两种类型扩展过程（基于生态空间可占用性和土地开发建设适宜性的城镇建设用地空间扩展）的比较，分别从区域生态系统服务功能和未来城镇空间形态两个方面，比较两种扩展方式的优劣；而后，提出基于生态空间可占用性的地域功能识别和区域开发利用格局优化的原则、准则和政策建议；最后，对本书的研究进行总结和展望。

第二章　概念辨析与理论基础

人类对于地球的改变是持续而且不断增长的，1/3～1/2 的陆地表面已经被人类的开发利用活动所改变（Vitousek et al.，1997）。随着开发强度的增加和人口-资源-环境-发展关系的不断复杂化，地理学、生态学等相关学科的研究从注重由自然因素引发的环境变化逐渐转变为注重由人类因素引发的环境变化（陆大道，2011）。对这些领域研究的关注旨在揭示人类活动的影响，以维护生态系统健康与环境安全，最终目的是满足人类对高品质生活空间的需求，保障人类的可持续发展。因此，开展这些研究不仅需要将与人有关的研究作为支撑，也需要将与生态有关的研究作为保障。人类生产、生活空间的扩张对生态空间而言是一种“占用”，占用的主体是人类开发建设的空间，而占用的对象则是自然生态空间。占用多少、占用哪些空间是基于人类对自身需求和生态系统结构与功能的理解，也是对人地关系的一种客观反映。因此，对生态空间可占用性概念的辨析和理论基础的梳理涉及人与地多领域的研究。

第一节　生态空间可占用性的概念与内涵

生态空间可占用性概念的提出综合了生态学和地理学的相关知识，反映了多学科交叉研究的需求，它是一个反映生态系统本身属性的概念，其出发点在于引导人类生产、生活活动对生态空间的占用，以期实现“经济发展-社会进步-生态良好”的三维目标。

一、生态空间

生态空间是生态环境科学领域的一个概念，任何生物为了维持自身生存与繁衍都需要一定的环境条件，一般把处于宏观稳定状态的某物种所需要或占据的环境总和称为生态空间。近年来，随着对人地关系研究的深入，生态空间的内涵不断延伸，成为了与人类活动所需的生产空间和生活空间相对的概念。具体而言，是指生态系统结构所占据的物理空间、其代谢所依赖的区域腹地空间以及其功能所涉及的多维关系空间（王如松等，2014）。生态空间的概念和内涵具有广义和狭义之分。广义的生态空间不只是植物、动物和微生物栖息、代谢的自然生境空间，而是包括生物栖息、代谢的自然生态和人类生产、生活的社会生态两类空间（王如松等，2014）。狭义的生态空间是指生态用地所在的空间范围（陈爽等，2008）。与之对应，生活空间是指人类开展居住、休闲、游憩、购物等各种生活活动所需的空间，而生产空间是指人类开展各种工农业生产或从事第三产业所需的空间。本书采用狭义的概念，指生态用地所在的空间范围。对于生态用地的概念和构成，目前也存在两种观点，一种认为凡是具有生态服务功能、对于生态系统和生物生境保护具有重要作用的地区都可视为生态空间；另一种则认为主导功能是生态功能的土地才可被作为生态用地（陈婧和史培军，2005；邓小文等，2005；郭荣朝和苗长虹，2007）。因此，前者认为农田、林地、草地、水域、沼泽等均属于生态用地，而后者则认为耕地的主导功能为农业生产，生态功能是辅助功能，故而耕地不能被列到生态空间里面。本书采用了后者的分类方法，按照主导功能进行分类，依据土地利用类型，排除主导功能为生产和生活的建设用地、主导功能为农业生产的耕地，其他均作为生态空间。

二、生态空间占用

占用，英文说法为 take up 或 occupy，具体含义是：占有并使用，占据并使用。生态空间占用，是指人类活动对生态空间的占有和使用。有实体概念与虚拟概念之分。虚拟概念的内涵与生态足迹类似，表征人类活动导致对自然资源的占用，是指对能够持续地提供资源或消纳废物的、具有生物生产力的地域空间（biologically productive areas）的占用程度（谢高地等，2001；方一平和陈国阶，2004）。实体概念是指人类生产、生活空间对自然生态空间的占据和使用，表征其主导功能从满足自然生物需求、维护生态系统结构和功能转变为满足人类活动（主要是生产和生活行为）需求（李平星等，2011）。从前面的叙述可以看出，本书所指的生态空间是实体的，是以生态功能为主导的地域空间，因而生态空间占用的内涵取后者。

三、生态空间可占用性

可占用性，是指原本具有某种用途或属性的空间或时间，其原有功能被取代，或者说被赋予与原有功能不同的新功能之后，对于其自身，以及更大范围的空间或时间的结构和功能的影响程度。如果对整体影响小，整体结构或功能没有大的变化，那么，被占用部分的可占用性强；如果影响大，尤其是破坏了整体的结构或功能，则被占用部分的可占用性弱。

生态空间可占用性，是从生态学的角度出发，生态系统或景观单元被人类占用、转化为生产或生活空间所引起的对生态效应的评价，反映的是生态系统或景观单元被生产或生活空间占用、其主导功能不再是生态功能之后，对整个区域生态系统或景观的结构、功能引起的破坏的程度。人类活动进入自然生态系统，对于生态系统本身而言，是一种空间的占用，进而引起功能的改变。人类对生存、发展的空间需求是刚性的，因而生产、生活空间对生态空间的占用就难以避免。占用必然会影响整个生态系统的结构和功能，而占用不同的生态空间所产生的影响存在差异。生态空间可占用性体现的正是这种差异，是指从生态本身的结构、功能等各方面需求出发，对生态空间是否可以被占用以及可以采用哪种方式加以利用的描述。如果对某生态空间的占用对生态系统的结构、功能影响较小，表示该生态空间可占用性较高；如果对生态系统的结构、功能影响较大，则可占用性较低。

生态空间可占用性具有以下 3 个方面的属性。

1. 生态空间可占用性是生态系统本身的属性

这一点指的是生态空间可占用性受到生态系统本身的结构、功能，以及小尺度生态系统在大尺度生态系统中承担的功能、所处的生态过程的影响。生态系统本身的生物多样性、地形地貌、气候条件等，影响了区域是否适宜于生态建设和生态系统本身的稳定性、脆弱性，进而影响了可占用性；小尺度生态系统如果在更大尺度的系统中承担了诸如生物多样性保护等功能，或者扼守了重要生态过程的节点（也就是景观生态学所说的处于“踏脚石”的位置），也会影响其可占用性。

2. 生态空间可占用性是一个相对的概念

指的是重要性或者脆弱性等类似的生态系统，处于不同的大系统中，其可占用性可能是不同的。同样是一片林子，如果是处于大规模森林生态系统的周围，其被占用之后对整个系统的影响不大，因而其可占用性较高；如果是处于某个城市内部或周围，其四周基本被生产、生活空间所占据，那么，对这片林子的占用可能会产生比较大的生态效应，因而其可占用性较低。

3. 生态空间可占用性受到人类需求的影响

这是因为由于反馈效应的存在，人类要承受因为对生态系统的占用而产生的反馈效应。因此，人类对于生态空间的占用必须要考虑到人类的客观需求，以及这种占用可能引起的生态环境效应。基于饮用水的需求而对水源地进行保护，就不能在水源地的周围建立工业园区或大型居住区，以防生产或生活废水的排入导致水源地受到破坏。

第二节　生态空间可占用性理论基础

生态空间占用是人类生产、生活空间对自然生态空间的开发利用，涉及人类活动和自然生态过程。因此，生态空间可占用性的理论基础涉及经济地理学、生态学等学科的相关理论。

一、人地关系地域系统与功能区划理论

人类同地理环境的关系，即所谓的人地关系，是研究“作为人类住所的地球”的地理学必然涉及的重要课题（吴传钧，1991；吴传钧，1998；樊杰，2008）。人地关系是包括两个各不相同但又相互联系的变量的一种系统，即“人”的系统和“地”的系统。因此，人地系统具有自然与社会两种属性。对地理学的理论研究首先要对人地关系有全面的认识。从地理学的“人地关系”理论出发，它可以被视为影响区域发展的“地”要素和“人”要素以及“人”、“地”相互作用所形成的空间格局基础。“地”要素也就是自然要素，包括地质基础、自然地理条件（地形、光热水土条件、生物区系等）、自然资源条件和生态环境基础。其中，生态环境是“地”要素的综合，其变化是“人”、“地”相互作用的结果。“人”要素则是指人类及其社会经济活动。其表现指标是人口以及人的知识积累、生产能力和需求等。体现经济发展的主要指标（如经济总量、产业结构、基础设施等）很大程度上是“人”、“地”相互作用的结果，在逻辑上不是直接体现“人”要素的指标。也就是说，从根本上看，人类社会经济活动的过程一直受到“地”要素的约束（吴传钧，1991）。

地理学是唯一一门以地域为单元研究人地关系的学科；从地理学入手来研究人地关系，要明确以地域为基础（吴传钧，1998；陆大道和郭来喜，1998）。具体地说，人地关系地域系统是以地球表层一定地域为基础的人地关系系统，也就是人与地在特定的地域中相互联系、相互作用而形成的一种动态结构。研究人地关系地域系统的总目标是探求系统内各要素的相互作用及系统的整体行为与调控机理，从空间结构、时间过程、组织序变、整体效应、协同互补等方面去认识和寻求全球的、全国的或区域的人地关系系统的整体优化、综合平衡及有效调控的机理（吴传钧，1991；吴传钧，1998）。但是，优化调控人地关系系统的研究是一项跨学科的大课题，其研究内容和方向也是多方面的，但在特定的时间条件下，这一研究的方向和重点应是明确的。现阶段其重点是研究人地关系地域系统的优化，

并落实到区域综合发展上。一般而论，优化目标是多种的，包括资源的合理有效利用、生产力和城镇系统的合理布局、所有经济活动都要谋求经济-社会-生态效益 3 方面的结合等。

区划是地理学研究的一项基本工作，地理学发现问题、明确问题、分析形成问题的过程等，有很多是通过区划而求得解决的（周立三，1981；傅伯杰等，2001b；樊杰，2007b）。进入 20 世纪以来，功能研究和区划较以往出现了更为显性的联系，并且区划越来越趋向综合。根据地域功能区域进行的划分，识别区域的功能，也就是地域功能区划，其已成为地理学家研究的重点，也成为构架区域功能布局、形成区域开发格局的重要手段（樊杰，2007a；Fan and Li，2009）。已经开展的主体功能区划、生态功能区划等在这方面做了有益的尝试。所谓地域功能，是指特定地域在更大的地域范围内、在自然资源和生态环境系统中、在人类生产活动和生活活动中所履行的职能和发挥的作用（樊杰，2007a）。区域发展目标的多元性、社会需求的多样性及土地利用的多宜性，使不同地域空间同时具有多种功能，并呈现出显著的地域差异性与时间变异性（谢高地等，2009；刘彦随等，2011）。因此，基于资源禀赋、区位条件、经济基础和生态环境多因素分析，结合经济社会发展目标与区域政策，正确识别不同类型地域功能，对于有针对性地实施空间管制、推动区域可持续发展具有积极的意义（楚波和金凤君，2007；陆大道和樊杰，2009；刘彦随等，2011）。

生态空间可占用性可以认为是地域功能的重要表现之一。可占用性高的空间单元，未来的利用方式以开发建设为主要导向；当然，这还需要充分结合人类对开发建设所需基本条件的评价结果，如果可占用性较高、开发建设适宜性较高，则应该优先进行开发建设。这样的空间选择既可以提高开发建设的效率，又可以有效地避免对生态功能的破坏。而可占用性较低的空间，是维护生态系统健康的重要组分，未来应该限制或禁止开发建设，以避免对重要生态功能或生态过程的破坏，引起生态质量的恶化。

二、可持续发展理论

可持续发展是 1987 年由世界环境与发展委员会所发表的布伦特兰报告书所载的定义，来源于 1987 年挪威首相布伦特兰夫人任主席时的联合国世界环境与发展委员会的报告《我们共同的未来》。其定义为：可持续发展是既满足当代人的需求，又不对后代人满足其需求的能力构成危害的发展。可持续发展将人类生产和生活系统及自然系统看成是一个密不可分的系统，既要达到发展经济的目的，又要保护好人类赖以生存的大气、淡水、海洋、土地和森林等自然资源和环境，使子孙后代能够永续发展和安居乐业。可持续发展与环境保护既有联系，又不等同。

环境保护是可持续发展的重要方面。可持续发展的核心是发展，但要求在严格控制人口、提高人口素质和保护环境、资源永续利用的前提下进行经济和社会的发展。发展是可持续发展的前提；人是可持续发展的中心体；可持续的、长久的发展才是真正的发展。

空间可占用性指的是既能保障人类的发展需求，同时又不破坏生态环境，为后代发展留下足够的空间。一方面，不过多占用生态空间，以至于后代无适宜空间可占用；另一方面，不占用核心生态空间，以至于破坏生态安全，使得后代无法发展。

三、社会-经济-自然复合生态系统理论

社会-经济-自然复合生态系统理论于 1984 年由马世骏和王如松提出（马世骏和王如松，1984）。该理论认为，社会、经济和自然是 3 个不同性质的系统，但其各自的生存和发展都受其他系统结构、功能的制约，必须当成一个复合系统来考虑，我们称其为社会-经济-自然复合生态系统（图 2-1）。

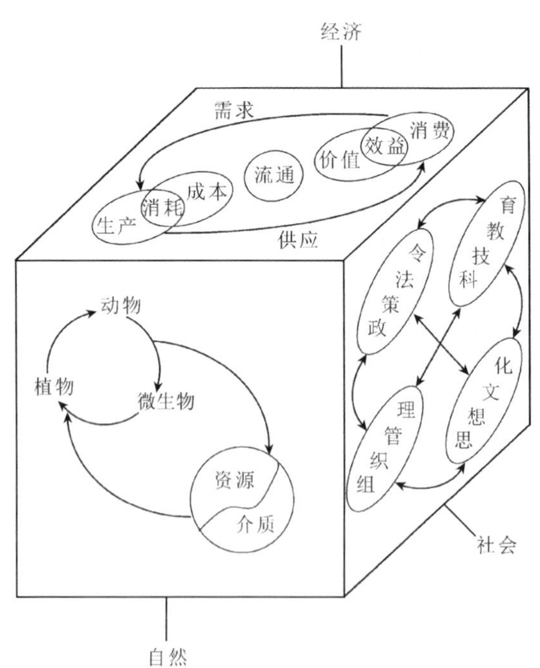

图 2-1　社会-经济-自然复合生态系统（马世骏和王如松，1984）

此类复合系统中，最活跃的积极因素是人，最强烈的破坏因素也是人。因而

它是一类特殊的人工生态系统，兼有复杂的社会属性和自然属性两方面的内容。一方面，人是社会经济活动的主人，以其特有的文明和智慧驱使大自然为自己服务，使其物质文化生活水平以正反馈为特征持续上升；另一方面，人毕竟是大自然的一员，其一切宏观性质的活动，都不能违背自然生态系统的基本规律，都受到自然条件的负反馈约束和调节。这两种力量间的基本冲突，正是复合生态系统的一个最基本特征。

复合系统的目标集是由以下 3 个亚系统的指标结合衡量的。

1）自然系统是否合理。看其是否合乎于自然界物质循环不已、相互补偿的规律，能否达到自然资源供给永续不断，以及人类生活与工作环境是否适宜与稳定。

2）经济系统是否有利。看其是消耗抑或发展，是亏损抑或盈利，是平衡发展抑或失调，是否达到预定的效益。

3）社会系统是否有效。考虑各种社会职能机构的社会效益，看其是否行之有效，并有利于全社会的繁荣昌盛。从现有的物质条件（包括短期内可发掘的潜力），科学技术水平，以及社会的需求进行衡量，看政策、管理、社会公益、道德风尚是否为社会所满意。

复合生态系统的研究是一个多目标决策的过程，应在经济生态学原则的指导下拟定具体的社会目标、经济目标和生态目标，使系统的综合效益（B）最高，导致危机的风险（R）最小，存活进化的机会（O）最大，即

$$\max\{B(X, Y, Z), -R(X, Y, Z), O(X, Y, Z)\} \tag{2-1}$$

式中，X、Y、Z 分别为社会变量、经济变量和环境变量（向量形式）。

生态空间可占用性分析研究的目标即是追求三者效益的最大化。通过分析生态系统的空间可占用性，来引导人类的开发建设，一方面，保证核心生态系统不受到破坏；另一方面，保证人类合理的空间需求得到满足。

四、生态因子理论

生态因子（ecological factor）指对生物的生长发育具有直接或间接影响的外界环境要素。生态因子常直接作用于个体和群体，主要影响个体生存和繁殖、种群分布和数量、群落结构和功能等。各个生态因子不仅本身起作用，而且相互发生作用，既受周围其他因子的影响，反过来又影响其他因子。所有生态因子构成生物的生态环境。将具体的生物个体和群体生活地段上的生态环境称为生境（habitat），其中包括生物本身对环境的影响。英国著名生态学家坦斯利（A.G.Tansley）认为生物与其生存环境是一个不可分割的有机整体。生物与其生存环境各组成部分之间并不是孤立存在的，也不是静止不动或偶然聚集在一起的，它们息息相关，相互联系，相互制约，有规律地组合在一起，并处于不断的运动

变化之中（李博，2000；孙儒泳等，2002；张金屯，2003）。

生态系统是由非生物成分和生物成分构成的，其中非生物成分被认为是生命支撑系统，而生物成分及其相互关系是生态系统健康的重要影响因素。非生物成分和生物成分在构成生态系统的同时，也组成了每一种生物生长、发育、繁殖的外界环境。每一种要素都被认为是一类生态因子。生态因子的类型多种多样，分类方法也不统一。一般将生态因子分为非生物因子和生物因子两大类。非生物因子包括温度、湿度、风、日照等理化因素；生物因子包括同种和异种的生物个体。前者形成种内关系，后者形成种间关系，如捕食、竞争、寄生、互利共生等。

一般来讲，生态因子大致可以分为以下几类。

1）气候因子。气候因子也称地理因子，包括光、温度、水分、空气等。根据各因子的特点和性质，还可再细分为若干因子，如光因子可分为光强、光质和光周期等，温度因子可分为平均温度、积温、节律性变温和非节律性变温等。

2）土壤因子。土壤是气候因子和生物因子共同作用的产物，土壤因子包括土壤结构、土壤的理化性质、土壤肥力和土壤生物等。

3）地形因子。地形因子，如地面的起伏、坡度、坡向、阴坡和阳坡等，通过影响气候和土壤，间接地影响植物的生长和分布。

4）生物因子。生物因子包括生物之间的各种相互关系，如捕食、寄生、竞争和互惠共生等。此外，受到食物链和食物网构建因素的影响，在生物多样性较高、生态系统生产力较高的地区，会导致更多的生物在此生存和繁殖，从而进一步提高生物多样性，形成稳定、高产的生态系统。

5）人为因子。把人为因子从生物因子中分离出来是为了强调人的作用的特殊性和重要性。人类活动对自然界的影响越来越大和越来越带有全球性，分布在地球各地的生物都直接或间接地受到人类活动的巨大影响。典型的人类活动包括垦殖、灌溉、放牧、狩猎、采伐、城镇建设、交通设施建设、产业发展等。

各个生态因子不仅本身起作用，而且相互发生作用，既受周围其他因子的影响，反过来又影响其他因子。其中一个因子发生了变化，其他因子也会产生一系列的连锁反应。因此，生物因子之间、非生物因子之间以及生物与非生物因子之间的关系是错综复杂的，它们通过能量的流动、物质的运转和信息的交换，在自然界中构成一个相对稳定的自然综合体。生态因子作用的特点主要体现在以下方面。

1）综合性。每一个生态因子都是在与其他因子的相互影响、相互制约中起作用的，任何因子的变化都会在不同程度上引起其他因子的变化。例如，光照强度的变化必然会引起大气和土壤温度和湿度的改变，这就是生态因子的综合作用。

2）非等价性。对生物起作用的诸多因子是非等价的，其中有 1～2 个是起主要作用的主导因子。主导因子的改变常会引起其他生态因子发生明显变化或使生物的生长发育发生明显变化，如光周期现象中的日照时间和植物春化阶段的低温因子就是主导因子。

3）不可替代性和可调剂性。生态因子虽非等价，但都不可缺少，一个因子的缺失不能由另一个因子来代替。但某一因子的数量不足，有时可以由其他因子来补偿。例如，光照不足所引起的光合作用的下降可由 CO_2 浓度的增加得到补偿。

4）阶段性和限制性。生物在生长发育的不同阶段往往需要不同的生态因子或生态因子的不同强度。例如，低温对冬小麦的春化阶段是必不可少的，但在其后的生长阶段则是有害的。那些对生物的生长、发育、繁殖、数量和分布起限制作用的关键性因子叫限制因子。有关生态因子（量）的限制作用有以下两条定律。其一为利比希最小因子定律，即植物的生长取决于那些处于最少量因素的营养元素。其二为谢尔福德耐受性定律，即生物的生存需要依赖环境中的多种条件，而且生物有机体对环境因子的耐受性有一个上限和下限，任何因子不足或过多，接近或超过了某种生物的耐受限度，该种生物的生存就会受到影响，甚至灭绝。扩展到生物多样性方面，中心生物分布最多，外围次之，耐受限制范围之外没有生物分布。

生态因子组合条件优越的区域，生态系统健康程度较高。同时，这些区域也是非常适合进行开发建设的区域，历史上人类对生产和生活空间的选择一般将这些区域作为优选地区。此外，不同生态因子组合对生态重要性、生态脆弱性等也产生重要影响，进而影响到生态空间可占用性。新中国成立以来，自然生态空间日渐萎缩，生态空间保护的需求已经显得越来越重要，这不仅关系到生态系统自身的健康发展，也关系到人类自身对高品质生活空间的需求。因此，对生态因子组合条件优越、生态系统发育良好的区域，需要加强保护，尽量避免占用。

五、景观生态学理论

景观生态学（landscape ecology）是在 1939 年由德国地理学家 C. 特洛尔提出的，是由许多不同生态系统所组成的整体（即景观）的空间结构、相互作用、协调功能及动态变化的一门生态学新分支。景观生态学是研究景观单元的类型构成、空间格局及其与生态学过程相互作用的综合性学科（傅伯杰等，2001a）。景观生态学以整个景观为对象，通过物质流、能量流、信息流与价值流在地球表层的传输和交换，通过生物与非生物以及与人类之间的相互作用与转化，运用生态系统原理和系统方法，研究景观结构和功能、景观动态变化、景观格局等的学科。景观生态学的研究焦点是在较大的空间和时间尺度上研究生态系统的空间格局和生态过程。研究者普遍认为，景观生态学研究具体包括景观格局和空间异质性、景观格局的发展和动态、异质性景观的相互作用和变化、景观格局的结构和功能、空间异质性对生物和非生物过程的影响、空间异质性的管理（Risser et al.，1984；傅伯杰等，2001a；邬建国，2007；肖笃宁，2010）。景观生态学的理论发展突出体现其对异质景观格局和过程的关系，以及它们在不同时间和空间尺度（scale）上相互作用的研究。可见，景观生态学是一门新兴的多学科之间的交叉学科，主体是生态学和地理学。

区域生态安全格局研究是景观生态学研究的重要内容，充分体现了景观生态学对格局和功能的关注。区域生态安全格局，是指针对区域生态环境问题，在干扰排除的基础上，能够保护和恢复生物多样性、维持生态系统结构和过程的完整性、实现对区域生态环境问题有效控制和持续改善的区域性空间格局（马克明等，2004）。马克明等（2004）认为，生态安全格局具有以下特点：①针对性，主要解决一个或几个生态环境问题，提出解决这些问题的生态、社会、经济对策和措施；②区域性，由以往重视小尺度的机制问题研究扩展到解决区域乃至全球性问题的水平；③系统性，区域生态安全格局研究综合考虑生物多样性保护、退化生态系统恢复和社会经济的可持续发展，目的是系统解决区域性生态环境问题；④主动性，区域生态安全格局的实现不但要控制很多有害的人类干扰，还要实施很多有益的人为措施，主动干预并人工促进退化生态系统恢复，其实质是运用复合生态系统原理解决人类社会所面临的生态环境问题，人与自然的协调发展，体现出很强的人的能动性。

景观生态学关于景观格局的研究是生态安全格局研究的重要理论基础。景观格局指景观中斑块、廊道、基质的数量、空间分布及配置等。景观格局决定着资源和物理环境的分布形式和组合（O'Neill et al.，1998），与景观中的各种生态过程密切相关，对于抗干扰能力、恢复能力、系统稳定性和生物多样性有着深刻的影响（Turner et al.，1993）。格局决定过程反过来又被过程改变（Forman and Godron，1986；傅伯杰等，2001a）。格局与过程相互作用的原理不但是景观生态学的核心内容（肖笃宁，1991；王仰麟，1995），也为区域生态安全格局研究奠定了重要的理论基础。目前，典型的生态安全格局有 Forman 等的“集中与分散相结合”格局和俞孔坚的“生物保护的景观生态安全”格局（俞孔坚，1999；黎晓亚等，2004；刘洋等，2010）。

1.“集中与分散相结合”格局

由 Forman 在其 *Land Mosaics* 一书中提出，其核心思想是将生态学的原则和原理与不同的土地利用规划任务相结合，以发现景观利用中所存在的生态问题和寻求解决这些问题的生态途径。在此基础上，Forman 基于生态空间理论提出了一个具有高度不可替代性的景观总体布局模式，即“集中与分散相结合”格局（图 2-2）。

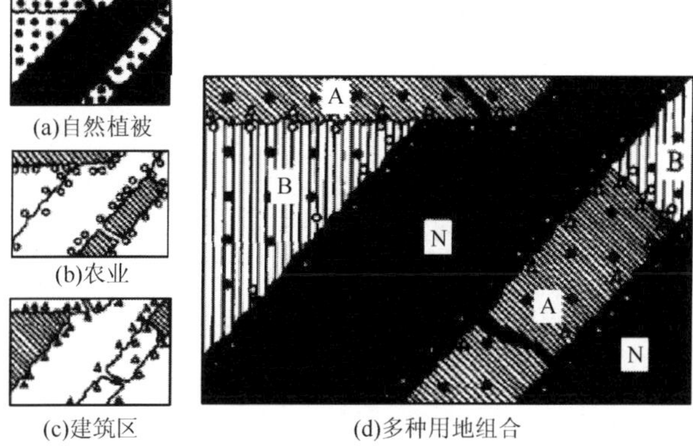

图 2-2　景观的集中与分散相结合模型（肖笃宁和李秀珍，1997）

A+o=农业　B+△=建筑区　N+●=自然植被

“集中与分散相结合”被认为是生态学上最优的景观格局。它包括以下 7 种景观生态属性：①大型自然植被斑块用以涵养水源，维持关键物种的生存；②粒度大小，既有大斑块又有小斑块，满足景观整体的多样性和局部点的多样性；③注重干扰时的风险扩散；④基因多样性的维持；⑤交错带减少边界抗性；⑥小型自然植被斑块作为临时栖息地或避难所；⑦廊道用以物种的扩散及物质和能量的分布与流动。

这一模式强调集中使用土地，保持大型植被斑块的完整性，以充分发挥其在景观中的生态功能；引导和设计自然斑块以廊道或碎部形式分散渗入到人为活动控制的建筑地段或农业耕作地段；沿自然植被斑块和农田斑块的边缘，按距离建筑区的远近布设若干分散的居住处所，越远越分散，在大型自然植被斑块和建筑斑块之间也可增加些农业小斑块。这种格局有许多生态学上的优越性，一方面，有大型植被斑块也有小的人为斑块，提高了景观多样性，达到对生物多样性的保护；另一方面，大型植被斑块可为人们提供旅游度假和隐居的去处，小的人为斑块可作为人们的工作区和商业集中区，高效的交通网络方便人们的活动。

2.“生物保护的景观生态安全”格局

由俞孔坚于 1998 年提出。研究者认为，景观中有某些潜在的空间格局，它们由景观中某些关键性的局部、位置和空间联系所构成，对维护或控制某种生态过程有着异常重要的意义。景观生态安全格局是由这些关键性的局部、位置和空间联系构成的。笔者认为，通过对生态过程潜在表面的空间分析，可以判别和设计景观生态安全格局，从而实现对生态过程的有效控制，保证区域生态安全。一个典型的生物保护安全格局由以下景观组分构成：①源，现存的乡土物种栖息地，它们是物种扩散和维持的源；②阻力面和等阻线，环绕源的周边地区，是物种扩散的低阻力区；③源间联接，相邻两源之间最易联系的低阻力通道；④辐射道，由源向外围景观辐射的低阻力通道；⑤战略点，对沟通相邻源之间联系有关键意义的“跳板”。基于此思想，俞孔坚提出借助最小累积阻力（MCR）模型进行生态安全格局的思路构建。其前提是科学识别源和构建阻力表面，借助最小阻力累积模型，可以得到阻力面和等阻线、源间联接、辐射道、战略点等关键性景观组分，进而构建生态安全格局（图 2-3）。

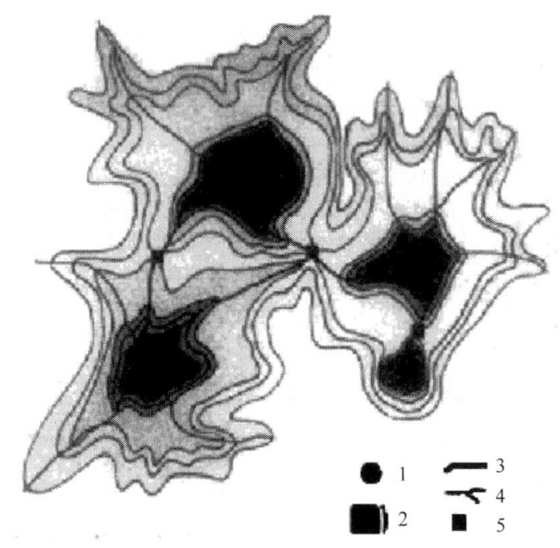

图 2-3　阻力面与生态安全格局假设模型（俞孔坚，1999）

1. 源；2. 阻力面和等阻线；3. 源间联接；4. 辐射道；5. 战略点

近年来，这一理论与方法的应用范围不断扩展，从生物保护到区域生态安全格局构建。从生态空间可占用性角度而言，生态安全格局的源是生态价值最突出、生态重要性最高的区域，显然是不能被占用的，具有最低的可占用性（李平星等，2011）。源的邻近区域是重要的缓冲区，可占用性也较低。此外，源间联接和战略点虽然距离源较远，生态本底条件也不甚优越，但是对于维护生态过程具有极高价值，其可占用性也较低，需要进行保护。

六、小结

人类对于地球的改变是持续而且不断增长的。随着开发强度的增加和人口-资源-环境-发展关系的不断复杂化，地理学、生态学等相关学科的研究从注重由自然因素引发的环境变化逐渐转变为注重由人类因素引发的环境变化（陆大道，2011）。对这些领域研究的关注旨在揭示人类活动的影响，以维护生态系统健康与环境安全，最终目的是满足人类对高品质生活空间的需求，保障人类的可持续发展。因此，开展这些研究不仅需要将与人有关的研究作为支撑，也需要将与生态有关的研究作为保障。人类生产、生活空间的扩张对生态空间而言是一种"占用"，占用多少、占用什么地方的空间是基于人类对自身需求和生态系统结构与功能的理解，也是人地关系的一种客观反映。从前面的分析可以看出，与人有关的、与生态有关的、与人地关系有关的研究均为生态空间占用提供了理论基础。人地关系研究本身则兼顾了人的需求、地的需求与人地需求之间的关系，但是早期的研究偏重于满足人的需求，对地的需求（即生态空间自身的需求）考虑较少，而生态学研究则较多地关注了生态自身的需求，陷入了一种"唯生态论"的思维。因而，将生态需求纳入人地关系研究中，可以达到兼顾人地的目的。这也就是所谓的"社会-经济-自然"复合生态系统的研究目标。当前，人类改造自然的能力空前强大，生态空间的维护在人类需求面前显得异常的微弱与无力。越是这样，越需要从生态本身入手，暂时将人的需求排除在外，以揭示自然生态空间的需求到底是什么样的。基于此考虑，生态学的相关理论和方法则为开展生态空间可占用性提供了理论和方法基础。下一步对生态空间可占用的研究，则主要以可持续发展为目标，以人地关系理论为支撑，以复合生态系统理论为导向，以生态学相关理论和方法为保障，构建生态空间可占用性研究模型，开展生态空间可占用性评价和分区，揭示其空间差异，为未来区域发展和生产、生活活动空间扩张提供优化和调控的依据。

第三节　生态空间可占用性评价模型

生态空间可占用性作为生态系统本身的基本属性之一，受到生态系统结构、功能以及生态系统之间相互联系等各个方面因素的影响。生态学的诸多研究成果在一定程度上、从各个方面出发，间接反映了生态空间可占用性，如生态适宜性、生态重要性、生态脆弱性、生态稳定性等。这几个方面的生态评价均涉及诸多生态要素，与生态空间可占用性的影响因素具有较强的一致性。鉴于这些方面的生态评价均有相对成熟的理论和方法，本书基于生态适宜性、生态重要性和生态脆弱性（生态稳定性）构建生态空间可占用性的评价模型，具有较强的理论基础和较高的可操作性。

从前面的分析可以看出，生态空间可占用性受到生态适宜性、重要性和脆弱性的影响，是三者的函数。在适宜性、重要性和脆弱性分项评价的基础上，如何进行综合评价，是确定生态空间可占用性的重要过程。从前面的分析过程可以看出，三者跟生态空间可占用性存在复杂的关系。

生态空间可占用性=f（生态适宜性，生态重要性，生态脆弱性）。

1）从生态适宜性的角度，适宜于生态建设的景观单元，同样的投入所得到的生态建设的产出要高，因此生态保护要从保护适宜性高的区域做起，而生态建设要从适宜性较高的区域做起。可见，生态适宜性较高的区域，其生态空间可占用性较低。

2）从生态重要性的角度，结构或功能上重要的景观单元，在维护区域生态系统健康或生态安全的过程中起着重要的作用；同时，有些区域满足了人类基本的需求，如饮用水源地、风景名胜区等。对这些区域的占用会破坏其功能的发挥，进而影响到区域的生态安全。因此，生态适宜性较高的区域，其生态空间可占用性较低。

3）从生态脆弱性的角度，脆弱的生态系统抗干扰能力较差，可抗干扰的阈值较低，很容易受到外界干扰的破坏，而丧失其应有的结构和功能；而且一旦受到干扰或破坏，要恢复原来的状态，需要付出比较大的努力。因此，生态脆弱性较高的区域，其可占用性较低。生态稳定性与生态脆弱性是相反的概念，生态稳定性较高的区域，脆弱性较低，其可占用性较高。鉴于生态脆弱性和生态稳定性具有类似的内涵，因此在生态可占用性评价中仅选用生态脆弱性指标进行评价。

以上是从适宜性、重要性、脆弱性 3 个分项指标出发得到的结果。在 3 种指标的共同影响之下，会出现各种组合（图 2-4）。

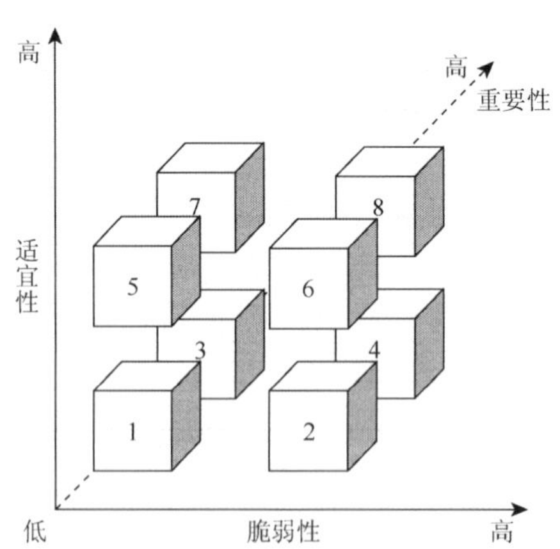

图 2-4　基于适宜性-重要性-脆弱性的可占用性评价模型

具体来讲，在最简单的情况下，假设 3 种指标各自仅有高低两种赋值，那么会出现 8 种组合。就每种组合自身来讲，其可占用性有如下评价（表 2-1）。

表 2-1　基于适宜性-重要性-脆弱性的生态空间可占用性评价

组合序号	适宜性	重要性	脆弱性	可占用性	建议
1	高	高	高	不可占用	完全不能占用
2	高	高	低	不宜占用	适宜于生态建设
3	高	低	高	不宜占用	适宜于生态建设，降低脆弱性
4	高	低	低	适度占用	适宜于生态建设，也适宜于进行开发建设
5	低	高	高	不宜占用	一旦破坏，难以修复
6	低	高	低	适度占用	可进行适度的开发利用
7	低	低	高	适度占用	从生态角度来讲，占用不破坏生态
8	低	低	低	适宜占用	可以任意进行占用

以上 8 种综合的结果中，不可占用和适宜占用两种很明显地区别于其余两种，不可占用的区域适宜于进行生态建设，生态建设的成本低；重要性高，提供了重要的生态功能；脆弱性高，一旦破坏难以修复。适宜占用的区域，生态适宜性低，不提供重要的生态功能，脆弱性要低，占用不会产生严重的生态破坏效应。其余两种类型（不宜、适度），在本质上没有明显的区别。这是因为这些区域总是占用的 3 种单项评价中，总有一项对占用性产生负面效应，要么是生态适宜性高，要么是生态重要性高，要么是生态脆弱性高。

第三章 生态空间可占用性评价技术方法与案例区概况

具体研究方法的确立是生态空间可占用性评价的基础，案例区的择定则是开展实践应用研究的支撑。依据前面所构建的生态空间可占用性评价模型，借鉴已有研究的相关方法，构建了生态空间可占用性研究的方法体系。选择广西西江经济带为案例区，对其自然地理和经济社会基本情况进行了梳理。

第一节 主要技术方法

在第二章中，作者基于生态学相关理论，构建了基于生态适宜性、生态重要性和生态脆弱性的评价模型，这 3 类生态空间属性的评价方法构成了生态空间可占用性评价技术方法的基础。在综述前人已有相关研究方法的基础上，笔者提出了本书所采用的技术方法。

一、生态适宜性评价方法

所谓土地生态适宜性，是指由土地内在自然属性所决定的对特定用途的适宜或限制程度（McHarg，1969）。联合国粮食及农业组织（Food and Agriculture Organization，FAO）在 1993 年出版的《土地利用规划指南》中指出，土地适宜性评价是确定土地合理的用途、进行合理利用的基础工作（蔡玉梅等，2005）。土地生态适宜性的概念最早是由美国景观建筑师 McHarg 提出来的，在《设计遵从自然》一书中，他指出土地生态适宜性指由土地内在自然属性所决定的对特定用途的适宜或限制程度（McHarg，1969）。土地利用生态适宜性评价是把生态规划的思想和方法运用于适宜性评价，通过生态要素对给定土地利用方式的适宜性程度进行评价（王介勇等，2007；宗跃光等，2007）。

1. 已有方法概述

早期的土地适宜性评价基本都是围绕经济作物展开的，并一直延续到现在，得到广泛应用，其对科学种植起到重要的指导作用（华熙成，1994；彭补拙等，1994；

郑永光和徐英宝，1996；王桂芝，1997；张红旗，1998；周应书，2000；刘丹等，2009；吴仁烨等，2009）。随后，土地适应性评价在生态保护和生态修复中也得到广泛应用（吴钦孝等，2000；张文广等，2007；张彩霞等，2007；段金荣等，2010；李莹等，2010）。随着中国城市化进程的加快，城市建设对土地的要求在质和量两方面不断提升，同时城市内部出现了结构、功能不合理的状况。在此驱动下，首先以城市建设用地质量为主的适宜性评价不断开展（明庆忠，1995；申金山等，1999；唐先明和周万村，2001；赵涛等，2004；黄大全等，2008）。其次，土地适宜性评价在垃圾场选址、污水处理布局以及旅游区开发等方面也有广泛的应用（孙铁珩等，1998；钟林生等，2002；何连生等，2003；时亚搂和李升峰，2004）。

近年来，土地适宜性评价被越来越多地应用于地域功能评估与识别研究。在区域开发过程中，如何处理好经济发展和生态保护之间的关系，合理布局生产、生活、生态空间，逐步成为土地适宜性评价的重点。陈雯等（2007）认为土地开发适宜性分区，就是充分考虑地区自然生态与环境基础、资源条件与利用潜力、经济效益与开发需求来划分开发与保护空间，强调让开发成本低、资源环境容量大的地区承担高强度的工业化和城市化活动；让生态保护价值高的区域主要承担农业及生态开敞等功能，缓解经济社会发展与资源环境的空间矛盾。在此基础上，研究者以生态-经济为导向，借鉴已有区划方法，采用要素层-关系层-逻辑层-应用层的技术路线，评价适宜各单元的开发强度，划分开发与保护空间（陈雯等，2006；孙伟等，2007；陈诚等，2009；陈雯等，2009）。刘孝富等（2010）将城市土地景观动态模拟为生态保护用地和城镇用地扩展两个过程，建立了以两个过程最小累积阻力差值为基础的城市土地生态适宜性评价模型，并以厦门为例，选取已有的城镇用地和生态保护用地作为扩展源，分别从地形、景观类型、水文地质、生态价值、生态敏感性、生态功能 6 个方面建立了阻力因子评价体系，运用最小累积阻力分析建立了生态用地和城镇用地的最小累积阻力表面（图 3-1），并利用差值法将厦门划分为禁止开发、限制开发、重点开发、优化开发 4 个适宜性分区。王介勇等（2007）以海南省为例，在区域层面上选择高度、地形坡度、土地覆被等影响工业用地的关键因子，构建工业用地的生态适宜程度评价模型，并在 GIS 技术支持下进行工业用地生态经济适宜性评价，为将来区域工业开发区及重点工业项目布局提供依据。陈燕飞等（2006）以南宁为例，识别市域内可用于进行城市建设的土地资源和生态敏感、脆弱、必须重点保护的区域。应用了生态适宜性评价方法，采用 ArcMap 空间分析软件，综合考虑了河流、湖泊水库、保护区、土地利用、地形坡度、断层、地貌、工程地质 8 项因子，并对不同因子赋予不同的权重进行叠加得到适宜性评价，为合理有效地安排土地资源的用途提供了重要依据。基于类似的导向或采用类似方法，陈炳禄等（1998）在广东湛江、陈昌勇等（2005）在江苏苏州、韩少卿和杨兴礼（2007）在重庆忠县、代磊等（2006）

在浙江宁波、祝仲文等（2009）在广西防城港、梁涛等（2007）在江西萍乡、宗跃光等（2007）在辽宁大连、宋彦华等（2009）内蒙古呼和浩特开展了类似研究。

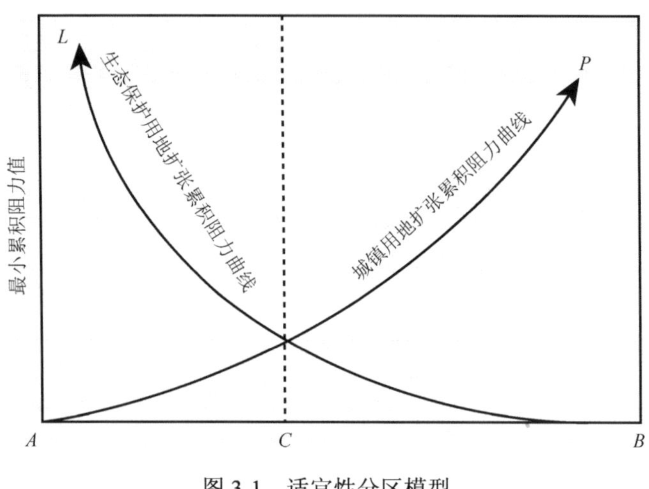

图 3-1　适宜性分区模型

2. 本书选用方法

在实际工作中，土地适宜性评价大部分用于根据人类要求、意愿或一些未来活动的预测而确定土地利用最适合的方式或者区域最佳的空间格局（Collins et al.，2001；何英彬等，2009）。土地生态适宜性评价的目的是确定生态系统或生态空间是否适宜于人类生产、生活活动的开展，没有解决这种占用是否会对整个生态系统的结构和功能产生负面影响、是否会对人类生产及生活产生负反馈的问题。本书从生态学角度进行适宜性分析，研究景观单元是否适宜于生态建设，而非人类的开发利用活动。适宜于生态建设的空间其生态空间可占用性低，而不适宜于生态建设的空间其可占用性高。

最小费用距离（cost-distance）是指从源经过不同阻力的景观所耗费的费用或者克服阻力所做的功（ESRI，1991；Knappen et al.，1992；Adriaensen et al.，2003）。最小费用距离的计算是通过景观单元的成本因子修正直线距离，获得每一单元到距离最近、成本最低源的最小累积成本（ESRI，1991；李纪宏和刘雪华，2006）。最小累积阻力是反映最小费用距离的重要概念，反映了物种在从源到目的地运动过程中所需耗费的最小代价（Knappen et al.，1992；俞孔坚，1999）。在生物保护方面，阻力值就是物种在穿越异质性景观时所需克服的累积阻力；从生态扩展的角度来讲，阻力值反映的是不同景观单元对于生态空间扩展的阻力或适宜程度。可以根据阻力面构建土地功能分区和生态格局组分，优化土地资源空间格局（俞孔坚，1998，1999；李娜，2009)。典型的有：彭晋福（2000）首次将该模型应用于土地利用格局研究，模拟了城镇用地和生态保护用地的扩展趋势，并以江苏扬中为案例区，提出了区域土地利用的相关建议；陈燕飞等（2006）综合考虑水域和保护区的用地现状、地形地貌、工程地质等多项因子构建阻力表面，采用此模型进行适宜性评价，识别南宁市域内可用于进行城市建设的土地资源和生态敏感、脆弱、必须重点保护的区域；刘孝富等（2010）建立了城市土地适宜性的评价方法，将厦门划分为禁止开发、限制开发、重点开发、优化开发4个适宜性分区；等等。

最小累积阻力模型最早由Knappen等于1992年提出（Knappen et al.，1992)，经国内俞孔坚（1998)、陈利顶等（2003）等的修改后用以下公式表示：

$$\mathrm{MCR} = f \min \sum_{j=n}^{i=m} D_{ij} \times R_i \tag{3-1}$$

式中，MCR为最小累积阻力值；D_{ij}为物种从源j到景观单元i的空间距离；R_i为景观单元i对某物种运动（或者说生态空间扩展）的阻力系数；$\sum$为单元i与源j之间穿越所有单元的距离和阻力的累积；min为被评价的斑块对于不同的源取累积阻力的最小值；f为最小累积阻力与生态过程的正相关关系，是一个单调递增函数。最小累积阻力值反映了物种运动的潜在可能性及趋势，通过单元最小累积阻力的大小可判断该单元与源单元的连通性和相似性。本书借助最小费用距离分析模拟了生态空间从生态源向周围空间扩展的过程，最小累积阻力小的地方适宜于生态空间扩展，而最小累积阻力大的地方相对而言不适宜于生态空间扩展。一般来讲，源斑块对于生态过程是最适宜的、也是最不能被占用的；最小累积阻力值越高的区域，越不适宜于生态扩展，其可占用性越高（刘孝富等，2010；胡望舒和王思思，2010)。

在实际工作中，最小累积阻力模型的操作步骤为：首先，确定源，即扩展的起点；其次，确定阻力表面，为每一个景观单元赋以相应的阻力值；最后，计算每一个景观单元到源的最小累积阻力值。在本书中，选择西江经济带内的自然保护区作为源，根据土地利用/土地覆被类型确定阻力表面（表3-1)。景观阻力评价单元为90m×90m的栅格，最小累积阻力计算利用ArcGIS空间分析中的费用距离模块实现。

表3-1　不同土地利用/土地覆被类型栅格阻力值设计

土地利用类型	具体类别	阻力值
水域	河渠	1
	湖泊	1
	水库坑塘	1
	滩涂滩地	1
	永久性冰川雪地	50
林地	有林地	1
	灌木林	5

续表

土地利用类型	具体类别	阻力值
林地	疏林地	10
	其他林地	10
草地	高覆盖度草地	10
	中覆盖度草地	30
	低覆盖度草地	50
建设用地	城镇用地	500
	农村居民点	300
	工矿用地等	300
耕地	水田	100
	旱地	200
其他地类	裸土地、石漠化土地等	100

西江经济带土地利用数据根据中国科学院资源环境科学数据中心 2005 年的 1∶10 万土地利用遥感影像解译图获得（图 3-2 见书后彩图）。

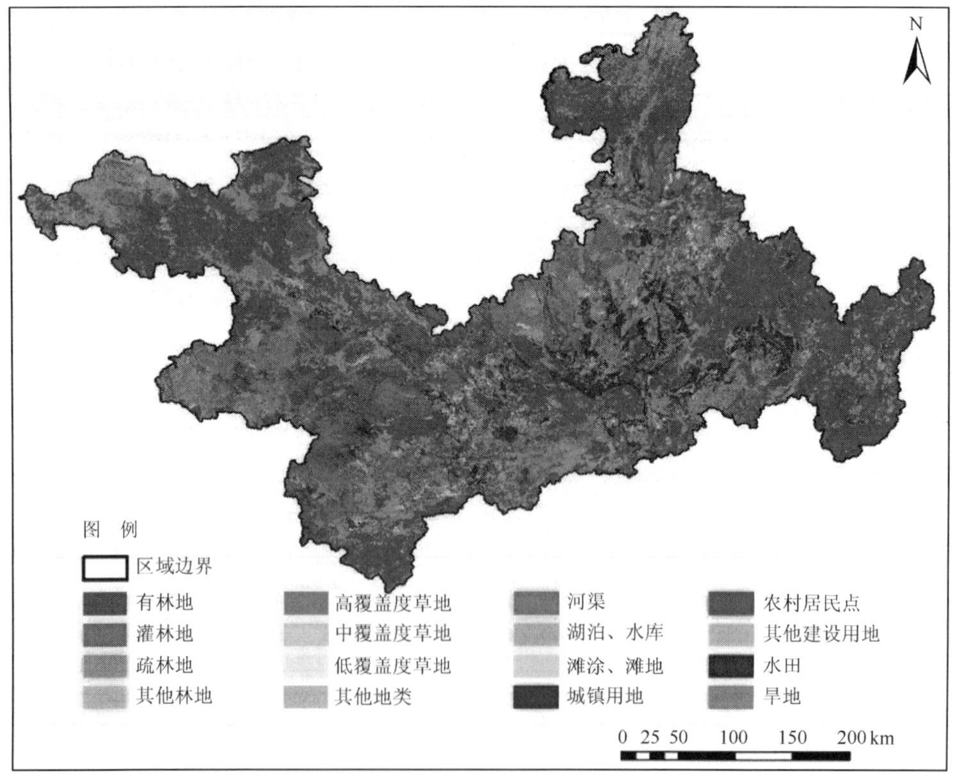

图 3-2　西江经济带土地利用图（二级分类）

二、生态重要性评价方法

生态重要性指的是生态系统或生态空间对于维持区域生态平衡、防止生态恶化或退化的重要程度。生态重要性是确定生态系统是否可以被开发利用，并预测这种开发利用可能引起的生态环境效应的重要指标。

1. 已有方法概述

生态重要性评价是生态学研究的重要内容，主要通过定性、定量或综合手段进行。

（1）基于生态系统结构或功能的定性判断

本书具体从生态过程出发，研究生态系统在物种生存、生物多样性保护等方面的作用，从而对生态系统重要性做出定性判断。李铁冰等（2006）为了客观评价江河源区生态环境的重要性，提出了“生态环境地位”的概念，并从区内、青藏高原、黄河与长江流域 3 方面进行了分析，认为江河源区是青藏高原的重要组成部分，其独特的生态环境不仅是当地生物和居民赖以生存的基础，同时也参与青藏高原独特的水文循环及其对全球气候和环境的影响。徐健等（2007）从土地利用分类的角度，提出了“保全性生态用地”的概念，认为它们是指以发挥自然生态功能为主，除农用地和建设用地之外的土地类型，其对于维护生物多样性及区域或全球的生态平衡以及保持地球原生环境起着重要的作用；自然保护区、水域及湿地等重要生态功能区都在其列。

（2）基于生态系统服务功能的定量分析

主体功能区划分和生态功能区划分都采用生态系统服务功能作为生态重要性的评判标准。主体功能区划中，生态重要性是表征区域生态系统结构、功能重要程度的综合性指标，由水源涵养重要性、土壤保持重要性、防风固沙重要性、生物多样性维护重要性、特殊生态系统重要性 5 个要素组成（全国主体功能区划方案及遥感地理信息支撑系统课题组，2008）；而生态功能区划分则将生态服务功能分为生态调节功能、产品提供功能与人居保障功能 3 个大类，每个又细分为若干亚类（环境保护部和中国科学院，2008）。此外，罗怀良等（2006）、俞洁等（2006）、王小丹等（2009）、贾良清等（2005）、王敏等（2006）、曹小娟等（2006）、郑晓兴等（2006）都将生态系统服务功能作为生态重要性识别的主要手段，并以此定量核算生态系统服务功能，进行生态功能区划分。

（3）综合评价

该类重要性评价不仅从生态系统服务功能出发，而且综合分析了各类影响因素。周洁敏和寇文正（2009）为了评价不同区域在生态建设中的重要性，建立了生态区位的概念和评价方法，认为生态区位是一个区域在生态建设中重要性的标志，既包括区域本身在生态建设中的重要性，也包括这个区域对周边更大区域甚至对整个生态系统的影响力。生态区位重要性等级采用的因子主要有河流、湖库、自然保护区、湿地、沙漠和沙地、水土流失区、海岸台风和海煞侵入区、石漠化区、冰川和雪山、自然遗迹、年暴雨日数、日最大降雨量、盐渍化、泥石流、沙尘暴、洪水、年大风（风力大于 8 级）日数共 17 个因子（表 3-2）。根据生态区位重要性评价，提出了四横、两环、一纵的中国生态屏障格局。刘昕等（2010）以数值法作为分析方法，与生态系统服务功能理论相结合，从生态环境、生态敏感性、气候、土壤和地貌 5 方面建立江西省生态用地保护重要性评价指标体系，对区域生态保护重要性进行评价，以此将江西省划分为禁止开发生态用地、限制开发生态用地和可适当开发生态用地 3 类。

表 3-2　生态区位重要性等级划分标准

因子	生态重要性等级		
	重要	较重要	一般
河流	流程 1000km 以上的河流和一级支流发源地，年平均流量为 $100m^3/s$ 以上的主要支流；黄土区黄河一级支流 400km 以上的河流及其发源地；内陆河流程 350km 以上的河流及其发源地	流程 500km 以上的河流和一级支流发源地，以及 100km 以上河流一级支流上游两侧自然地形第 1 层山脊以内地段；黄土区黄河一级支流 200～400km 的河流及其发源地；内陆河流 100～350km 的河流及其发源地	其他河流发源地汇水区及流域两侧；黄土区黄河一级支流小于 200km 的河流及其发源地；内陆河流程小于 100km 的河流及其发源地
湖库	库容为 10 亿 m^3 以上的特大型水库、高原湖泊、大中城市饮用水源湖库	库容为 1 亿～10 亿 m^3 的湖库	库容在 1 亿 m^3 以下的湖库
自然保护区	国家自然保护区	省级自然保护区	—
湿地	国际、国家重要湿地	其他湿地	—
沙漠和沙地	影响省会级及其以上城市的风沙源区	影响地市级城市的风沙源区	影响地市级以下城市的风沙源区
水土流失区	土壤侵蚀模数 大于 5000t/（km^2·a）	土壤侵蚀模数 500～5000t/（km^2·a）	土壤侵蚀模数 小于 500t/（km^2·a）
海岸台风和海煞侵入区	4 次/a 以上	3～4 次/a	3 次/a 以下
石漠化区	面积占 20%以上	面积占 10%～20%	面积占 10%以下
冰川和雪山	连续分布	零星分布	—
自然遗迹	世界自然遗迹	其他级别的自然遗迹	—
年暴雨日数	＞8d	5～8d	5d 以下
日最大降雨量	＞300mm	200～300mm	200mm 以下
盐渍化	连续分布	面积较大	一般
泥石流	易发生区	偶发生区	不发生区

续表

因子	生态重要性等级		
	重要	较重要	一般
沙尘暴	多发区	偶发生区	不发生区
洪水	多发区	易发生区	偶发生区
年大风日数	＞75d	50～75d	50d 以下

资料来源：周洁敏和寇文正，2009

2. 本书选用方法

生态重要性研究与评价的主要出发点是满足人类的功能需求，保障提供重要生态系统服务功能的区域得到保护。很少有研究从景观单元是否适宜于生态建设来评价该单元的生态重要性，进而来确定景观单元是否可以被占用。从利于生态建设和保护角度来讲，景观单元的生态重要性主要体现两个方面：其一是指生态因子的适宜性，即功能上的重要性，光照、温度、降水等自然条件适宜的景观单元，其重要性程度要高于不适宜的景观单元，占用重要的单元对整个生态系统的影响要大，因而其可占用性要低；其二是指生态区位的重要性，即结构上的重要性，即使是对于生态因子同样适宜的景观单元，由于其所处的位置不同，因而其对于维持整个生态系统健康和安全的重要性也是不同的，处于重要区域的景观单元，其可占用性较低。因此，本部分主要从生态因子和生态区位的重要性出发，分析景观单元的生态重要性，得出生态重要性的等级评价结果。从可占用性的角度来讲，功能或结构上重要的生态系统其可占用性低，而功能或结构上不重要的生态系统其可占用性相对要高（图 3-3）。

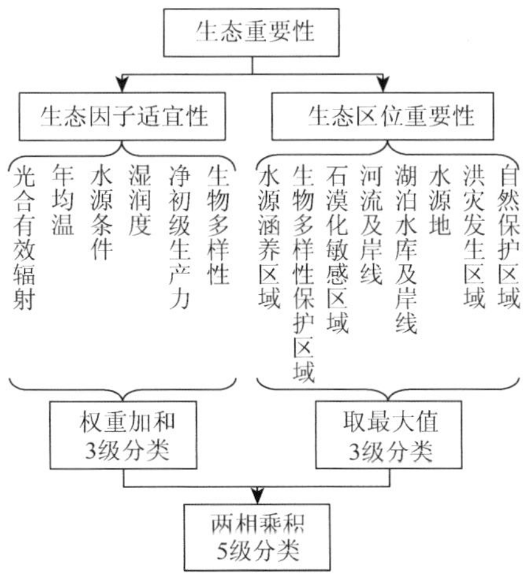

图 3-3　生态重要性评价技术路线

分别基于生态因子适宜性和生态区位重要性所涉及的单指标评价结果，对生态因子适宜性和生态区位重要性进行评价，进而整合两方面结果，得到生态重要性。

（1）生态因子适宜性

生态学研究指出，生态因子有气象因子、地理因子及自然植被条件等；有的条件是最根本的，如气候、地理因子，有的则是最直接的，如植被条件、生产力、生物多样性等。影响物种分布的主要因素有太阳辐射、温度、水分条件、大气、土壤组分、植被条件等（田大伦，2008）。气候对生物的影响极为深刻，不仅直接限制生物的生活和分布，而且也通过其他环境因子对生物产生间接影响。气候因子中对生物影响最大的是：光、温度、湿度、降水和风等。研究表明，从区域自然条件来讲，影响生物生存和区域生态环境质量的主要因素是地理因子，特别是纬度和经度，由此导致一系列其他气候因子的不同配比，在各气候因子中，降水、绝对最低温、寒冷指数、年均温是影响最显著的因子，在能量因子上潜在蒸发量、初级生产力是最主要的影响因子（王翠红，2004）。综上分析，本书选用光合有效辐射、年均温、水源条件、湿润度、净初级生产力（NPP）和生物多样性等生态因子，来综合反映景观单元对于生态建设和保护的重要性。

将所涉及的指标进行均一化、标准化处理，以 90m×90m 的栅格作为计算单元，得分越高，表示在该类因子中，这个栅格的重要性越高。将光合有效辐射、年均温、NPP、水源条件、湿润度按照 ArcGIS 重分类（Reclassfy）中的 Equal breaks 分类方式划分为 10 个等级，相应赋值为 1～10。生物多样性数据采用主体功能区评价的结果，原数据分为 5 级，本书中，5 级分类不变，但是分值由低到高分别赋为 2、4、6、8、10。

本书采用专家打分法确定指标权重，具体步骤为：首先向一定数量（23 位）的相关领域专家发放指标权重调查问卷，获得专家第一次打分样本之后，依据式（3-2）计算各专家给出的指标均值和标准差。其次，将第一轮打分所得各指标权重均值、标准差等分析结果反馈给各位专家，引导专家对各指标进行下一轮打分。最后，再次计算各专家的打分均值与标准差，并将打分均值与上一轮打分的均值作差比较，进行一致性判断（本书设定均值差值的阈值为 0.001）。如此循环几次以后，如前后轮打分均值趋于稳定，且差值小于 0.001，则打分结束，取样本均值作为专家建议的权重结果。

$$E=\frac{\sum_{i=1}^{n} w_i}{n};\quad \delta^2=\frac{\sum_{i=1}^{n}(w_i-E)^2}{n} \tag{3-2}$$

式中，E 为某要素因子的均值；δ 为某要素因子的标准差；n 为打分专家的人数；w_i 为第 i 位专家给出的权重。

最终权重结果为：年均温，0.1978；水源条件，0.2283；湿润度，0.1000；光合有效辐射，0.1891；NPP，0.1391；生物多样性，0.1457。

在 ArcGIS 9.3 软件中，采用以下过程进行权重加和以及综合评价：通过 ArcGIS→Spatial Analyst→Raster Calculator 的程序，按照“生态重要性=年均温×0.1978+水源条件×0.2283+湿润度×0.1000+光合有效辐射×0.1891+NPP×0.1391+生物多样性×0.1457”进行计算，得到每个栅格的最终评价结果。

（2）生态区位重要性

区位重要性的评价主要依据周洁敏和寇文正（2009）的研究成果，同时根据西江经济带的区域特征，选择了以下 8 个方面的指标（表 3-3）。

表 3-3　重要生态区位类型及重要性分类标准

类型		极重要	重要	一般
河流及岸线	主流	岸线周围 500m（含自身）	岸线周围 500～1000m	其他区域
	支流	岸线周围 100m（含自身）	岸线周围 100～200m	其他区域
湖泊水库及岸线	主要湖库	湖泊水库本身及岸线周围 1000m 范围内	湖泊水库岸线 1000～2000m 范围内的区域	其他区域
	其他湖库	湖泊水库本身及岸线周围 100m 范围内	湖泊水库岸线 100～200m 范围内的区域	其他区域
水源地	河道型水源地	上游 0～1500m、岸线两侧 200m	上游 1500～3000m、岸线两侧 200m	其他区域
		下游 0～200m、岸线两侧 200m	下游 200～500m、岸线两侧 200m	其他区域
	大型水库水源地	岸线周围 0～1000m（含本身）	岸线周围 1000～3000m	其他
	中小型水库水源地	水源地周围 0～500m	水源地周围 500～2000m	其他
	其他水源地（主要是地下水）	水源本身	—	—
自然保护区域		保护区域本身	保护区域周围 0～2000m	其他
生物多样性保护区域		生物多样性高值区	生物多样性中值区	生物多样性低值区
石漠化敏感区域		极敏感区	敏感区	不敏感区
洪灾发生区域		高风险区	中风险区	低风险区
水源涵养区域		重要性高值区	重要性中值区	重要性低值区

在 8 个分类指标评价的基础上，本书采用以下模型识别每个景观单元重要性，评价的综合结果如下：

区位重要性=max（biod_impt，lake_impt，水源涵养区域_impt，河流及岸线_impt，洪灾发生区域_impt，石漠化敏感区域_impt，水源地_impt，自然保护区域_impt）。

此计算过程选取 8 项内容中，栅格赋值最高的一项定义栅格的属性，即只要有一项认为栅格是重要的，那么从整体上就认为这个栅格是重要的；所有的方面都不重要，那才是不重要的。具体而言，只要栅格有一项定义为 3，那么栅格的属性即为 3，即极重要；如果一个栅格任何一项定义为 2，而没有一项定义为 3，那么这个栅格定义为 2，即重要；如果某个栅格所有的项都定义为 1，那么这个栅格定义为 1，即一般。

该计算过程可在 ArcGIS→Spatial Analyst→Raster Calculator 来实现。

（3）生态重要性综合评价

在生态因子适宜性和生态区位重要性评价的基础上，对生态重要性进行综合评价。定义：生态重要性=生态因子适宜性×生态区位重要性。由于每个评价分为 3 个等级，因此，最终有 6 级评价结果，分别为 9、6、4、3、2、1，为便于比较，合并为 5 级，分别为极重要（得分 9）、很重要（得分 6）、重要（得到 4）、一般（得分 3）和不重要（得分 2 或 1）。

三、生态脆弱性评价方法

所谓生态系统的脆弱性即指生态系统在一定机制作用下，容易由一种状态演变成另一种状态，遭变后又缺乏恢复到初始状态的能力（周劲松，1997）。生态系统可以承受一定的外界压力，并通过自我调节机制而恢复其相对平衡，但当外界压力超过其调节能力的限度（生态阈限）时，生态系统则遭到破坏，导致生态环境恶化。这是生态系统脆弱性产生的生态学基础，是生态系统固有的属性（赵平等，1998；史德明和梁音，2002）。生态系统脆弱性评价是指在区域层次上，对系统自身的结构、功能进行探讨，预测和评价外部胁迫对系统可能造成的影响，并评估系统自身对外部胁迫的抵抗力以及从不利影响中恢复的能力（周永娟等，2009）。研究者一般认为，生态系统的脆弱性与稳定性是两个内含相同但表现形式相反的概念，高的脆弱性即意味着低的稳定性（赵平和彭少麟，2001）。因此，本书对于生态脆弱性的评价实质上也是同时在进行生态稳定性的评价。研究表明，生态系统的脆弱性（或说稳定性）受到生物多样性、生态因子以及尺度和范围等因素的制约。

1. 已有方法概述

脆弱性研究最早起源于自然灾害研究，20 世纪 60 年代的国际生物学计划（IBP）、70 年代的人与生物圈计划（MAB）以及 80 年代开始的地圈、生物圈计划（IGBP）都把生态脆弱性作为重要的研究领域（Blaikie et al.，1994；Polsky et al.，2007）。国内学者自 20 世纪 80 年代开始，也开展了关于生态脆弱性的大量研究（赵慧霞等，2007；肖桐等，2010）。随着人为因素对自然生态系统作用强度的增加和范围的扩大，自然因素、人为因素、生物因素相互作用下的生态脆弱性研究受到关注（牛文元，1989；冉圣宏等，2002；李克让等，2005）。Birkmann（2007）对脆弱性的扩展过程进行了梳理，认为脆弱性的内涵已经从早期的基于风险因子的内源性脆弱，扩展到融合了自然、经济、社会、人文和环境、组织和机构等特征的综合范畴；徐广才等（2009）认为，生态脆弱性研究正逐渐从重点考察某单一生态要素发展到关注区域人地系统的整体性响应；其他诸多研究者也认为，脆弱性不仅包括由生态系统自然的、系统内部的演替所引起的自然脆弱性，还包括由外部的尤其是人类活动所引起的外部脆弱性（Newell et al.，2005；李鹤等，2008；刘小茜等，2009）。研究者普遍认为，脆弱性由暴露度（exposure）、敏感性（sensitivity）和适应能力（adaptive capability）3 个构成要素（Yohe and Tol，2002；Roberts and Yang，2003；Adger，2006）。暴露度是系统经历环境和社会压力或冲击的程度，它与压力或冲击的强度、频率、持续时间以及对系统的邻近性有关；敏感性是暴露单元容易受到胁迫的正面或负面影响的程度，是胁迫与所产生的后果之间多维度的剂量反应关系；适应能力是系统能够处理、适应胁迫以及从胁迫造成的后果中恢复的能力，可用阈值和应对范围表示。

虽然脆弱性是生态系统内部的固有属性，生态脆弱性的产生也受到诸多因素的影响。从来源来讲，主要分为自然因素和人为因素（王丽婧等，2005；赵庆杰，2009；刘晓琼和刘彦随，2010；卢亚灵等，2010；王宏伟等，2010）。自然因素主要有地质构造、地形地貌特征、气候条件、植被因素、土壤与地面组成物质等；人为因素主要包括山林砍伐、陡坡垦殖、过度放牧、围湖造田、资源开采、污染物排放、能源利用等。自然因素是产生生态脆弱性的基础，但是存在自然脆弱因子并不意味着生态环境就一定脆弱。这是因为生态环境本身有自我调节和恢复功能，通常情况下，如果没有人类活动的干扰，特定地段的生态环境往往不会变得脆弱。同样，不存在自然脆弱因子并不意味着生态环境就一定不脆弱。人类的不合理利用会破坏生态环境，使本来较好的生态环境变成脆弱的生态环境。此外，即使同时存在自然脆弱因子和人为的不利影响，生态环境也不一定就脆弱，只要自然脆弱因子和人为不利因素的影响程度没有超出生态环境的承受能力和范围，生态环境也就不会表现为脆弱（赵庆杰，2009）。在一定的条件之下，人类的生态建设活动反而可能起到减弱生态脆弱性的作用（史德明和梁音，2002）。

生态系统脆弱性评价是指在区域层次上，对系统自身的结构、功能进行探讨，预测和评价外部胁迫对系统可能造成的影响，并评估系统自身对外部胁迫的抵抗力以及从不利影响中恢复的能力（周永娟等，2009）。Deressa 等（2008）认为，脆弱性评价方法大体上可以分为 3 类，即自然生态学方法、社会经济学方法和综合方法。其中，综合方法对指标考虑比较全面，因而应用最为广泛。综合方法又可分为综合指数法、函数模型法等（Smith et al.，2003；李鹤等，2008）。综合指数法主要涉及指标体系选择和权重确定，目前所考虑的主要指标包括自然资源子系统、环境子系统、经济子系统和社会发展子系统 4 个方面，通常运用专家赋值法、层次分析法、主成分分析法、模糊综合评判法等（史德明和梁音，2002；姚建等，2004；王介勇等，2005；石青等，2007；孙兰东等，2010；王宏伟等，2010）。函数模型法所涉及的模型较为多样，王德炉和喻理飞（2005）用欧氏距离公式建立了生态脆弱度（S_{FD}）计算模型，并对喀斯特环境生态脆弱性进行了评价；肖桐等（2010）认为敏感性-适应性（S-A）脆弱性取决于系统对气候变化的敏感性和适应性，因此构建了敏感性-适应性模型，用于气候变化背景下的脆弱性评价；Polsky 等（2007）受美国公共空间计划整合框架的启示，用“暴露-敏感-适应”来分解“脆弱性”，构建了脆弱性范围图解（vulnerability scoping diagram，VSD）模型来评价脆弱性；卢万合等（2010）通过生态足迹与区域生态承载力之间的关系以及生态足迹来揭示区域生态脆弱性，认为生态足迹赤字越多，脆弱性越高。此外，景观格局分析方法也得到一定应用。邱彭华等（2007）认为景观格局是景观空间异质性的具体表现，同时也是各种生态过程在不同尺度上作用的结果，分离度、分形维数、破碎度指标均可以揭示区域生态脆弱性。基于此假设，根据景观格局指数的生态学意义及其与生态环境响应之间的联系，对格局指数和敏感性指数采用多级加权求和法来实现区域景观类型的脆弱性评价。

2. 本书选用方法

综合前人的研究成果，本书采用 VSD 模型构建西江经济带生态脆弱性评价的指标体系和评价方法。VSD 模型将生态脆弱性分解为 3 个维度，分别是暴露度、敏感性和适应能力，其内涵和表征各有针对性（McCarthy et al.，2001；Roberts and Yang，2003；Adger，2006；Polsky et al.，2007；刘小茜等，2009）。暴露度是反映受外界干扰或胁迫程度的参数，暴露度越高，对生态环境风险的干扰就越敏感，脆弱性也就越高；案例区暴露源主要体现在人类活动方面，可以通过人口、产业的分布及土地利用格局等方面进行体现（田亚平等，2005；刘小茜等，2009）。敏感性是暴露单元容易受到胁迫的正面或负面影响的程度，是胁迫与所产生的后果之间多维度的剂量反应关系，敏感性由暴露的类型和系统特征所决定，与系统本身受到破坏的临界条件有关，面对特性的内部或外部干扰，敏感性较高的地区受到破坏的可能性和破坏程度更大，脆弱性往往更高；案例区对外界干扰的敏感性主要体现在石漠化、水土流失等方面，可以通过自然资源条件和地形地貌特征等因素进行反映（赵平等，1998；官冬杰等，2006）。适应能力是系统能够处理、适应胁迫以及从胁迫造成的后果中恢复的能力，适应能力是一种可改变和可调节的潜在的状态参数，通过人为的干预或适应性管理进行提升，主要涉及政策和社会经济层面的内容，适应潜力越大，面对同等干扰，系统恢复到平衡状态的可能性也越大，受损程度会越低，脆弱性越小（王丽婧等，2005；刘小茜等，2009；陈萍和陈晓玲，2010）。案例区适应能力可以通过经济社会发展水平和生态建设投入等方面进行表征。

结合上述分析，参考已有研究成果，构建了基于“暴露度”、“敏感性”和“适应能力”三维目标下的评价指标体系，其中总目标为“生态脆弱性”，分目标为“暴露度”、“敏感性”和“适应能力”，其中每个分目标下又划分为3～4个要素层，每个要素由若干个具体指标构成，共有“公里格网人口”等25个具体指标（表3-4）。

表3-4 西江生态脆弱性评价指标体系

目标层		要素层		指标层		
编号	内容	编号	内容	编号	内容	指标指向
A1	暴露度	B1	人口产业分布	C1	公里格网人口	+
				C2	公里格网 GDP	+
		B2	人为活动干扰	C3	化学需氧量排放量	+
				C4	二氧化硫排放量	+
				C5	化肥使用量	+
		B3	土地覆被状况	C6	林地比重	–
				C7	建设用地比重	+
				C8	≥25°耕地比重	+
A2	敏感性	B4	生态系统质量	C9	NPP	–
				C10	植被类型	*
		B5	水资源水质状况	C11	水质状况	*
				C12	人均可利用水资源量	–
		B6	气象气候条件	C13	降水量	–
				C14	湿润度	–
				C15	≥10℃积温	–
				C16	年均风速	+
		B7	地形地貌特征	C17	坡度	+
				C18	高程	+
A3	适应能力	B8	经济社会发展水平	C19	人均 GDP	–
				C20	多年平均城市化增速	–
				C21	第二产业比重	–
				C22	万元 GDP 电耗	+

续表

目标层		要素层		指标层		
编号	内容	编号	内容	编号	内容	指标指向
A3	适应能力	B9	地方能力及意愿	C23	居民教育水平	–
				C24	环保投资比重	–
				C25	政府政策导向	*

各项指标的指向及等级划分主要是依据生态、环境、经济、社会等领域的已有研究成果进行确定，其中：指标指向为“+”表示该项指标越高，脆弱性越高；指标指向为“–”表示该项指标越高，脆弱性越低；指向为“*”的指标，表示植被条件越好、水质越好、政策越鼓励生态建设，则脆弱性越低。

以单项指标评价为基础，采用层次分析法（analytic hierarchy process，AHP）确定要素、指标的权重，计算暴露度、敏感性、适应能力和生态脆弱性；将脆弱性评价结果与现状建设用地进行空间耦合分析，以确定现状开发建设行为与生态脆弱性的关系。计算公式如下：

$$R=\sum_{i=1}^{n}C_iW_i \tag{3-3}$$

式中，R 分别为脆弱性或其子目标的暴露度、敏感性和适应能力；i 为所涉及的指标数量，对于脆弱性、暴露度、敏感性和适应能力，i 分别为 25、8、10 和 7；C_i 为指标评价结果；W_i 为指标权重。

（1）指标权重确定

本书采用层次分析法确定各项指标的权重，以此作为综合评价的基础。所谓层次分析法，是指将一个复杂的多目标决策问题作为一个系统，将目标分解为多个目标或准则，进而分解为多指标（或准则、约束）的若干层次，通过定性指标模糊量化方法算出层次单排序（权数）和总排序，以作为目标（多指标）、多方案优化决策的系统方法，称为层次分析法。层次分析法是由美国运筹学家 A. L. Saaty 于 20 世纪 70 年代提出的，它是对方案的多指标系统进行分析的一种层次化、结构化的决策方法，它将决策者对复杂系统的决策思维过程进行模型化、数量化（李滨勇等，2010）。

层次分析法是将决策问题按总目标、各层子目标、评价准则直至具体的备投方案的顺序分解为不同的层次结构，然后用求解判断矩阵特征向量的办法，求得每一层次的各元素对上一层次某元素的优先权重，最后再用加权求和的方法递阶归并各备择方案对总目标的最终权重，此最终权重最大者即为最优方案。这里所谓“优先权重”是一种相对的量度，它表明各备择方案在某一特点的评价准则或子目标优越程度的相对量度，以及各子目标对上一层目标而言重要程度的相对量度。层次分析法比较适合于具有分层交错评价指标、而且目标值又难于定量描述的决策问题的目标系统。其用法是构造判断矩阵，求出其最大特征值及其所对应的特征向量 $\boldsymbol{W}$，归一化后，即为某一层次指标对于上一层次某相关指标的相对重要性权值。

层次分析法，大体可分为以下 3 个步骤：步骤 1，分析系统中各因素间的关系，对同一层次各元素关于上一层次中某一准则的重要性进行两两比较，构造两两比较的判断矩阵；步骤 2，由判断矩阵计算被比较元素对于该准则的相对权重，并进行判断矩阵的一致性检验；步骤 3，计算各层次对于系统的总排序权重，并进行排序。

（2）*层次分析模型构建*

在前面研究的基础上，构建如图 3-4 所示的层次分析模型，其中脆弱性为最终评价目标，暴露度、敏感性和适应能力为其分解目标，人口产业分布等 9 项为要素层指标，每个要素层下面又分解为若干个具体指标。

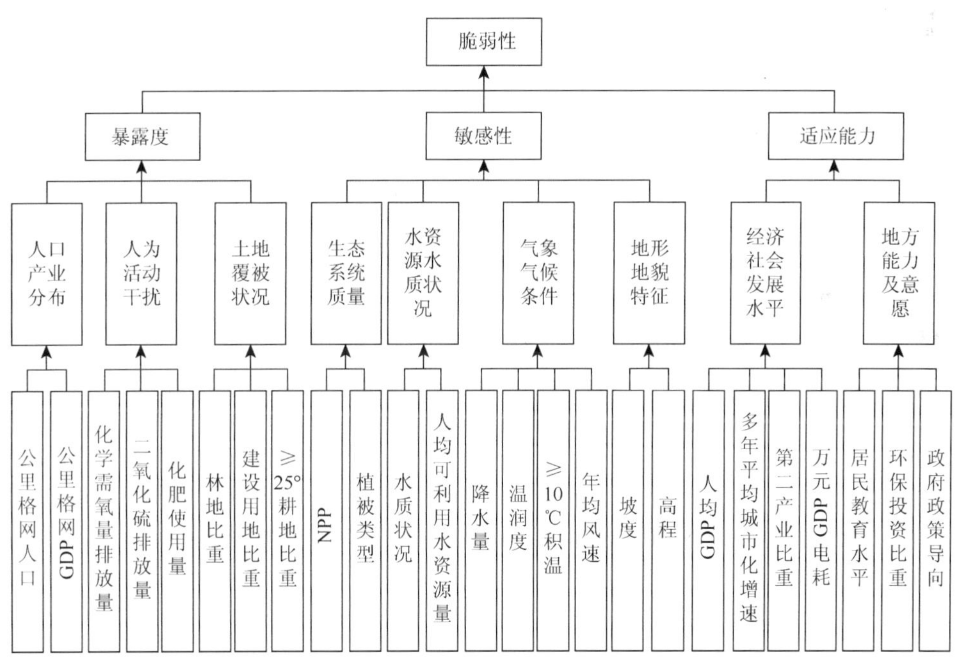

图 3-4 生态脆弱性评价层次分析模型

具体计算过程：先构建要素层判断矩阵，确定要素层中每个要素的权重；然后在每个要素中，分析其具体指标的权重；最终获得 25 个单项指标的权重。

具体运算采用 yaahp 软件进行（张建华，2010）。

（3）*要素层判断矩阵*

基于生态学研究及广西西江经济带的具体情况，构建了如下判断矩阵（表 3-5）。

表 3-5　要素层判断矩阵

脆弱性	B1	B2	B3	B4	B5	B6	B7	B8	B9	W_i
B1	1	1/2	1	1/7	1/5	1/4	1/6	5	3	0.0508
B2	2	1	2	1/4	1/3	1/2	1	5	2	0.0909
B3	1	1/2	1	1/3	1/2	1/2	1/2	2	1.2	0.0558
B4	7	4	3	1	4	3	4	7	5	0.3206
B5	5	3	2	1/4	1	1	1	4	2	0.1353
B6	4	2	2	1/3	1	1	1	5	3	0.1397
B7	6	1	2	1/4	1	1	1	5	3	0.1311
B8	1/5	1/5	1/2	1/7	1/4	1/5	1/5	1	1/3	0.0238
B9	1/3	1/2	2	1/5	1/2	1/3	1/3	3	1	0.0521

经检验，判断矩阵一致性为 0.0669，一致性结果较高。

（4）因子权重结果

在每个要素层内部各指标权重计算结果的基础上，对 25 个分项指标总体权重进行计算，结果见表 3-6。

表 3-6　权重计算结果

序号	要素层 B	要素层权重	指标层 C	指标层权重	层次总排序权重	序列
1	B1：人口产业分布	0.0508	C1：公里格网人口	0.5000	0.0254	14
2		0.0508	C2：公里格网 GDP	0.5000	0.0254	13
3	B2：人为活动干扰	0.0909	C3：化学需氧量排放量	0.4000	0.0364	10
4		0.0909	C4：二氧化硫排放量	0.4000	0.0364	9
5		0.0909	C5：化肥使用量	0.2000	0.0182	15
6	B3：土地覆被状况	0.0558	C6：林地比重	0.5936	0.0331	11
7		0.0558	C7：建设用地比重	0.2493	0.0139	18
8		0.0558	C8：≥25°耕地比重	0.1571	0.0088	22
9	B4：生态系统质量	0.3206	C9：NPP	0.6667	0.2137	1
10		0.3206	C10：植被类型	0.3333	0.1069	2
11	B5：水资源水质状况	0.1353	C11：水质状况	0.5000	0.0677	5
12		0.1353	C12：人均可利用水资源量	0.5000	0.0677	4
13	B6：气象气候条件	0.1397	C13：降水量	0.3878	0.0542	7
14		0.1397	C14：湿润度	0.1203	0.0168	16
15		0.1397	C15：≥10℃积温	0.3878	0.0542	6
16		0.1397	C16：年均风速	0.1042	0.0146	17
17	B7：地形地貌特征	0.1311	C17：坡度	0.3333	0.0437	8
18		0.1311	C18：高程	0.6667	0.0874	3

续表

序号	要素层B	要素层权重	指标层C	指标层权重	层次总排序权重	序列
19	B8：经济社会发展水平	0.0238	C19：人均GDP	0.0968	0.0023	25
20		0.0238	C20：多年平均城市化增速	0.4744	0.0113	19
21		0.0238	C21：第二产业比重	0.2144	0.0051	24
22		0.0238	C22：万元GDP电耗	0.2144	0.0051	23
23	B9：地方能力及意愿	0.0521	C23：居民教育水平	0.1919	0.0100	20
24		0.0521	C24：环保投资比重	0.6337	0.0330	12
25		0.0521	C25：政府政策导向	0.1744	0.0091	21

四、生态空间可占用性方法

基于前面所构建的生态空间可占用性模型，认为生态空间可占用性是生态适宜性、生态重要性、生态脆弱性3个指标的函数，在3个指标评价和分级的基础上，可以构建相应的运算法则，进而对生态空间可占用性进行综合评价。关于指标集成分析，目前较多采用的方法包括权重求和法、最小值法、最大值法、求乘积法等。

第二节 案例区概况①

作为珠江主干流的西江上接云南，纵贯广西和广东，通江达海，自古以来就是连接西南和华南的黄金水道。2008年10月，广西提出打造西江亿吨黄金水道的重大战略，2010年4月广西公布了《广西西江黄金水道建设规划》，提出加快建设形成西江经济带。2010年1月1日，中国-东盟自由贸易区正式全面启动，为地处自由贸易区前沿的广西和西江沿海地区来了巨大的发展机遇。从此，西江经济带发展进入加速期。同时，由于经济带地处云贵高原向东南沿海的过渡地带，位于珠三角城市群上游，生态重要性突出，而生态脆弱性也较高。面对加速发展和强化保护的双重需求，需要加大对生态空间可占用性研究的力度，以实现经济发展与生态环境的良性互动。

一、地理位置及行政区划

广西西江经济带，又称西江经济带广西段，位于我国西南部，广西壮族自治区中部，104°26′E～111°35′E、22°04′N～26°05′N，东西最大跨距约714km，南北

① 本节参考：樊杰. 2011. 西江经济带〈广西段〉可持续发展研究：功能、过程与格局. 北京：科学出版社.

最大跨距 447km（图 3-5）。经济带包括广西的南宁等 7 市，共 59 个县市区[①]（表 3-7）。区域总面积 $13.08\times10^4\text{km}^2$，占广西壮族自治区总面积的 55.47%，占全国总面积的 1.4%。

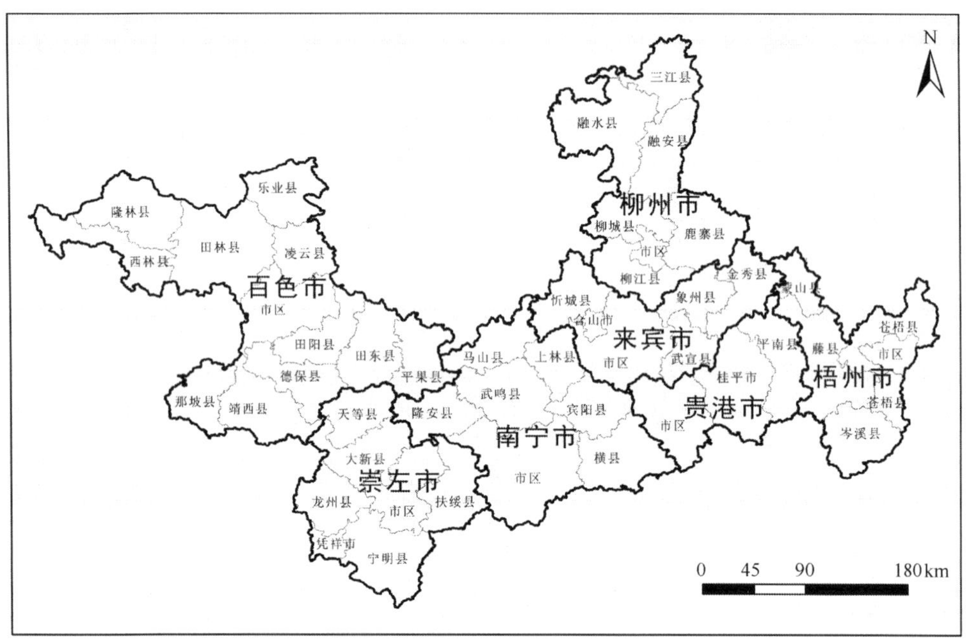

图 3-5　广西西江经济带行政区划

表 3-7　广西西江经济带地市及县市区名录

地市名	县市区名
南宁	12 个：市区（兴宁区、青秀区、江南区、西乡塘区、良庆区、邕宁区）、武鸣县、横县、宾阳县、上林县、隆安县、马山县
柳州	10 个：市区（城中区、鱼峰区、柳南区、柳北区）、柳江县、柳城县、鹿寨县、融安县、三江侗族自治县、融水苗族自治县
梧州	7 个：市区（万秀区、蝶山区、长洲区）、苍梧县、藤县、蒙山县、岑溪市
贵港	5 个：市区（港北区、港南区、覃塘区）、平南县、桂平市
百色	12 个：市区（右江区）、田阳县、田东县、平果县、德保县、靖西县、那坡县、凌云县、乐业县、田林县、隆林各族自治县、西林县
来宾	6 个：市区（兴宾区）、象州县、武宣县、金秀瑶族自治县、忻城县、合山市
崇左	7 个：市区（江州区）、扶绥县、大新县、天等县、宁明县、龙州县、凭祥市

广西西江经济带背靠大西南，南邻北部湾经济区，东邻粤港澳地区，西临东盟经济体，具有独特的区位优势。西江航运干线横贯整个经济带，成为西南地区

① 在本书后面分析计算过程中，受统计数据所限，将 7 个地市的市辖区合并，因此数量少于 59 个。

最便捷的出海通道，素有“黄金水道”之称，是中国西部资源型经济与东南开放型经济的结合部，并在中国与东南亚的经济交往中占有重要地位。

二、自然地理概况

广西西江经济带地处云贵高原向东南沿海的过渡地带，具有典型的盆地地貌特征，地势起伏度较大，光热水气资源配置优越，矿产资源丰富，野生动植物种类较多，是具有国际意义的陆域生物多样性保护区。

1. 气候条件

西江经济带地处低纬度地区，北回归线横贯中部，跨越北亚热带、南亚热带和中亚热带 3 个气候亚带。季风气候明显，冬季盛行偏北风，夏季盛行偏南风。在太阳辐射、大气环流和地理位置的共同作用下，形成了气候温暖、热量丰富，降水丰沛、干湿分明，日照适中、冬少夏多，山地风能资源丰富的气候特点。全区各地年平均气温在 16.5～23.1℃，气温由南向北、由河谷平原向丘陵山地递减，等温线基本沿纬线延伸，极端高温出现在百色约 42.5℃，极端低温能达到–8.4～2.9℃，各地≥10℃的日平均积温在 5000～8300℃，为多熟制和多样作物生长提供了有利条件。区域降水丰富，各地年降水量在 1080～2760mm，其地理分布具有东部多、西部少，丘陵山区多、河谷平原少，夏季迎风坡多、背风坡少等特点。由于受季风气候影响，干湿季分明，季节降水分配不均，降水量主要集中在 4～9 月。

2. 地形地貌

南濒热带海洋，北接南岭山地，西延云贵高原，属云贵高原向东南沿海的过渡地带，具有周高中低、形似盆地，山地多、平原少的特点。地势由西北向东南倾斜，属山地丘陵盆地地貌，分中山、低山、丘陵、台地、平原、石山 6 类。石灰岩地层分布广，岩层厚，褶皱断裂发育，为典型的岩溶地貌地区。盆地内部有酸性基岩地貌和岩溶地貌交错发育。

山系主要分盆地边缘山脉和盆地内部山脉两类。流域四周的边缘山脉有西大明山、凤凰山、十万大山余脉、九万大山、黄连山、大苗山、大容山等；流域西部、西南多为岩溶山地；西北为云贵高原边缘山地，有规弄山、岑王老山等；内部山脉在东翼有东北—西南走向的大瑶山，西翼有西北—东南走向的大明山，两列山脉在镇龙山会合，构成完整的弧形。弧形山脉内缘，构成以柳州为中心的桂中盆地；弧形山脉外缘，构成沿右江、郁江和浔江分布的百色盆地、南宁盆地、郁江平原和浔江平原。

3. 水文水系

西江流域广西段河流众多，大多沿着地势呈倾斜面，从西北流向东南，形成了以红水河-西江为主干流的横贯区域中东部的以及支流分布于两侧的树枝状水系。西江水系主要属于珠江流域，主要河流包括红水河、黔浔江、左右江、郁江、柳江、桂江等，其中左右江在邕宁县宋村汇合后称郁江，郁江是西江水系的最大支流。西江流域全长约 1239km，集水面积共计 20.24×10^4km^2，水资源总量约占广西水资源总量的 85.5%。河流总体呈现出山地型多、平原型少的特点，流向大多与地质构造一致；水量丰富，季节性变化大；水流湍急，落差大；河岸高，河道多弯曲、多峡谷和险滩；河流含沙量少；岩溶地区地下伏流普遍发育。水资源丰富，多年平均地表水资源量 887.6 亿 m^3，人均水资源占有量 3979m^3，是全国平均水平的 1.9 倍（表 3-8）。

表 3-8　西江经济带多年平均水资源量

流域分区	地表水资源量（亿 m^3）	地下水资源量（亿 m^3）	水资源总量（亿 m^3）	行政分区	地表水资源量（亿 m^3）	地下水资源量（亿 m^3）	水资源总量（亿 m^3）	人均水资源量（m^3）
南盘江	25.1	5.7	30.8	南宁	139.9	32.2	172.1	2488.1
红水河	137.7	38.0	175.7	柳州	190.5	51.6	242.1	6634.7
柳江	216.4	59.1	275.5	梧州	94.1	19.0	113.1	3611.1
右江	140.2	29.7	169.9	贵港	69.6	13.6	83.2	1639.9
左郁江	203.4	41.5	244.9	百色	182.5	39.8	222.3	5665.6
桂贺江	31.8	6.5	38.3	来宾	107.4	32.2	139.6	5523.5
黔浔江	116.2	24.7	140.9	崇左	103.6	21.1	124.7	5191.5
桂南诸河	2.4	0.9	3.3					
盘龙江	14.4	3.4	17.8	合计	887.6	209.5	1097.1	—
合计	887.6	209.5	1097.1					

4. 植被类型

西江经济带内地形复杂，山地较多，气候高温多雨，降雨时间集中，因此植物区系成分比较复杂，植被类型繁多，总体上植物区系具有从热带北缘过渡到亚热带的性质（图 3-6 见书后彩图）。从北到南，植被依次由典型常绿阔叶林→季风常绿阔叶林→常绿季雨林变化。流域西部因处在云贵高原南面，受焚风效应影响大，气候比较干燥。因此，东部的植被主要由喜湿种类组成，往西则逐渐为耐干旱的种类所代替。野生生物物种资源十分丰富，植物种类十分庞大，已知有野生维管束植物 8000 多种，国家公布的濒危保护植物 389 种，该区域占有 100 多种；主要的珍稀植物有 40 多种。

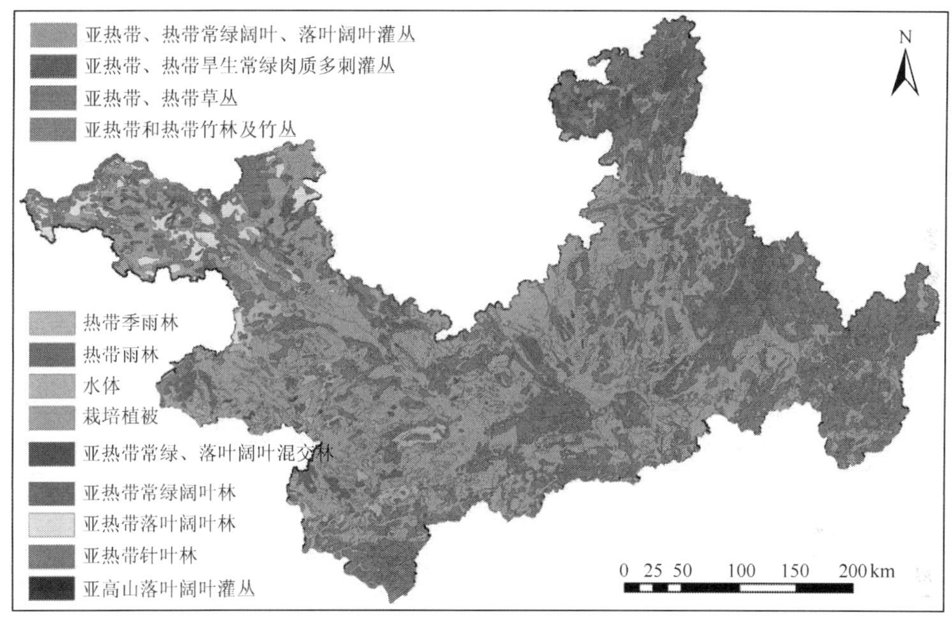

图 3-6　西江经济带植被类型

5. 土壤条件

西江经济带自南向北跨 6 个地理纬度，东西延伸达 7 个地理经度。区内的成土母岩在热带、亚热带气候条件和生物因子的长期作用下，形成了多种类型的土壤。23°05′N 以南为赤红壤，23°05′N 以北为红壤，在海拔 700m 以上的山地，一般是黄壤或黄棕壤，为山地酸性土类型（pH 4.5 左右）。石灰岩母质发育的土壤类型在区域内有大量分布，其中在流域北部多雨环境下常发育为红色石灰土，而在西北、西南多为棕色石灰土（黄褐石灰土）。

6. 自然灾害

经济带地处我国南部地区主要暴雨中心，主要河流径流年际、年内变化较大，径流量年际间丰枯相差2.9倍左右，大部分河流4～9月的径流量约占全年径流量的80%，洪水峰高量大，灾害频繁，防洪形势严峻。受降雨时空分布不均及喀斯特地貌等影响，桂中、左江等干旱缺水问题最为突出，旱情频发。此外，低温冻害、热带气旋、强对流天气、高温天气等气象灾害和滑坡、崩塌、泥石流、地面塌陷（岩溶塌陷和采空地面塌陷）等地质灾害也比较普遍。

三、土地资源状况

1. 总体结构

据国土资源部2008年土地利用变更调查数据，西江经济带7地市土地总面积为13.08万km^2，土地利用以林地为主，所占比例为47.51%，其他各类用地的情况为耕地占20.11%、园地占1.63%、草地占2.96%、其他农用地占3.46%、建设用地占3.86%（全国平均占比为3.48%）、未利用地占20.47%（图3-7）。根据中国科学院资源环境科学数据中心2005年的1：10万土地利用遥感影像解译图与1：25万数字地形图叠加分析结果，丘陵地区、中低山区的土地利用类型主要为林地和草地，耕地和建设用地稀少；沿江盆地、河谷平原、三角洲、峡谷区河谷地带及低平台山土地利用类型中耕地和建设用地比重较大。

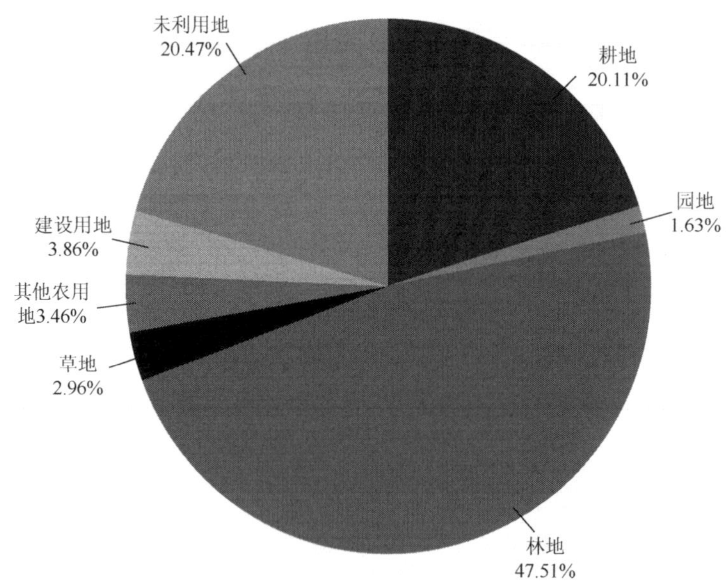

图3-7　西江经济带2008年土地利用构成图

2. 空间差异

根据西江经济带7地市建设用地强度分县数据及分级图可以看出，西乡塘区、江南区、青秀区、柳州、港北区等市辖区的建设用地强度均在10%以上，人口集中、经济较发达是这些地区建设用地强度较高的原因（图3-8）。建设用地强度较低的县区主要集中分布在西北部、北部山区和其他地形高程坡度比较高的地区。

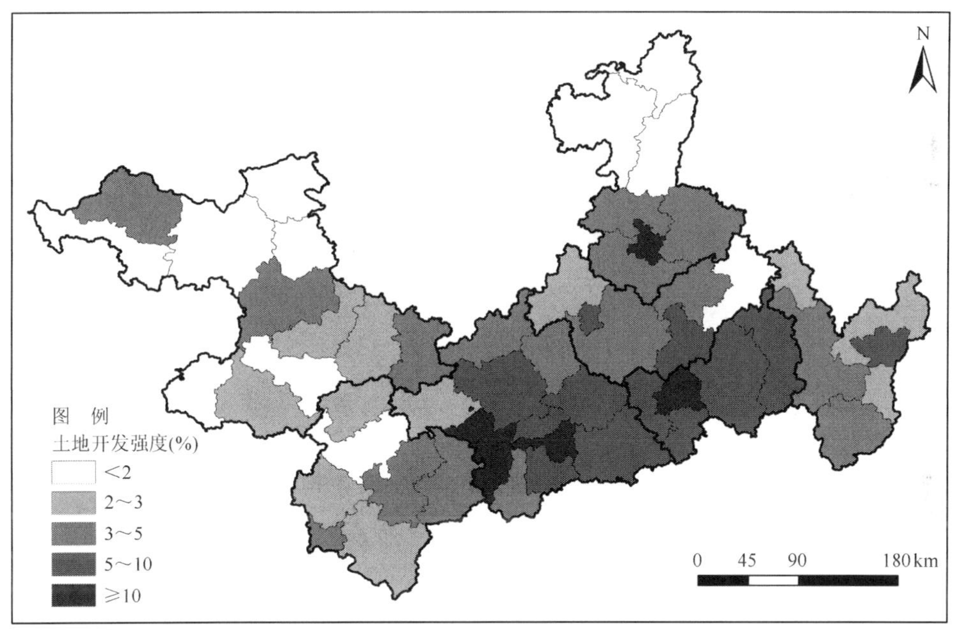

图3-8 西江经济带分县市区建设用地强度（2008年）

四、经济社会发展

西江经济带是广西壮族自治区人口、产业重要的集聚区和增长极，南宁、柳州两大核心城市分布在该区域（表3-9）。

表3-9 西江经济带经济社会发展基本情况（2008年）

名称	总人口（万人）	地区生产总值（亿元）	工业增加值（亿元）	进出口总额（万美元）	城镇化率（%）	人均GDP（元）
南宁	691.69	1 316.21	350.45	187 063	50.2	19 102
柳州	364.90	909.85	511.23	40 594	49.3	24 776

续表

名称	总人口（万人）	地区生产总值（亿元）	工业增加值（亿元）	进出口总额（万美元）	城镇化率（%）	人均 GDP（元）
梧州	313.20	400.12	190.96	50 843	38.6	13 115
贵港	501.86	398.53	141.69	16 388	28.0	9 387
百色	392.37	416.24	189.29	48 915	29.2	11 517
来宾	252.74	271.58	102.41	52 269	28.9	11 903
崇左	240.01	264.80	81.75	159 887	28.6	12 226
7 市总计	2 756.77	3 977.33	1 567.78	555 959	37.9	—
占广西比重（%）	54.6	55.5	59.7	42.0	—	—

1. 人口与城镇化

2008 年，广西西江经济带总人口数量约 2757 万人，占广西壮族自治区人口总数的 55%。从人口分布上来看，沿河谷分布是基本格局。从行政分区来看，经济带中部的柳州—来宾—南宁和南宁—贵港—桂平两条线上人口数量最多，西部的百色、崇左人口相对较少（图 3-9）。

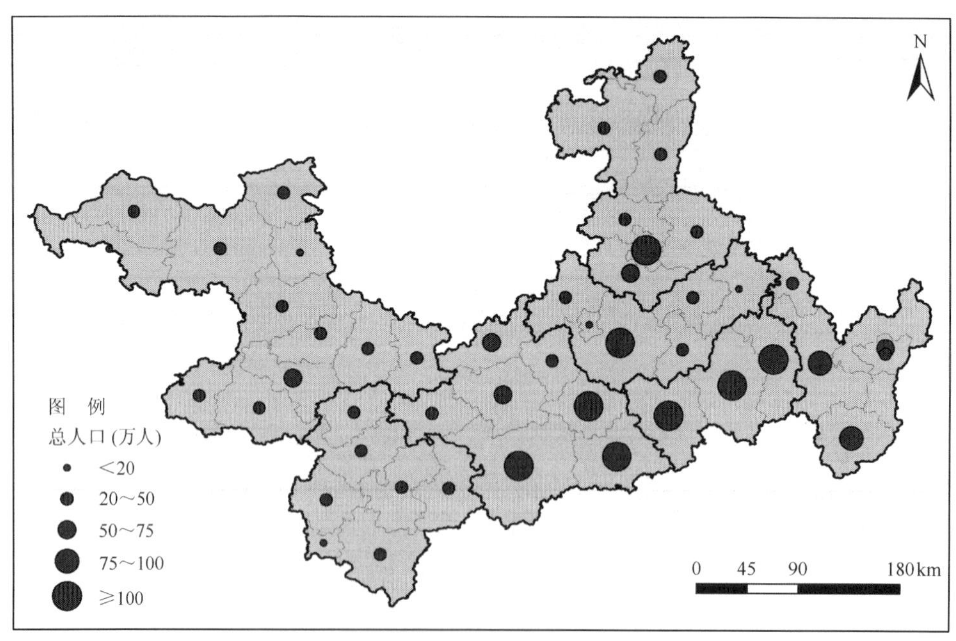

图 3-9　西江经济带分县人口数量（2008 年）

经济带城镇人口增长较快，但城镇化水平低，空间差异较大。1990～2008 年，西江经济带的城镇人口从 393.5 万人增至 1045 万人，城镇人口总量增长较快；城镇化水平也由 1990 年的 15.2%增至 37.9%，西江经济带步入城镇化加速发展的中期发展阶段。但是，与全国相比，西江经济带的城镇化水平仍然处于较低的位置（图 3-10）。经济带沿江 7 市城镇水平差异较大，仅南宁、柳州和梧州城镇化水平较高，其余 4 市均较低（图 3-11）。

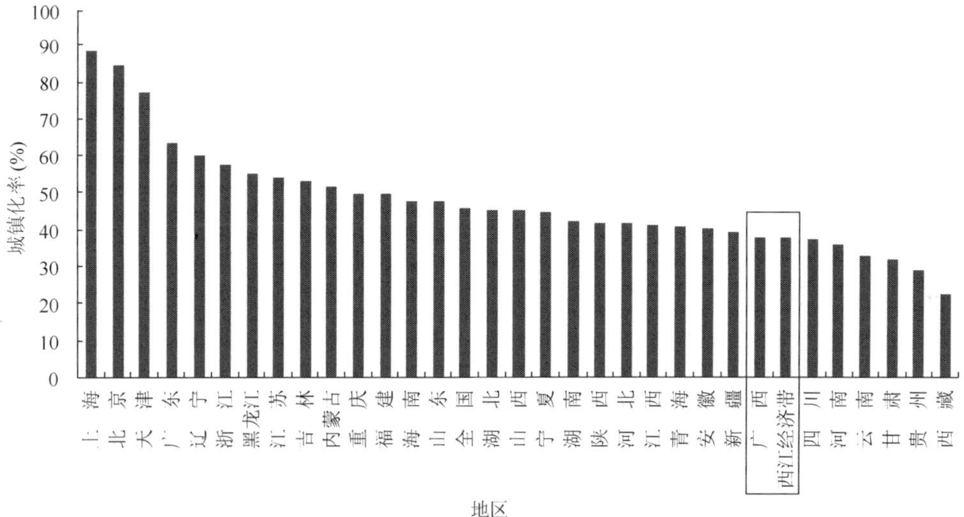

图 3-10　广西和西江经济带在全国城镇化率中的排位（2008 年）

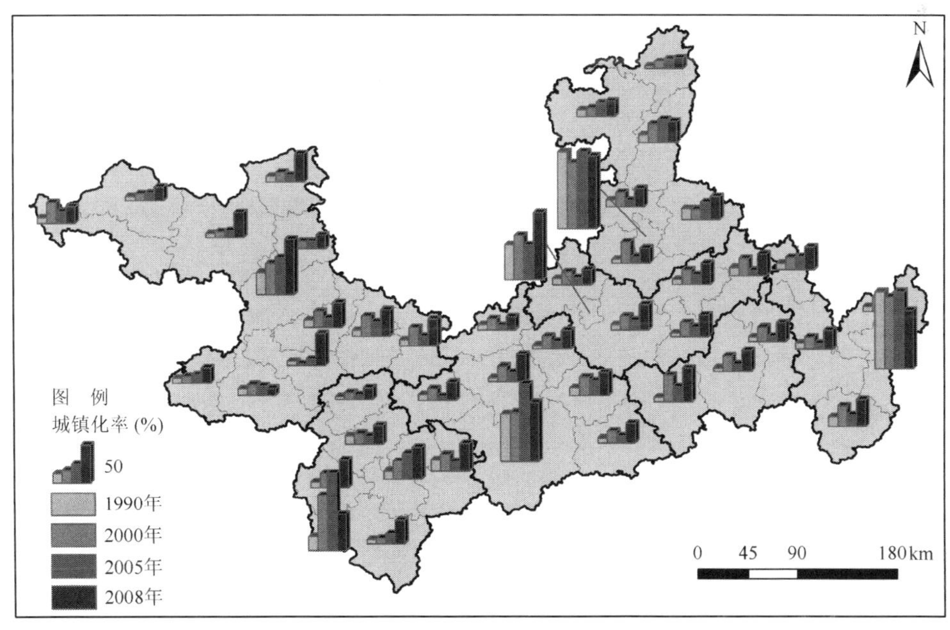

图 3-11　西江经济带分县城镇化率

2. 产业发展

西江经济带 2008 年地区生产总值 3977.33 亿元，分别占广西总量的 55.5%，人均地区生产总值和地均地区生产总值与广西平均水平相当。从产业结构来看，2008 年西江经济带三次产业增加值比为 17.55∶45.51∶36.94，较全国的 11.31∶48.62∶40.07 而言，第一产业增加值比重较高，第二产业和第三产业增加值比重较低，产业结构低度化特征比较明显。从产业结构变动趋势看（按当年价格计算），第一产业比重不断下降，从 1991 年的 37.77%下降到 2008 年的 17.55%，下降了 20.22 个百分点；第二产业比重不断上升，从 1991 年的 32.25%上升到 2008 年的 45.51%，上升了 13.26 个百分点；第三产业比重缓慢上升，从 1991 年的 29.98%上升到 2008 年的 36.94%，上升 6.96 个百分点。总体而言，西江经济带产业结构已由 1991 年"一、二、三"的发展格局转变为 2008 年"二、三、一"的格局，呈现出不断高级化的趋势（图 3-12）。

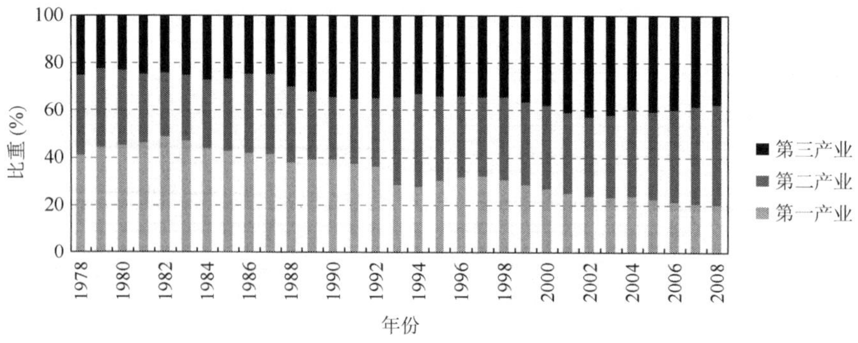

图 3-12　西江经济带产业结构变化趋势

从各地市的发展状况来看（图 3-13），南宁是广西壮族自治区的首府城市，第三产业优势较为明显，产业结构基本维持"三、二、一"的发展格局，产业发展水平较高；柳州产业结构发展格局较为稳定，总体维持在以第二产业为主导的"二、三、一"的发展格局，工业化水平较高，优势突出；梧州逐步实现了产业结构由"一、三、二"到"二、三、一"的转变，第二产业主导优势明显；贵港、百色早期第一产业比重较高，后期第二产业发展较为迅速，第三产业比重基本持平，产业结构转变为"二、三、一"的格局，但贵港第三产业与第二产业所占比重相差不大，而百色第二产业比重较高；来宾、崇左都已由原来的"一、三、二"结构转变为"二、三、一"结构，但受柳州工业的带动，来宾第二产业比重高于崇左，工业优势明显，而崇左基本形成了三大产业比重相当的形式，产业优势不突出。

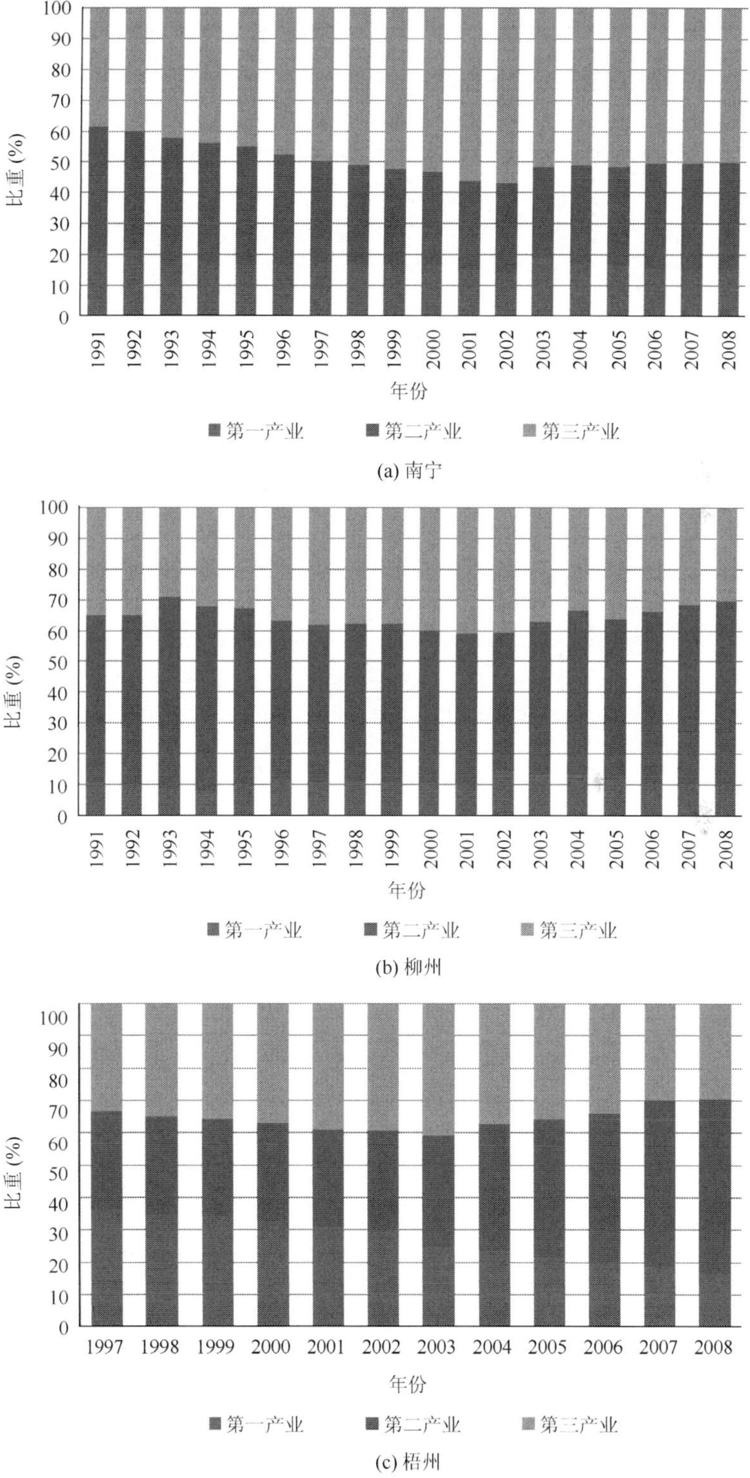

100
90
80
70
60
50
40
30
20
10
0
比重(%)
1991
1992
1993
1994
1995
1996
1997
1998
1999
2000
2001
2002
2003
2004
2005
2006
2007
2008
年份
第一产业
第二产业
第三产业
(a) 南宁
比重(%)
年份
第一产业
第二产业
第三产业
(b) 柳州
比重(%)
1997
1998
1999
2000
2001
2002
2003
2004
2005
2006
2007
2008
年份
第一产业
第二产业
第三产业
(c) 梧州

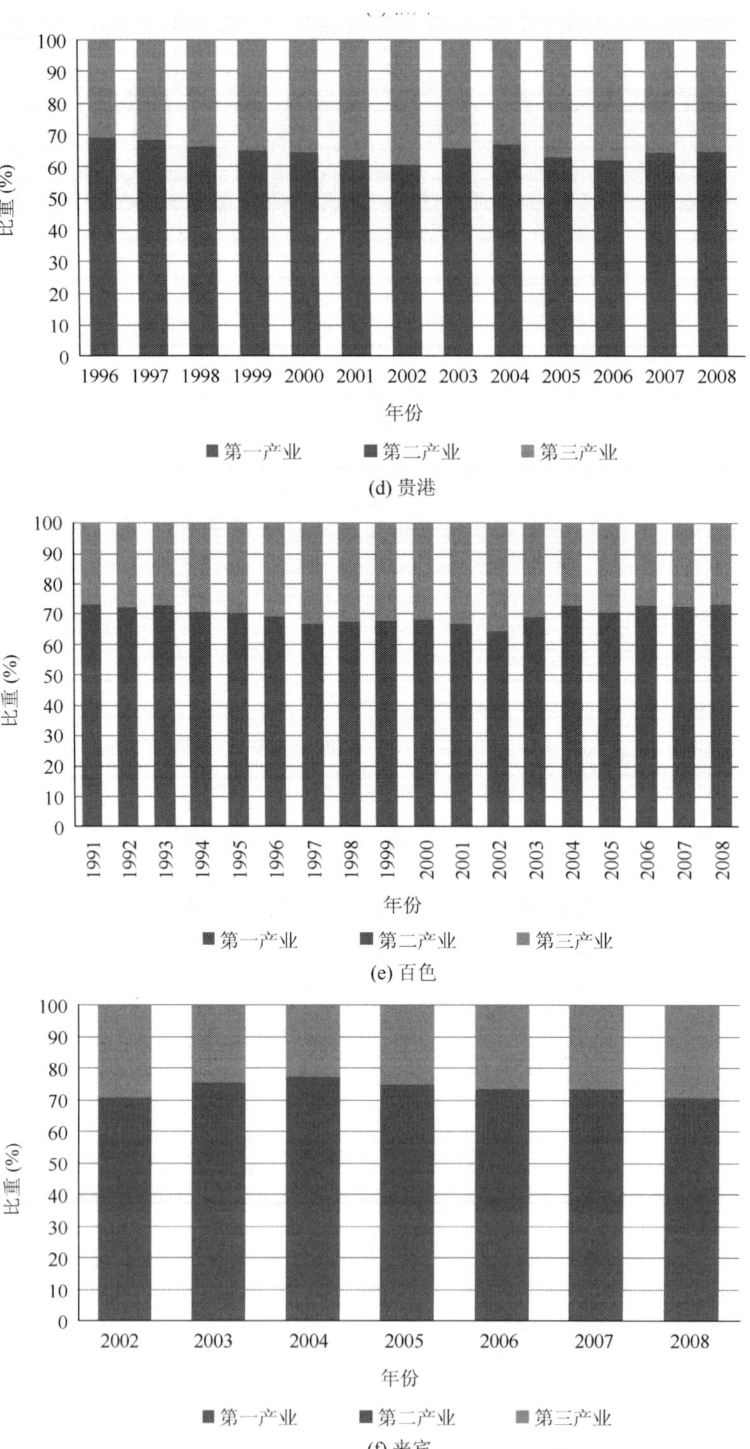

比重 (%)
年份
■第一产业　■第二产业　■第三产业
(d) 贵港
比重 (%)
年份
■第一产业　■第二产业　■第三产业
(e) 百色
比重 (%)
年份
■第一产业　■第二产业　■第三产业
(f) 来宾

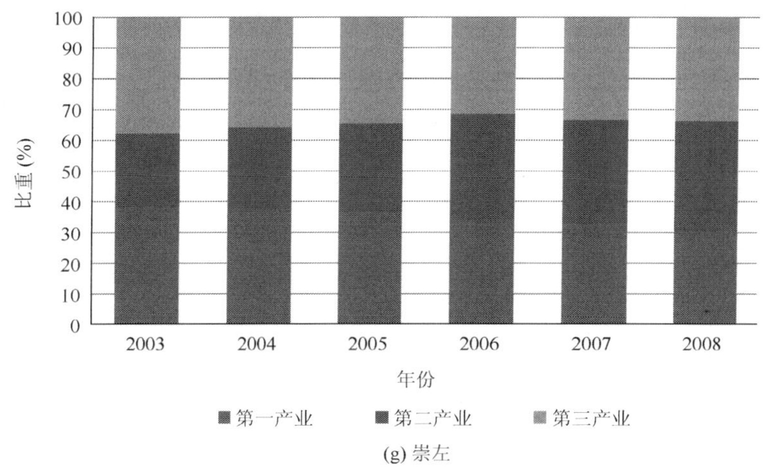

(g) 崇左

图 3-13　西江经济带分地市产业结构演变

通过以上分析可知，从 1991～2008 年，西江经济带 7 地市产业结构不断升级，除始终维持在较高发展水平的南宁、柳州两市外，其余 5 市的第二产业比重都存在不同程度的提升，形成“二、三、一”的产业发展格局，基本进入了工业化初级阶段，但其内部第三产业比重差异化明显，梧州、百色、来宾的第二产业优势度较为显著，而贵港、崇左两市并未形成比较明显的优势产业。

3. 交通运输

依托西江黄金水道，经济带已经形成了立体的、复合的交通运输体系。内河水运方面，经济带基本形成了以“一干三支”为主骨架的发展格局，沿西江水运干线相继建成了一批专业化的煤炭、水泥、集装箱泊位，水路输送能力和服务水平有较大提高，西江水运干线成为西南地区完成货运量最大、运输最繁忙的通航河流。公路建设方面，公路通车里程不断，公路网路日益完善，网络技术等级不断提高。2008 年公路通车总里程 54 435km，其中等级公路 41 815km，高速公路 1325km，公路密度达到 41.49km/100km^2。铁路通车里程 1618km，路网密度 1.24km/100km^2，高于全国（0.83km/100km^2）和广西（1.02km/100km^2）的平均水平。基本形成了以南宁为主中心、柳州为副中心，南昆、黔桂、焦柳、湘桂、黎湛 5 条干线为骨架，接内地、通港口、连越南的出省、出海、出国铁路运输网络。经济带共有民用或军民合用机场 6 个，其中：南宁吴圩机场为 4E 级机场，柳州白莲机场为 4D 级机场，梧州长洲岛机场和百色田阳机场均为 4C 级机场。此外，还有崇左的宁明机场和贵港的桂平机场。

第三节　本 章 小 结

未来一段时间内，发展和保护同时是西江经济带所面临的重大任务。以中国-东盟自由贸易区建成为契机、以现代产业技术和循环经济园区为支撑、以山水资源合理利用和民族文化传承为核心，西江经济带面临着重要的发展机遇。但是，作为西江流域上游重要的生态功能区，经济带本身又承担着水源涵养、水土流失防治、生物多样性保护等重要的生态功能。如何在经济增长和社会发展的同时，对生态环境进行积极的治理和保护，是西江经济带发展所面临的问题之一。“开放富裕和谐的新西江”是西江经济带发展的理想目标，是“以人为本、尊重自然”的科学发展观在西江经济带功能定位上的贯彻和体现，是经济-社会-生态三维目标综合效益最大化的具体体现。在“新西江”的建设过程中，保障重要生态功能区得到保护、不被占用，是实现三维目标综合效益最大化的重要手段。因此，有必要从生态学角度出发，对西江经济带不同景观单元或生态系统的生态空间可占用性进行分析，从生态学视角识别地域功能，优化人口、产业和生态的空间布局，明确哪些生态空间是可以占用的、哪些是绝对不能占用的、哪些可以进行适当的开发利用，从而避免人类生产、生活空间在对生态空间的占用过程中破坏到关键的、优质的生态系统，进而对人类的开发利用活动进行指导。

第四章　西江经济带生态空间可占用性评价

本章采用前述生态空间可占用性评价的模型和方法，在生态适宜性、生态重要性和生态脆弱性评价的基础上，对西江经济带生态空间可占用性进行评价。

第一节　生态适宜性评价结果

本书从生态学角度进行适宜性分析，研究景观单元是否适宜于生态建设，而非人类的开发利用活动。适宜于生态建设的空间其生态空间可占用性低，而不适宜于生态建设的空间其可占用性高。

一、最小累积阻力值分布

利用表 3-1 设计的阻力值标准和经济带土地利用类型分布状况，得到了如图 4-1 所示阻力值空间分布图。区域低阻力区占主导类型，高阻力区除在南宁中部、贵港南部、柳州中部、来宾中部、右江走廊分布相对集中外，其余地区呈小斑块散布。

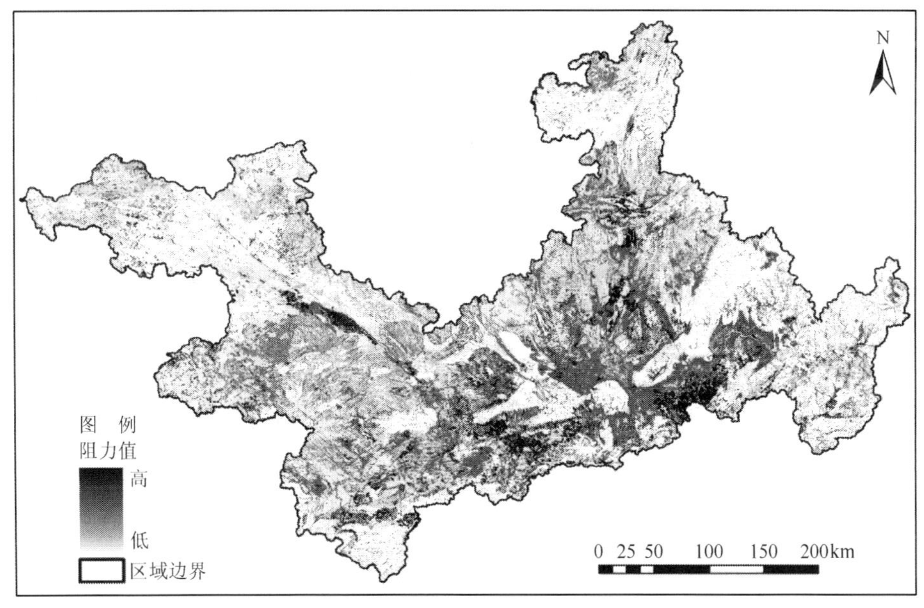

图 4-1　基于西江经济带土地利用类型的阻力值空间分布图

以自然保护区为源（图 4-2），依据如图 4-1 所示阻力表面，利用 ArcGIS 空间分析中的费用距离模型，得到了如图 4-3 所示的最小累积阻力分布图。

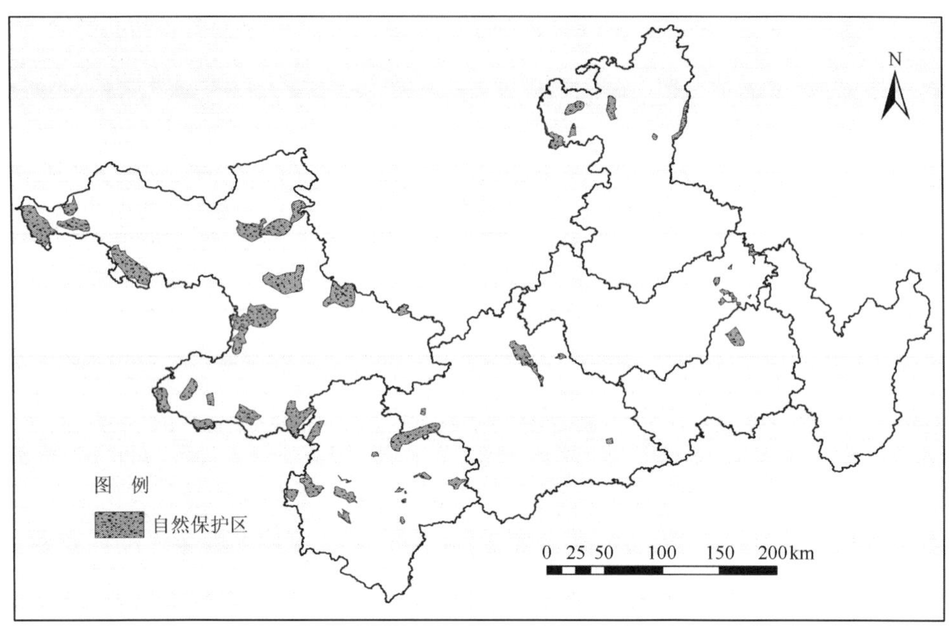

图 4-2　西江经济带自然保护区空间分布图

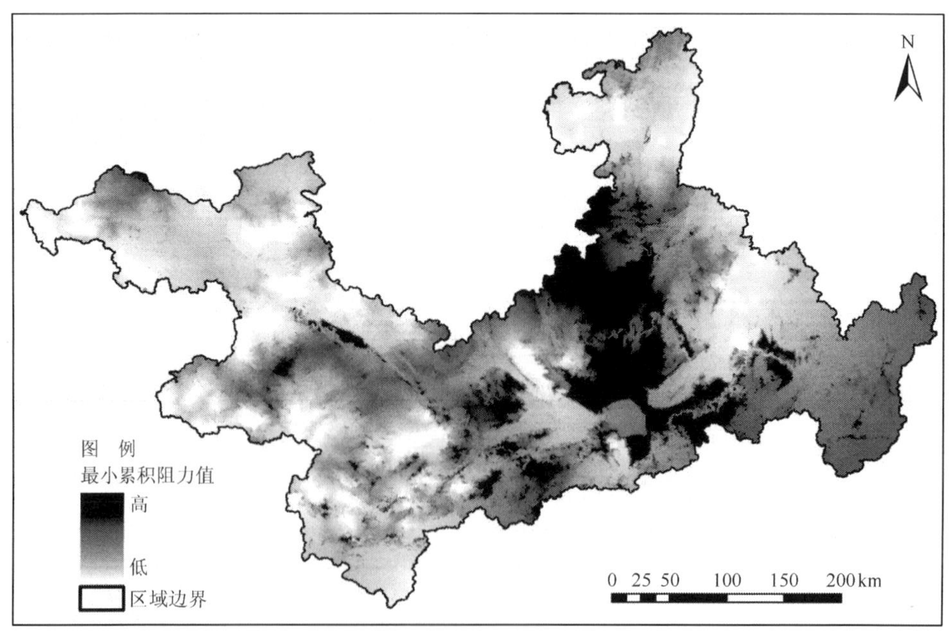

图 4-3　西江经济带以自然保护区为源的最小累积阻力分布图

二、生态适宜性分区

根据最小累积阻力计算结果，利用 ArcGIS 空间分析中的“重分类”工具，选择其中的“几何周期”（geometrical intervals）分类模型，将最小累积阻力值划分为 5 个等级。阻力值反映了生态空间扩展的空间阻力，阻力值越高的地方，生态空间越难以扩展，越不适宜于生态建设，可占用性越高。根据最小累积阻力值分区结果，将西江经济带划分为极适宜区、很适宜区、适宜区、一般区、不适宜区 5 种类型（图 4-4）。

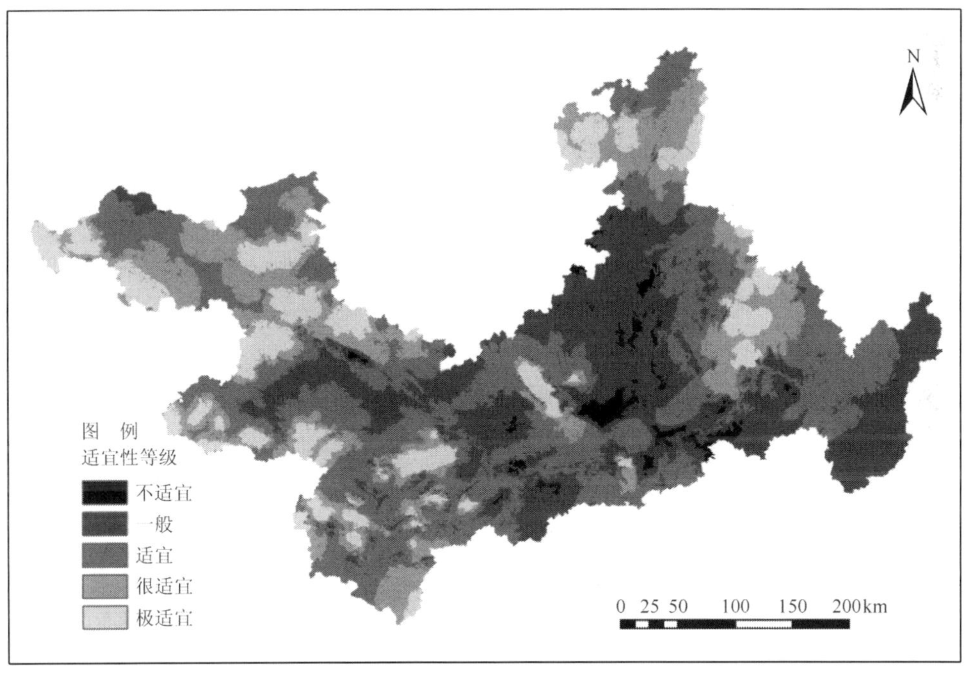

图 4-4　西江经济带生态适宜性分区

极适宜区、很适宜区、适宜区、一般区和不适宜区分别占西江经济带区域总面积的 12.17%、18.75%、38.55%、28.69%和 1.84%。从图 4-4 中可以看出，极适宜区主要分布在百色、崇左两市，以及其他地市的部分地区。极适宜区主要以自然保护区为主，其余为保护区周围生态本底较好的区域。极适宜区是经济带内生态系统最为完整、生态环境质量最好的区域，承担着区域生态屏障和生物多样性保护的重要作用。尤其是百色和崇左两市，可占用性极适宜区所占比重大、分布相对集中，对于水源涵养、水土保持、生物多样性保护等起着不可替代的作用。

从生态空间可占用性上来讲，极适宜区属于不可占用区，对极适宜区的占用会对整个区域的生态安全造成较大的破坏。

在极适宜区的外围，分布着一定范围的很适宜区。这些区域在极适宜区的周围形成较宽的缓冲区；在个别地方，很适宜区依托优质林地、河流、湖泊、水库等向外延伸，形成带状的生态廊道。缓冲区的存在保护了核心区免受直接的干扰，廊道的存在提高了核心区的景观连接度。很适宜区是生态廊道分布的主要区域，需要避免破坏、加大保护，藉此完善生态网络。其中，依托西江主干流及周围一定范围的缓冲区形成的廊道是区域最主要、最具特色的生态廊道，贯通了流域上下游。很适宜区具有一定的可占用性，但是要避免人类生产、生活活动对生态空间占用时对重要生态功能区和生态过程的破坏。例如，柳江下游和黔江上游是国家一级保护动物中华鲟的产卵区，这样的区域应该禁止开发（张世光，1987）。

适宜区是经济带内所占比重最高的分区类型，其生态空间可占用性已经明显增强，可以进行较大规模的开发利用。作为保护导向为主的区域（极适宜区和很适宜区）和开发导向为主的区域（不适宜区和一般区）之间的过渡地带，适宜区的存在对于限制开发空间的无序蔓延具有重要的意义，大规模的开发建设活动可以在本区域靠近一般区的部分进行，但是要防止向很适宜区域的蔓延。此外，本区域要加强对于关键节点的保护，通过对“点”的保护起到连点成线的作用，优化廊道结构，提升功能。

一般区主要分布在柳州—来宾一线，在南宁、贵港、梧州和百色也有较大面积的斑块存在，在崇左则呈现出有零星分布的状态。由于缺乏源和城镇，农村居民点及耕地相对集中，柳州—来宾一线成为一般区的最主要分布区。从生态的角度来讲，一般区具有较高的可占用性，人类活动对空间的占用对区域的生态安全不会造成太大的破坏，但是由于很大一部分是耕地，因此，在开发利用过程中要尽量避免对优质耕地尤其是基本农田的占用，即使占用也要在确保占补平衡的基础上进行。本区域将是未来西江经济带内工业化和城镇化推进的主要区域，起到集聚人口、产业的重要作用。

不适宜区在经济带内分布相对较少。不适宜区的形成有两个原因：其一，大面积、高阻力值的城镇建设用地加大了与周围自然保护区的隔离程度，从而使得城市市域范围成为高值区，典型的如南宁、柳州；其二，由于与“源”——自然保护区间隔较远、同时路径中又分布着城镇、农田等高阻力值区域，而形成了不适宜区，典型的如南宁与来宾交界地带、贵港的南部地区。本类型区的可占用性最高，可以进行大规模的开发利用。但是，如果是由于缺乏源而形成的不适宜区，要对区域生态本底进行调查，对于本底较好、关系到重要生态过程的区域，反而应该建立保护区域，给予适当的保护。

表 4-1 显示出了各种不同等级适宜性类型区在经济带 7 个地市的分布状况。结果表明，百色是极适宜区、是所占比重最高的地市，约占 23%，此外崇左、柳州所占比重也较高，超过了自治区的平均水平；适宜性较高的区域（含极适宜区、很适宜区、适宜区）所占比重以崇左、百色、柳州较高，分别约占区域总面积的 91%、87%、72%，这与 3 市植被条件相对较高、生态系统种类相对完善、质量相对较高有很大的关系。相反，适宜性较低的区域（一般区和不适宜区）所占比重较高的地市是来宾（约 58%）、贵港（约 53%）、梧州（约 48%）和南宁（约 41%）。这 4 个地市的生态环境质量相对较差，人类开发利用的强度相对较高。

表 4-1　各种类型区在西江经济带 7 地市的分布

地市名	项目	极适宜	很适宜	适宜	一般	不适宜	总计
百色	面积（km^2）	8 148.88	10 551.94	12 904.20	4 483.28	58.67	36 146.97
	比重（%）	22.54	29.19	35.70	12.40	0.16	100.00
崇左	面积（km^2）	2 214.15	4 424.76	9 067.70	1 627.53	1.74	17 335.88
	比重（%）	12.77	25.52	52.31	9.39	0.01	100.00
贵港	面积（km^2）	494.86	1 329.89	3 127.04	4 988.80	666.13	10 606.72
	比重（%）	4.67	12.54	29.48	47.03	6.28	100.00
来宾	面积（km^2）	1 364.32	1 462.90	2787.41	7 216.96	553.54	13 385.13
	比重（%）	10.19	10.93	20.82	53.92	4.14	100.00
柳州	面积（km^2）	2 526.98	4 605.31	6 179.47	4 960.06	248.99	18 520.81
	比重（%）	13.64	24.87	33.37	26.78	1.34	100.00
南宁	面积（km^2）	1 069.29	1 327.44	10 611.84	8 200.10	880.74	22 089.41
	比重（%）	4.84	6.01	48.04	37.12	3.99	100.00
梧州	面积（km^2）	24.68	743.70	5 719.88	6 060.49	3.42	12 552.17
	比重（%）	0.20	5.92	45.57	48.28	0.03	100.00
合计	面积（km^2）	15 843.16	24 445.94	50 397.54	37 537.22	2 413.23	130 637.09
	比重（%）	12.13	18.71	38.58	28.73	1.85	100.00

三、已有建设用地与适宜性分区的关系

西江经济带总体上处于开发建设的起步阶段，开发利用强度较低，建设用地比重相对较低，且以农村居民点为主。从土地利用数据来看，西江经济带 2005 年建设用地总面积为 2445.33km^2，其中城镇建设用地 517.57km^2，主要分布在南宁、柳州、贵港等 7 个地市的城市建成区。农村居民点 1813.14km^2，占建设用

地总面积的 74.15%，是面积分布最广的建设用地类型；农村居民点总体上分布较散，但是在不同的地区也有疏有密，其中柳州、来宾、贵港、南宁、梧州 5 市分布较多，也较广泛，百色农村居民点主要分布在地势较低、水源条件较好的右江走廊地带，而梧州农村居民点也以区域内地势较低的盆地为主。工矿用地 114.62km^2，其中城镇周围的以工业园区为主，而散布在其他地区的则是以矿业开发用地为主。

从适宜性分区与已有建设用地空间耦合结果可以看出，已有建设用地主要分布在一般区内，约占建设用地总面积的 58%；适宜区约占 26%；不适宜区虽然仅占区域总面积的 1.84%，却也承担了建设用地面积的 13%，是建设用地分布最为密集的类型区（图 4-5 见书后彩图，表 4-2）。此外，在极适宜区和很适宜区，也有零星的建设用地分布。在极适宜区分布的建设用地中，除部分分布在自然保护区外围的极适宜区外，约 1.13%的建设用地分布在自然保护区内部，其以农村居民点为主，并伴有少量的工矿用地（主要是矿产开采区）。这一方面体现了自然保护区得到了较好的保护，避免了大规模人类活动的干扰；另一方面也说明未来要推进保护区内农村居民点搬迁及矿产开发活动限制等方面的工作，使保护区得到进一步保护。

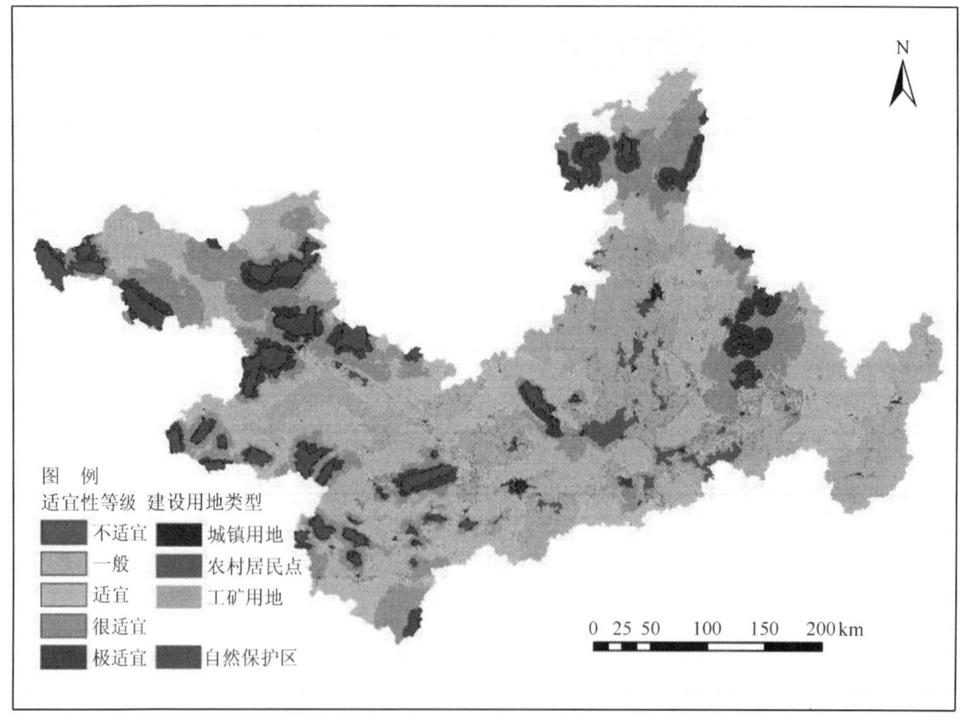

图 4-5 西江经济带生态适宜性分区与自然保护区、建设用地空间分布图

表 4-2　西江经济带建设用地在类型区中的分布

类型区	城镇用地		农村居民点		工矿用地		合 计	
	面积（km^2）	比重（%）	面积（km^2）	比重（%）	面积（km^2）	比重（%）	面积（km^2）	比重（%）
极适宜区	0.00	0.00	28.97	1.60	0.41	0.35	29.38	1.20
其中：保护区	0.00	0.00	27.89	1.51	0.38	0.33	28.27	1.15
很适宜区	2.48	0.48	45.49	2.51	3.05	2.67	51.02	2.09
适宜区	54.08	10.45	540.81	29.82	29.55	25.78	624.44	25.54
一般区	286.17	55.29	1064.83	58.73	73.20	63.86	1424.20	58.24
不适宜区	174.84	33.78	133.04	7.34	8.41	7.34	316.29	12.91
总计	517.57	100.00	1813.14	100.00	114.62	100.00	2445.33	100.00

从不同等级可占用区内建设用地类型来看，极适宜区和很适宜区主要是以农村居民点为主；适宜区内农村居民点和工矿用地分布较多，分别约占相应类型用地面积的 30%和 26%，此外有一定比例的城镇用地分布；一般区是各种类型建设用地分布最多的区域，3 种类型用地在该区域的分布都超过了相应类型总面积的 55%，尤其是工矿用地，约 2/3 分布在该区域；不适宜区内以城镇用地为主，并有一定数量的农村居民点和少量的工矿用地。建设用地主要分布在一般区和不适宜区，在极适宜区内没有分布；农村居民点和工矿用地分布格局类似，在 5 种类型区域内都有分布，但以适宜区和一般区为主，分别约占相应类型总面积的 89%和 90%（表 4-2）。

从发展趋势来看，随着极适宜区和很适宜区密集的百色、崇左两市矿产资源开发的不断推进，未来可能会有矿业用地在很适宜区、甚至是极适宜区出现的现象。鉴于极适宜区和很适宜区的不同功能，在未来矿业开发的过程中，对极适宜区和很适宜区要区别对待：极适宜区内严格禁止各种类型的开发活动，很适宜区内矿产开发要做好环评工作，积极开展生态修复，将生态破坏降到最小。不适宜区已经具有较高的开发利用强度，优化产业结构和空间布局是其主要任务。一般区是未来工业化和城镇化的主要区域，而适宜区可进行适度的人口和产业集聚，发展生态环境友好型产业。

四、生态适宜性评价主要结论

1）从方法论层面上来讲，最小累积阻力模型主要用于为生物多样性保护尤其是野生动物的保护寻找阻力最小的通道，依此构建生态廊道（俞孔坚，1999；

傅伯杰等，2001a；胡望舒和王思思，2010）。在这个过程中，阻力最小的通道或者说最适宜的生态廊道，从生态的角度而言对于维护区域生态安全空间格局是重要的。因此，也就引发出了对于生态安全而言对重要区域的识别（陈燕飞等，2006；赵筱青等，2009；刘孝富等，2010）。越是生态重要的区域，可占用性越低。本书基于这一思路，从生态学的角度出发，通过最小累积阻力模型得出生态适宜性分区方案，对于区域开发建设过程中生产、生活空间对生态空间的占用具有一定的指导意义，这是从生态学的角度对景观单元生态适宜性进行的区划。

2）源的选择对于得到的最小累积阻力值空间分布格局具有重要的影响，同时也就必然影响到生态适宜性分区结果。因此，在源的选择过程中，一定是要从生态学的视角出发，选择对于生态过程影响最大的区域作为源（陈利顶等，2003；赵筱青等，2009）。在本书中，自然保护区作为区域内生物多样性最丰富、生态系统服务功能最高的区域，被选定为源。但是，由于源在空间分布上的合理性问题，使得分区结果可能受到一定影响。

3）尺度和空间范围对评价结果的影响。尺度和范围被认为是影响到景观结构及功能的重要因素（傅伯杰等，2001b）。从尺度上来讲，本书的结果适合于对于整个区域的开发利用空间布局提出宏观性的指导意见，而非对于每个城市未来的空间布局进行明确限定；若要对每个城市的空间发展格局进行指导，还需要在更小的尺度上进行研究。从范围上来讲，由于限定了西江经济带，区域外的自然保护区未能作为源被纳入，从而影响了评价结果；实际上，生态过程并不会因为行政界线的存在而受到限制，若将梧州北部贺州的大桂山自然保护区和南部玉林的大容山自然保护区等纳入到源的体系之中，梧州东部的评价结果可能会有变化。

第二节　生态重要性评价结果

一、生态重要性单指标评价

生态重要性主要从生态因子适宜性和生态区位重要性两方面进行评价，共涉及 13 个具体指标，各指标主要内涵及评价结果如下。

1. 生态因子适宜性

（1）光合有效辐射

光是地球上所有生物赖以生存和繁衍的最基本的能量源泉，地球上生物所必需的全部能量，都直接或间接的源于太阳光。太阳辐射是生物生长、繁殖和发育的重要影响因子。太阳辐射的不同光谱成分，对植物的影响不同，绿色植物一般只吸收 300～750nm 的太阳辐射，这部分辐射对植物的正常生长发育有重要的实际意义，故称为生理辐射；对光合效应有意义的辐射在 380～710nm 或 400～700nm，故称为光合有效辐射。本书采用太阳光合有效辐射作为评价指标；数据来源于“中国生态系统研究网络（CERN）数据共享系统”[图 4-6（a)]。西江经济带属于光合有效辐射较高的地区，介于 3086～3785μmol/(m^2·s)。但是，不同地区由于地形、气候等条件的不同，光合有效辐射存在一定的空间差异，总体上体现出西高东低的格局，其中西部地区大都超过 3500μmol/(m^2·s)，而东部地区大都在 3500μmol/(m^2·s) 以下。原因在于东部气候湿度较高、云量较大，故而有效辐射偏低；而西部山区，气候晴朗、日照充足，故而较高。

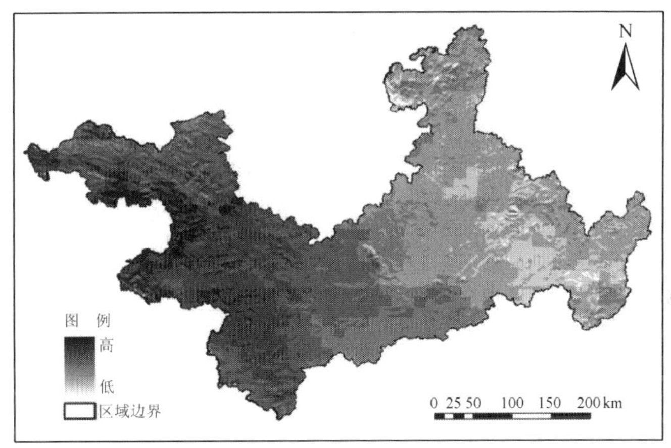

(a) 光合有效辐射

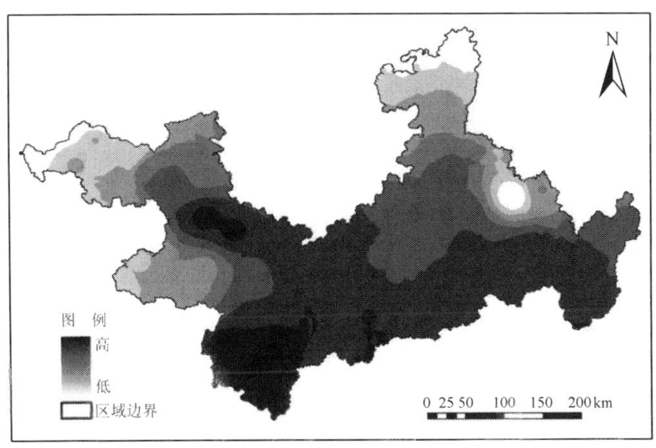

(b) 年均温

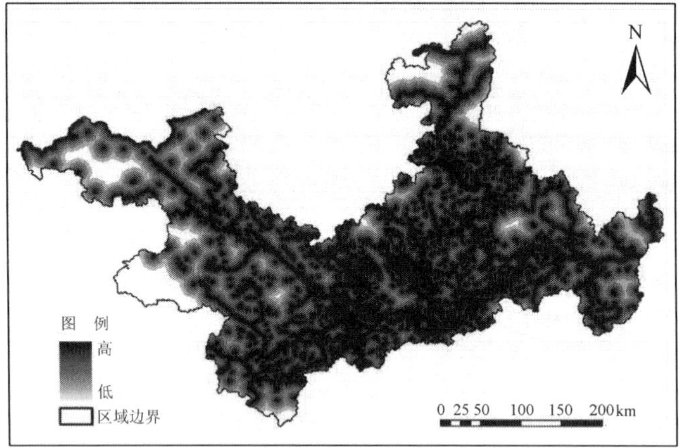

(c) 水源条件

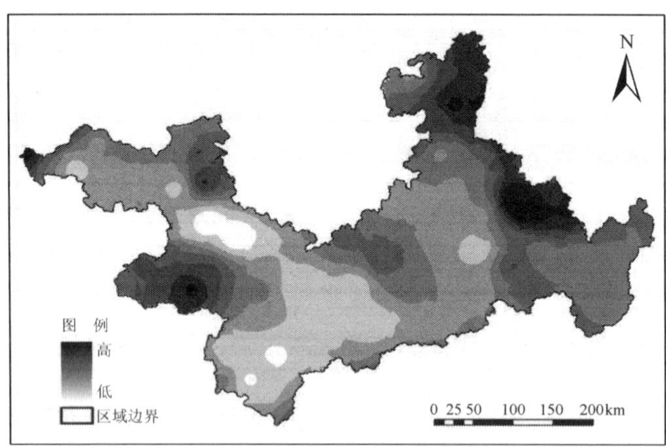

(d) 湿润度

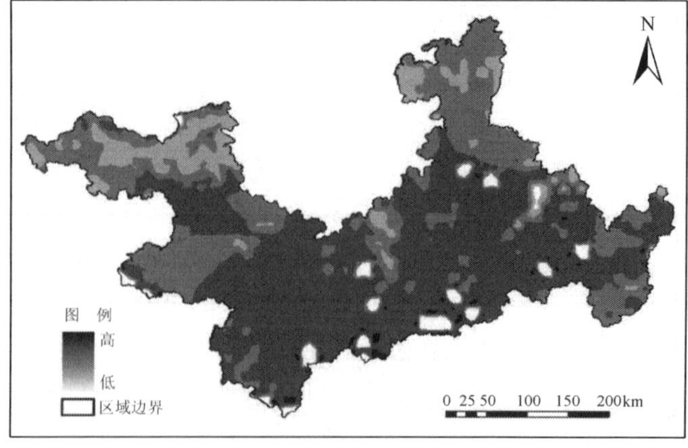

(e) 净初级生产力

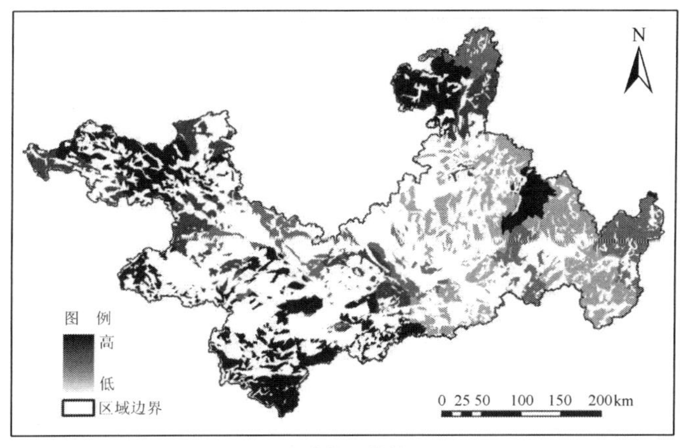

(f) 生物多样性

图 4-6　西江经济带生态因子适宜性评价

（2）年均温

在自然界，所有生物的生长，发育都离不开一定的温度条件。生物的一系列生理过程都必须在一定的温度条件下才能进行。在适宜的温度范围内，生物能正常生长发育并完成其生活史，温度过高或者过低，都将对生物产生不利影响甚至死亡。因此，温度是生物生长发育和分布的限制因子之一。温度对生物的影响还表现在温度的变化能影响环境中其他因了的变化，从而间接地影响生物的生长发育。温度的影响主要体现在 3 个方面，即极端温度、年平均温度和积温。本书选用年平均温度作为分析所用的生态因子，数据来源于“地球系统科学数据共享网”[图 4-6（b）]。广西西江经济带整体上属丁亚热带地区，年平均气温在 16~22℃，从整体上来看，温度并非区域的主要限制性生态因子；但是，海拔高度变化较大，为 0～2000m，而且由于地形的复杂性导致区域小气候存在差异，因此不同区域年平均气温也存在一定的差异。由图 4-6（b）中可以看出，纬度差异是主要影响因子，年平均温度呈现由南往北的下降趋势；其次是高程导致的年均温差异，高海拔地区气温相对寒冷，而低海拔地区相对温暖。从温度的角度来讲，虽然温度并非限制性生态因子，但是温暖的地方更加适宜于生物生长、繁殖和发育，因而更适宜于生态建设。

（3）水源条件

水，特别是液态水，是除能量以外生命生存最为重要的先决条件，生命离不开水。自然界中所有的生命活动都离不开水，而且地球上的环境调节也同样离不开水。水分对植物分布起着重要的影响，地球上由于水分分布的差异，表现出各种各样的植被类型。水源条件对于动物和其他生物的生存和分布也有重要的影响。但是，由于动物具有一定的运动范围，所以其受到水源条件的直接制约作用不是很明显，在很大程度上，都是通过影响植物的种类、分布和生产力来间接影响动物和其他生物。

但是，不管对于何种生物而言，水源条件对于生物生长、繁殖、发育和分布的影响都是不可忽略的。一般而言，在其他环境条件相同的情形下，水源条件好的地方总是比差的地方显得植被更加密集、生物多样性更高、生态条件更好。水源条件，依据距离水源地的距离进行分级评价［图 4-6（c）］。河谷地带、河流、湖泊和水库及其周围一定区域范围内的水源条件较好，而山地等地方水源条件较差。

（4）湿润度

湿润度也是表现区域水分条件的指标。与水源条件不同，湿润度是通过降水、温度、风速等气象条件进行综合分析得到的区域水分条件的指标，而不是仅仅反映一个区域距离水源地的空间距离。该数据来源于“地球系统科学数据共享网”，广西西江经济带湿润度的空间差异如图 4-6（d）所示。总体来看，经济带湿润度空间变异较大，最低为−7，最高为 10；经济带西部、北部和东部自然植被条件较好的地区湿润度较高，而盆地、河谷等地区产业、人口、城镇密集湿润度较低。

（5）净初级生产力

绿色植物是自养生物，可以通过光合作用吸收和固定太阳能，将无机物合成、转化为复杂的有机物，是生态系统的生产者，是其他动物和微生物赖以生存的物质来源。光合作用是生态系统能量储存的基础阶段，因此，将绿色植物的这种生产过程称为初级生产（primary production）。陆地上的这些绿色植物所创造的有机质，既可以为人类的生存和发展提供生存环境、食物和生产资料，又可以增加土壤有机质含量，促进矿质养分在地表的富集。与植被生产力相关的概念主要有 GPP（总初级生产力）、GEP（总生态系统生产力）、NPP（净初级生产力）、NEP（净生态系统生产力）等。本书选用 NPP 指标作为生态系统健康状况的重要指标，数据来源于“中国科学院资源环境科学数据中心”［图 4-6（e）］。该数据反映着从个体、群体到生态系统、区域乃至生物圈等不同生命层次的物质生产能力，决定着系统的物质循环和能量流动，以 20 世纪 80 年代以来的气象数据以及 1981～2000 年的 NOAA/AVHRR 数据、2000 年以来的 MODIS 数据作为数据源，利用光能利用率模型 GlO-PEM 计算得到。经济带 NPP 变异较大，从 0～1170g $C/(m^2 \cdot a)$ 不等，但是总体上属于高生产力地区，800～1050g $C/(m^2 \cdot a)$ 是最为集中的区段，占到了经济带总面积的 85%左右。其中，经济带南部边缘有零星的高生产力斑块存在，中部大部分地区的生产力在 1000g $C/(m^2 \cdot a)$ 左右，低生产力区集中分布在地形条件复杂的山区。

（6）生物多样性

生物多样性是地球生命的基础（陈灵芝，1993）。生物多样性包括遗传多样性、物种多样性和生态系统多样性 3 个层次，但是遗传多样性和生态系统多样性并不像物种多样性那样直观和易于度量，因此生物多样性的丰富程度通常以物种数来表达。本书选用了物种多样性作为评价指标，评价方法参看全国主体功能区划的评价，主要是评价区域内各地区对生物多样性保护的重要性。重点评价生态系统与物种保护的重要性。优先保护生态系统与物种保护的热点地区均可作为对生物多样性保护具有重要作用的地区。生物多样性保护的重要性可以根据生态系统或物种占全区物种数量的比重来进行重要性等级的判定，比重越高，重要性等级越高［表 4-3，图 4-6（f)］。山区等植被条件较好的地区是生物多样性最高、同时也是保护价值最高的地区。尤其是在来宾的大瑶山地区、柳州北部山区、白色和崇左的大部分山区，都是保护价值最高的地区，而中部大部分地区的生物多样性相对较低。区域生物多样性高的地区分布相对集中，且存在大面积的重要斑块。

表 4-3　生物多样性保护重要地区评价

生态系统或物种占全区物种数量比重	重要性
优先生态系统，或物种数量比重>30%	极重要
物种数量比重 15%～30%	中等重要
物种数量比重 5%～15%	比较重要
物种数量比重<5%	不重要

2. 生态区位重要性指标

（1）水源涵养区域

水源涵养区域重要性的评价在于整个区域对评价地区水资源的依赖程度及洪水调节作用，本书借用全国主体功能区划中的相关结论，通过对某地区在区域中所处的地理位置以及对整个流域水资源的贡献来评价（表 3-3)。评价结果划分为 3 个等级：极重要、重要、一般。西江经济带重要性高值区一般是主要河流的源头，尤其是植被条件较好的山地地区，而河谷盆地和平原地区的重要性相对较低［图 4-7（a)］。

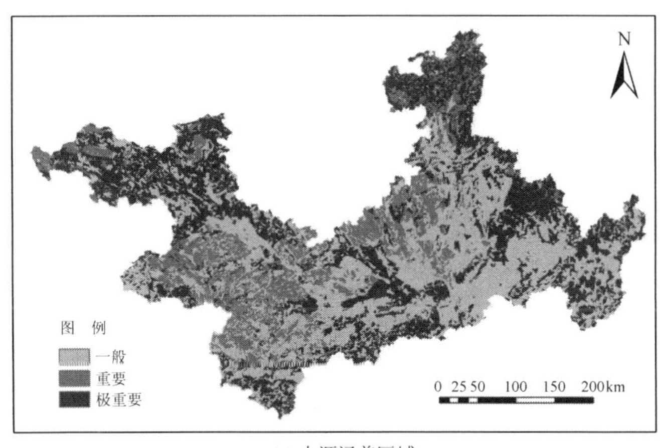

(a) 水源涵养区域

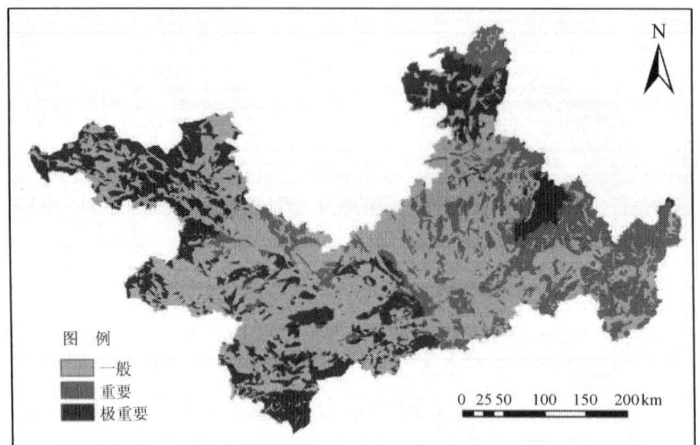

(b) 生物多样性保护区域

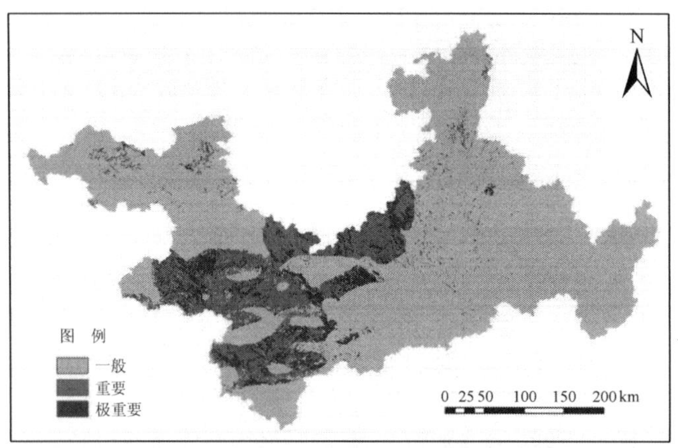

(c) 石漠化敏感区域

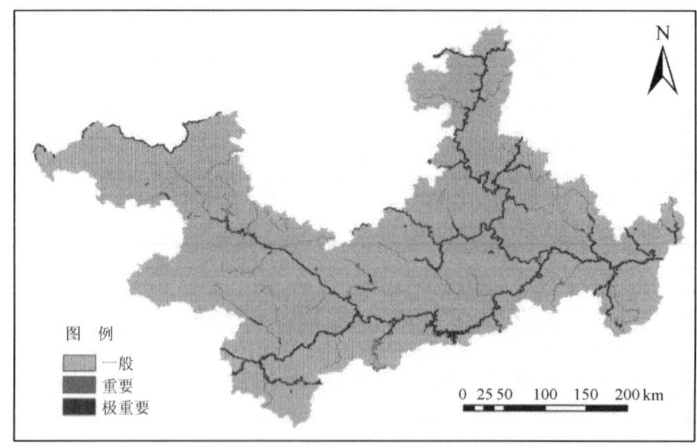

(d) 河流及岸线

图 4-7　西江经济带生态区位重要性评价（一）

（2）生物多样性保护区域

生物多样性保护等级评价结果采用主体功能区的数据，具体的标准见表4-3。从全国层面看，整个西江经济带的生态多样性保护等级均比较高，但是也存在明显的空间差异，其中植被条件较好的山地生物多样性较高、保护价值尤为突出［图 4-7（b）］。

（3）石漠化敏感区域

本书主要采取了全国主体功能区划的方法和结论，其评价参考“生态功能区划技术导则与生态功能区划方法”（表 4-4）。根据西江经济带的实际情况，对评价方法进行微调，主要根据其是否为喀斯特地形及其坡度与植被覆盖度来确定。具体评价过程为：识别主体功能区划中的非喀斯特地形区，将其评价为1，即不敏感区域；识别喀斯特地区，按照表 4-4 的标准进行评价，其中 2 表示较敏感，3 表示敏感。评价结果将西江经济带分为 3 种类型区，即非喀斯特地形区，不敏感，用 1 表示；喀斯特地形区，坡度 25°以下、植被覆盖率 50%以上，为较敏感区，用 2 表示；喀斯特地形区，除了较敏感区，其余为敏感区。虽然西江经济带是全国层面重要的生态脆弱区，大部分地区的石漠化敏感性较高，但是由于内部不同区域之间的地质条件、地形特征及植被覆盖等存在较大差异，各空间单元的石漠化敏感性也存在明显不同，敏感区、极敏感区主要分布在百色南部、崇左、来宾西北角和南宁的部分地区，其余地区的敏感性较低。从重要性角度，不敏感、较敏感、敏感分别对应一般、重要、极重要［图 4-7（c）］。

表 4-4 石漠化敏感性评价指标

敏感性	不敏感	轻度敏感	中度敏感	高度敏感	极敏感
喀斯特地形	不是	是	是	是	是
坡度（°）	—	＜15	15～25	25～35	＞35
植被覆盖（%）	—	＞70	50～70	20～30	＜20

（4）河流及岸线

根据河流空间分布及到河流的距离确定重要性等级，距离河流越近，重要性等级越高，距离越远则重要性等级越低［表 3-3，图 4-7（d）］。

（5）湖泊水库及岸线

与河流及岸线的评价方法类似，根据湖泊水库空间分布及到湖泊水库的距离确定重要性等级，距离湖泊水库越近，重要性等级越高，距离越远则重要性等级越低［表 3-3，图 4-8（a）］。

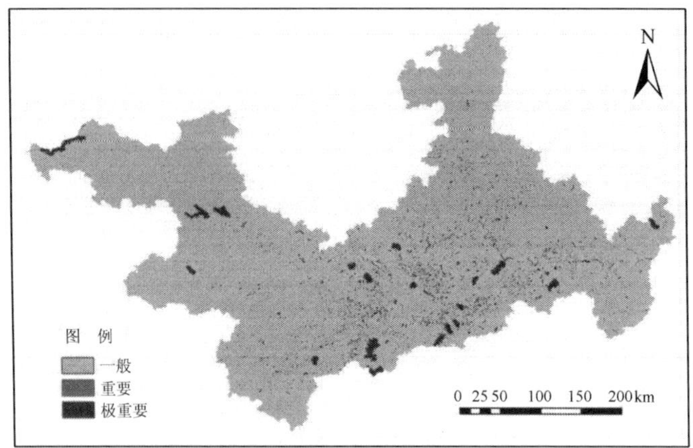

(a) 湖泊水库及岸线

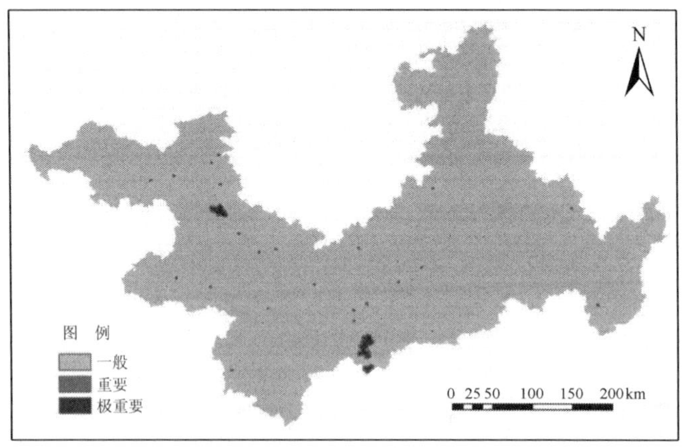

(b) 水源地

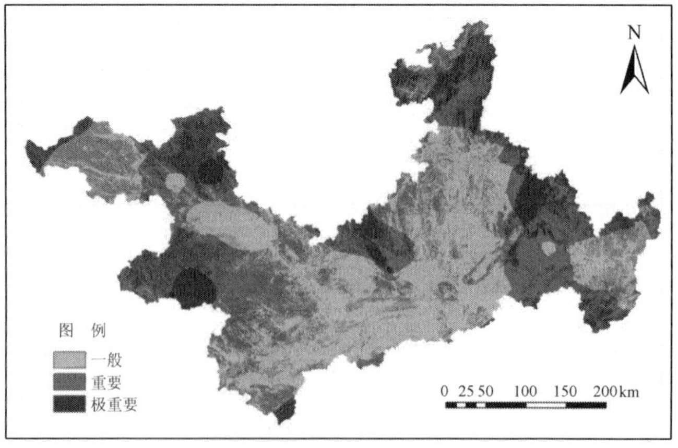

(c) 洪灾发生区域

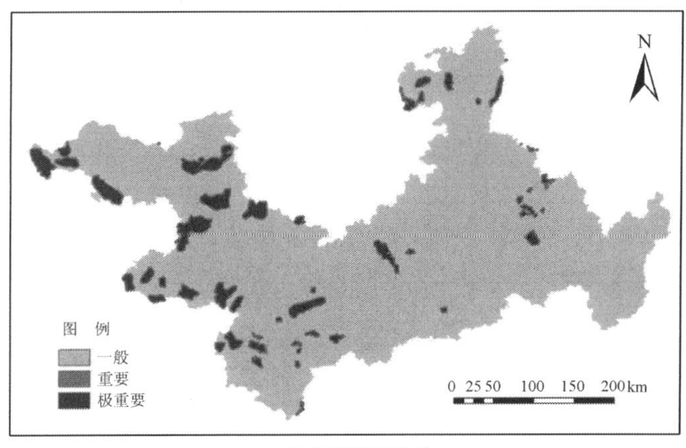

(d) 自然保护区域

图 4-8　西江经济带生态区位重要性评价（二）

（6）水源地

水源地重要性等级受水源地类型及到水源地距离的双重影响，具体评价标准见表 3-3，评价结果如图 4-8（b）所示。除了几个大型的湖泊水库型水源地之外，其余水源地保护区大部分以小斑块的形式分布在河流及岸线周围很小的范围之内。需要说明的是，虽然水源地保护区分布相当分散，但是决定着居民的饮用水安全，其重要性是不可忽视的。

（7）洪灾发生区域

洪灾发生区域重要性评价主要受到暴雨日数、坡度、高程等因素的影响。由于数据获取性的原因，本书采用年降雨量替代年暴雨日数，两者之间存在较好的相关性。具体评价标准见表 4-5。对单项指标进行评价，并且对评价结果进行归一化处理，其中，极重要设为 3，重要设为 2，一般设为 1；在单项评价的基础上，按照各自的权重进行加权求和，并对求和的结果按照自然分割法（Natural breaks：按数据固有的自然组别分类，使得类内差异最小，类间差异最大）标准进行重分类，得到如图 4-8（c）所示的洪灾发生区域危险性评价结果。洪灾发生区域危险性高的地区，重要性高；而危险性低的地区，重要性低。

表 4-5　洪灾重要性评价标准

数据类型	极重要	重要	一般	权重
年降雨量（mm）	＜1200	1200～1500	＞1500	0.5
坡度（°）	0～8	8～25	＞25	0.3
高程（m）	0～400	400～800	＞800	0.2

（8）自然保护区域

自然保护区域重要性评价的基础数据是西江经济带自然保护区空间分布的面状数据，评价标准见表 3-3。结果表明，自然保护区及其邻近地区保护价值最高，距离越远则保护价值越低。西江经济带中，保护价值较高的区域主要分布于西部山区［图 4-8（d）］。

二、生态重要性评价结果

分别基于生态因子适宜性和生态区位重要性所涉及的单指标评价结果，对生态因子适宜性和生态区位重要性进行评价，进而整合两方面结果，得到生态重要性。

1. 生态因子适宜性

从图 4-9 中可以看出，适宜性高值区主要集中在经济带的西部，东部地区的大部分地方适宜性不高，仅有零星的适宜性地区。利用 Reclassfy 工具，对所得结果进行重分类，共分为 3 类，分类标准为 Natural breaks，得到生态因子适宜性评价结果（图 4-10）。从总量上来看，适宜地区所占比重最大，约占经济带总面积的 60%，而极适宜地区和一般适宜分别占 18%和 22%。从空间分布来看，极适宜区域大都分布在经济带西部，尤其是百色、崇左、南宁 3 市，极适宜地区分别占到了市域总面积的 22%、47%和 24%。东部地区极适宜区域零星散布在适宜区域和一般区域之间。西江经济带其余的 4 个地市中，极适宜地区所占比重都在 8%以下。一般地区主要分布在两个市，百色和柳州，分别占所在市域总面积的 30%和 53%。此外，来宾和梧州也有相当数量的一般地区存在，分别占两市面积的 26%和 21%。这些地区从区域自然条件（包括气候、地形等）而言不适宜于生态建设。

2. 生态区位重要性

由于在分项指标综合的过程中采用了求最大值的方法，因此突出了极重要以及重要区域；结果显示，极重要区域占 64.11%，重要区域占 24.13%，而一般区域仅占 11.76%。从空间分布上来看（图 4-11），经济带西部和中部重要性相对较高，有大量的极重要区域存在，尤其是百色和崇左两市，极重要区域分别占市域总面积的 79.41%和 68.44%，而两市的一般区域仅占 4.45%和 6.38%；此外，梧州和南宁也有类似的格局，生态重要性高值区相对较多。一般区域集中分布在中部，西北和东部的河谷地带也有零星分布。

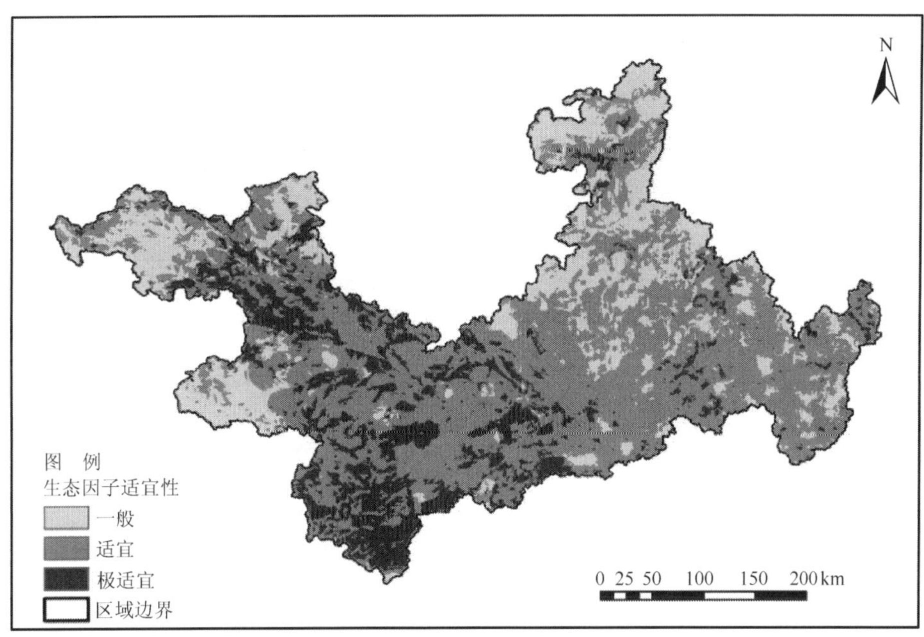

图 4-9　西江经济带生态因子适宜性分区结果

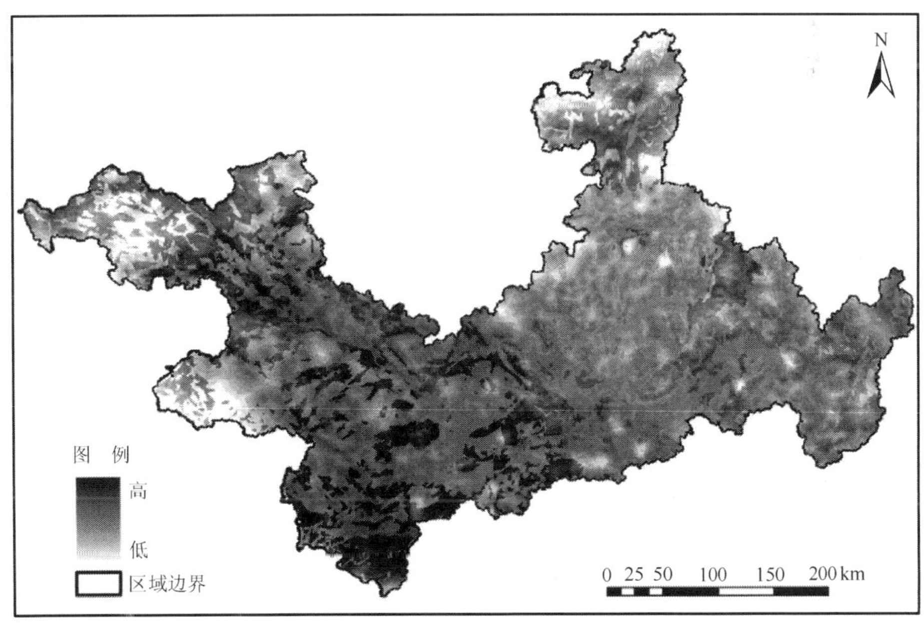

图 4-10　西江经济带生态因子适宜性评价结果

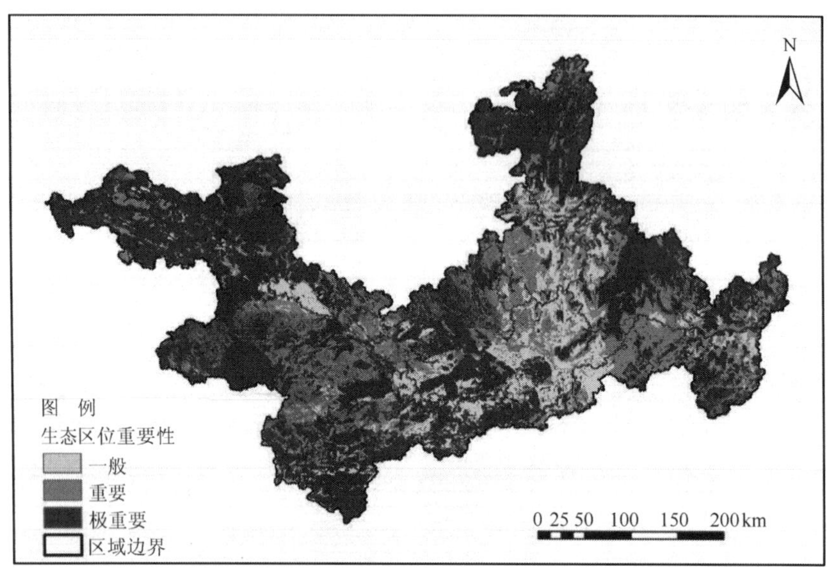

图 4-11　西江经济带生态区位重要性评价结果

3. 生态重要性综合评价结果

在生态因子适宜性和生态区位重要性评价的基础上，对生态重要性进行综合评价。定义：生态重要性=生态因子适宜性×生态区位重要性。由于每个评价分为 3 个等级，因此，最终有 6 级评价结果（表 4-6）。依据表 4-7 的标准进行分区，划分为 5 个重要性等级（图 4-12）。

表 4-6　西江经济带生态重要性各类型区所占比重

分区结果	评价结果	栅格数量（个）	所占比重（%）
极重要	9	21 695	15.88
很重要	6	48 876	35.78
重要	4	23 076	16.89
一般	3	20 427	14.95
不重要	2	18 793	13.76
	1	3 748	2.74

表 4-7　不同重要性区域在西江经济带 7 个地市的分布

地市名	项目	不重要	一般	重要	很重要	极重要	合计
百色	面积（km^2）	0.3699	0.9414	0.2985	1.4990	0.7258	3.8346
	比重（%）	9.65	24.55	7.78	39.09	18.93	100.00

续表

地市名	项目	不重要	一般	重要	很重要	极重要	合计
崇左	面积（km^2）	0.1058	0.0441	0.3581	0.5533	0.7588	1.8201
	比重（%）	5.81	2.42	19.67	30.40	41.69	100.00
贵港	面积（km^2）	0.2603	0.0386	0.4109	0.3683	0.0431	1.1212
	比重（%）	23.22	3.44	36.65	32.85	3.84	100.00
来宾	面积（km^2）	0.4854	0.1192	0.3503	0.4201	0.0466	1.4216
	比重（%）	34.14	8.38	24.64	29.55	3.28	100.00
柳州	面积（km^2）	0.5032	0.6306	0.1859	0.5882	0.0726	1.9805
	比重（%）	25.41	31.84	9.39	29.70	3.67	100.00
南宁	面积（km^2）	0.4655	0.1049	0.3654	0.8824	0.5121	2.3303
	比重（%）	19.98	4.50	15.68	37.87	21.98	100.00
梧州	面积（km^2）	0.1472	0.1841	0.3170	0.6402	0.0353	1.3238
	比重（%）	11.12	13.91	23.95	48.36	2.67	100.00
经济带	面积（km^2）	2.3373	2.0629	2.2861	4.9515	2.1943	13.8321
	比重（%）	16.90	14.91	16.53	35.80	15.86	100.00

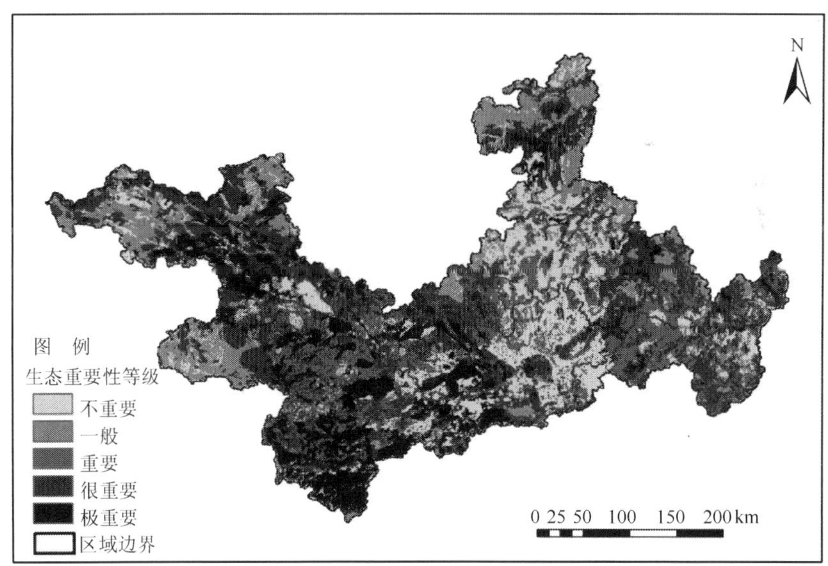

图 4-12　西江经济带生态重要性分区

从图 4-12 中可以看出，经济带西部半区重要性相对较高，而东部半区重要性相对较低。从各种不同等级重要性区域的空间分布来看，极重要区绝大部分分布在崇左、南宁、百色 3 市，这构成了经济带西部地区的生态屏障；此外，在其余 4 市有少量极重要区域分布。很重要区域除来宾外，在经济带各地市都有分布，是所占比重最高的区域类型；比较有意思的现象是，西江干流及主要支流主要是以很重要区域的形式存在，对其余极重要区域，很重要区域起到了沟通、连接的作用。重要区域约占整个区域的 17%，其零星分布在经济带之中，除了百色西北部、崇左南部、南宁南部、柳州北部分布较少外，其余地区都有分布，且以来宾、梧州、贵港分布最为集中。一般区域所占比重约 15%，主要分布在柳州、百色两市，此外，除崇左分布较少外，其他 4 个地市都有一定量的分布。不重要区域占区域总面积的 16%，主要分布在柳州—来宾—贵港一线 3 个地市，南宁有较多斑块存在，此外，梧州、百色和崇左也有少量的不重要区域存在。

从 5 种类型区在各个地市的分布来看（表 4-7），生态重要性级别较高的区域（极重要区域和很重要区域）所占比重较高的是百色（58.02%）、崇左（72.09%）、南宁（59.85%）、梧州（51.03%），均超过了 50%，其余 3 个地市所占比重在 1/3 左右。重要性级别较低的区域（不重要区域和一般区域）所占比重较高的是来宾（42.52%）、柳州（57.25%），此外南宁、梧州、百色、贵港也有一定比例的区域存在，而崇左整个重要性级别较低的区域仅仅占到了区域总面积的 8.24%。可见，经济带内崇左的整体生态重要性最高，南宁、百色、梧州、贵港重要性较高，而柳州和来宾的重要性相对较低。

三、已有建设用地与重要性类型区的空间叠置关系

已有建设用地的空间布局与生态重要性评价的结果反映了人类在选择生产、生活空间时是否考虑了生态重要性保护的需求。分析结果表明（表 4-8，图 4-13 见书后彩图），建设用地主要分布在不重要区、重要区和很重要区中，占到了建设用地总面积的 85%，此外，10%分布在极重要区内，5%分布在一般区内。一般区内建设用地较少的主要原因在于一般区内地形、地势条件较差，本身不适宜于开发建设。从图 4-13 中可以看出，分布在极重要区或很重要区的建设用地一般在崇左、百色两市内，两地由于整体生态重要性较高，因而人类的开发利用活动难免占用到重要的生态空间。

表 4-8　建设用地在不同类型区的分布

区域类型	城镇用地		农村居民点		工矿用地		合计	
	面积（km^2）	比重（%）	面积（km^2）	比重（%）	面积（km^2）	比重（%）	面积（km^2）	比重（%）
不重要	228.90	39.07	698.10	34.00	34.97	26.94	961.97	34.74
一般	54.03	9.22	74.08	3.61	6.83	5.26	134.94	4.87
重要	85.64	14.62	494.17	24.07	19.79	15.24	599.60	21.65
很重要	157.14	26.82	596.31	29.04	43.99	33.88	797.44	28.80
极重要	60.15	10.27	190.61	9.28	24.26	18.68	275.02	9.93
共计	585.86	100.00	2053.27	100.00	129.84	100.00	2768.97	100.00

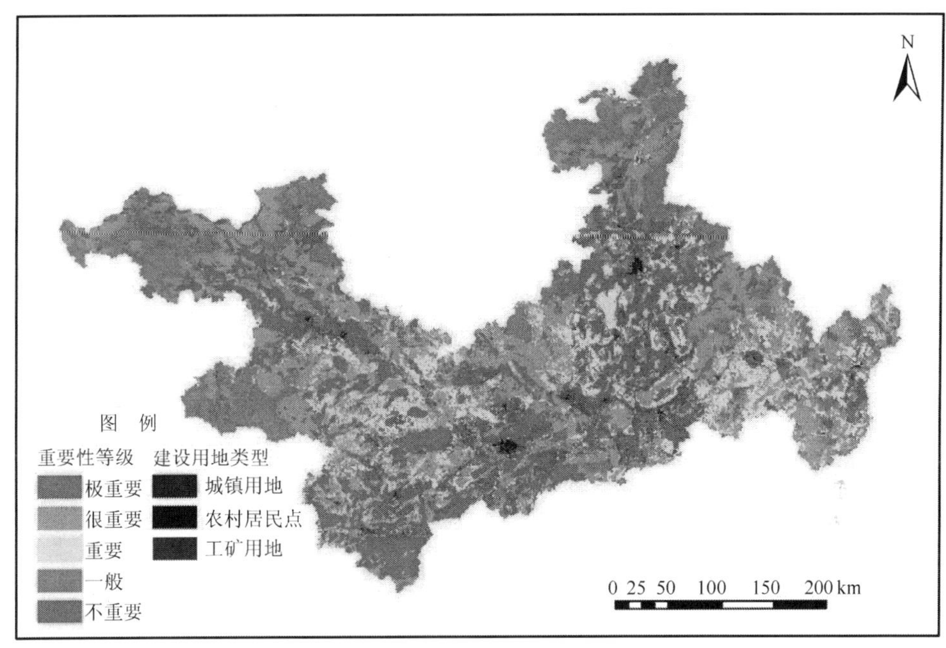

图 4-13　建设用地与不同等级重要性类型区的空间耦合

从各种类型建设用地的空间分布来看，基本上呈现出与整体建设用地空间分布类似的规律。但是也有特例存在，主要是工矿用地。工矿用地大约有 19%分布在很重要区内，且以矿产资源开发用地为主。矿产资源开发用地同城镇用地、农村居民点不同，后两者的分布在一定程度上受到人为选择的影响，由于人类的选择具有一定的理性分析与思考，因而在一定程度上能避免占用重要生态空间，但是矿产资源开发用地受到矿产资源分布的影响，人类无法进行筛选；同时，由于矿产资源较多分布在生态重要性较高的地区，因而开发用地较多地占用了重要生态空间。

四、生态重要性评价主要结论

经济带生态重要性的评价结果基本上反映了不同区域重要性的空间差异，既为打造西部、东部两大生态屏障提供了理论依据，又为中部地区经济社会发展提供了充足的空间保障，中部地区一般区域和不重要区域占到了 31%，且具有较高的开发建设适宜性，完全可以满足未来空间开发的需求。生态重要性的评价结果与整个区域未来的空间发展预期从宏观上而言具有较高的一致性。

从微观上来看，已有开发建设活动虽然集中在重要区、一般区和较重要区内，但是还是较多地占用了极重要生态空间，总面积约 275km^2，接近建设用地的

10%。这一方面是由于经济带处于西江流域的上游，整体的生态重要性较高，导致人类活动对重要生态空间的占用是难免的；另一方面，从人类自身开发建设适宜性的角度来考虑，重要生态空间在人类的开发建设行动中被评价为适宜于开发建设的空间。在两者之间矛盾发生的情况下，人类往往选择进行开发建设以满足生产、生活的空间需求。一般区内建设用地较少，主要原因也在于区内地形、地势条件较差，本身不适宜于开发建设。矿业开发用地受到资源空间分布的限制，主要集中在重要性较高的地区，因此很难避免矿产开发对重要区域的占用。

坚持生态优先、注重保护和开发的均衡、加强重要生态空间的保护，是未来西江经济带发展的重要任务。在未来开发过程中，城镇建设和工业园区建设要坚持适度集中的原则，在重要性相对较低的中部地区做大城市规模、集聚主要产业载体，而在重要性较高的东西部地区则要对城镇规模、园区产业类型等加以限制；对于极重要区域内的农村居民点，适时开展搬迁工作，其余区域要限制农村的工业化，积极发展生态友好型产业；对于矿区开发，要根据所处区域重要性等级确定开发时序，确定要提前开发的，要做好开发前的环评和开发后的生态修复工作。

第三节　生态脆弱性评价结果

一、单指标分项评价结果

单项指标评价采用公里格网数据进行；数据归一化处理中，分级标准后面括号中的数字表示脆弱性的等级，从 1→5 对应于表示该项指标评价的不脆弱→极脆弱。

1. 暴露度

（1）林地比重

林地比重的基础数据来源于土地利用数据，评价结果如图 4-14（a）所示。数据归一化处理中，分级标准为：0%（5）；1%～25%（4）；26%～50%（3）；51%～75%（2）；76%～100%（1）。

（2）建设用地比重

数据来源及评价方法参考“林地比重”评价，评价结果如图 4-14（b）所示。数据归一化处理中，分级标准为：0%（1）；1%～25%（2）；26%～50%（3）；51%～75%（4）；76%～100%（5）。

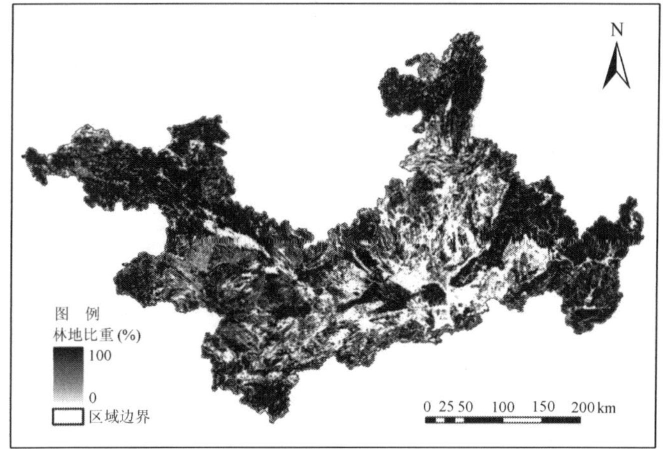

(a) 林地比重

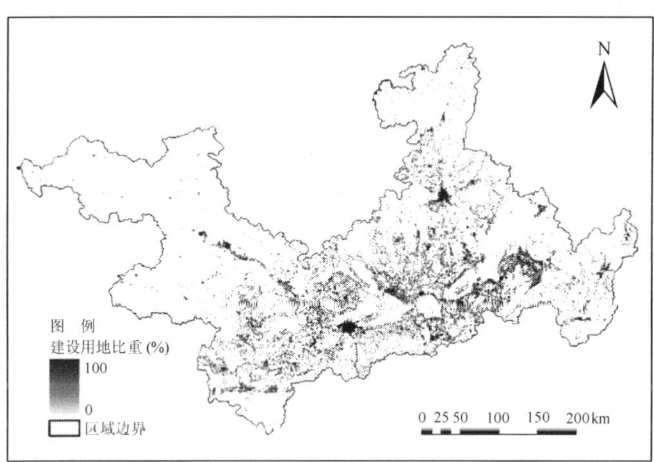

(b) 建设用地比重

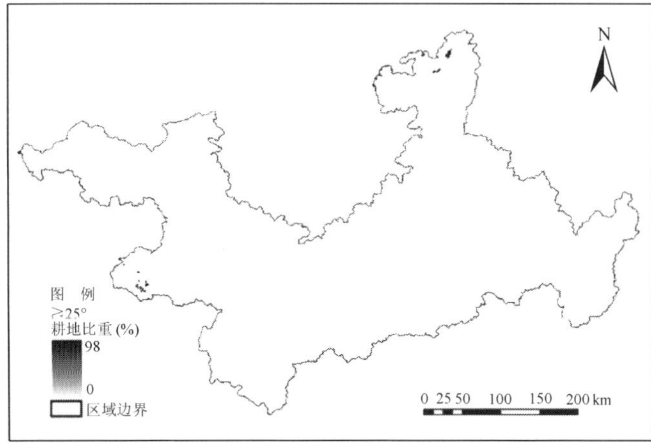

(c) ≥25°耕地比重

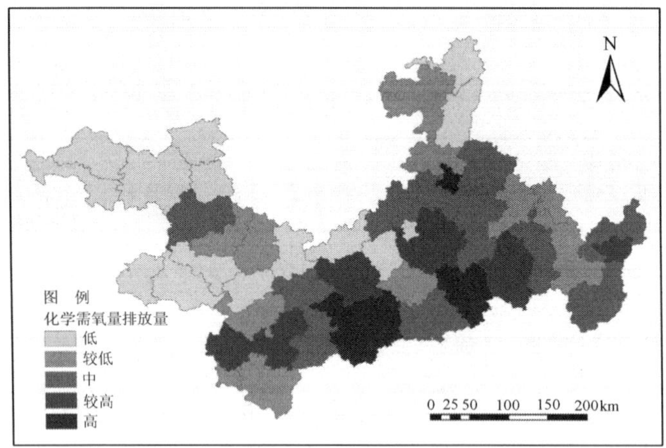

(d) 化学需氧量排放量

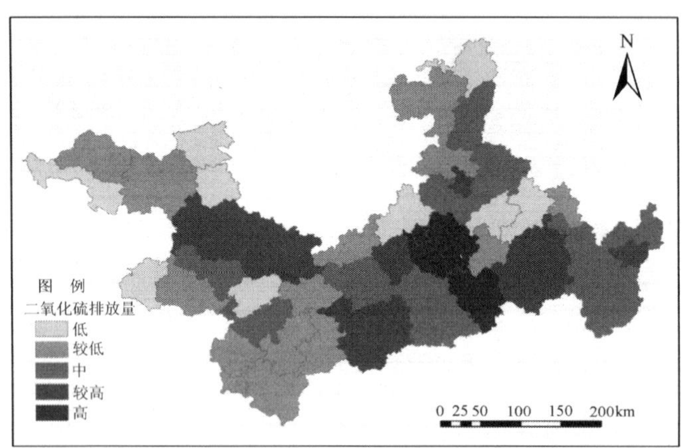

(e) 二氧化硫排放量

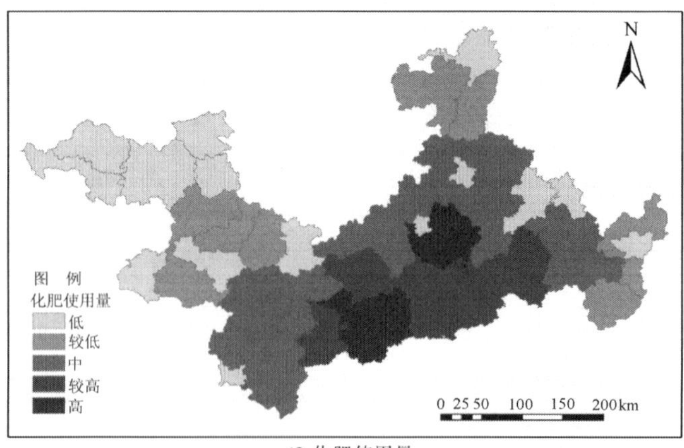

(f) 化肥使用量

图 4-14　西江经济带生态脆弱性单指标评价（一）

（3）≥25°耕地比重

数据来源及评价方法参考“林地比重”评价，评价结果如图 4-14（c）所示。数据归一化处理中，分级标准为：0%（1）；1%～25%（2）；26%～50%（3）；51%～75%（4）；76%～100%（5）。

（4）化学需氧量排放量

化学需氧量排放量数据来自于全国主体功能区评价的数据（2008 年；单位：t），评价结果如图 4-14（d）所示。数据归一化处理中，分级标准为：大于 50 000（高，5）；20 000～50 000（较高，4）；10 000～20 000（中，3）；5 000～10 000（较低，2）；小于 5000（低，1）。

（5）二氧化硫排放量

二氧化硫排放量数据来自于全国主体功能区评价的数据（2008 年；单位：t），评价结果如图 4-14（e）所示。数据归一化处理中，分级标准为：大于 50 000（高，5）；10 000～50 000（较高，4）；5000～10 000（中，3）；1000～5000（较低，2）；小于 1000（低，1）。

（6）化肥使用量

分县化肥使用量数据来自于《广西统计年鉴 2009》（单位：10^4t）。由于没有分县化肥使用量数据，因此，此数据为间接数据。利用各地市的化肥使用量和耕地面积，获得各地市单位耕地面积上的化肥使用量，然后根据各县的耕地面积，计算得出各县的化肥使用量。评价结果如图 4-14（f）所示。数据归一化处理中，分级标准为：大于 8（高，5）；5～8（较高，4）；2～5（中，3）；1～2（较低，2）；小于 1（低，1）。

（7）公里格网人口

公里格网人口的基础数据是根据 2005 年人口抽样调查数据，进行空间插值，得到公里格网人口［图 4-15（a）］。该数据借鉴于中国科学院地理科学与资源研究所王英杰老师等在西江经济带规划中的数据。经济带公里格网人口数量差异较大，为 2～80 392 人。数据归一化处理中，分级标准为：采用 ArcGIS→Spatial Analyst→Reclassfy 工具，按照 Natural breaks 进行分类，划分为 5 类，越高的地方，赋值越高，越脆弱。

（8）公里格网 GDP

公里格网 GDP 基础数据的年份为 2008 年，公里格网 GDP 获取方法和具体来源参考“公里格网人口”评价。评价结果如图 4-15（b）所示。数据归一化处理中，分级标准为：采用 ArcGIS→Spatial Analyst→Reclassfy 工具，按照 Natural breaks 进行分类，划分为 5 类，越高的地方，赋值越高，越脆弱。

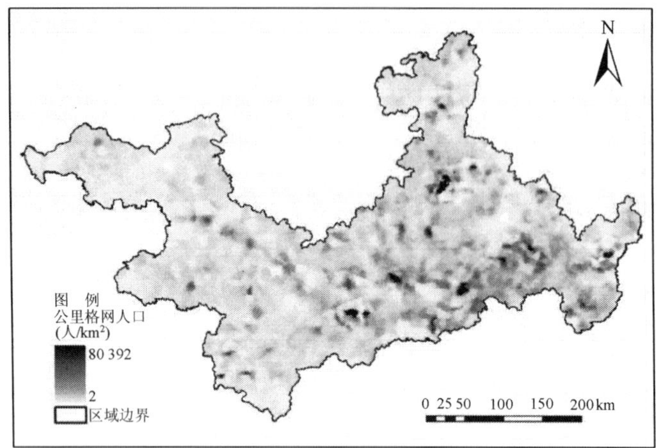

(a) 公里格网人口

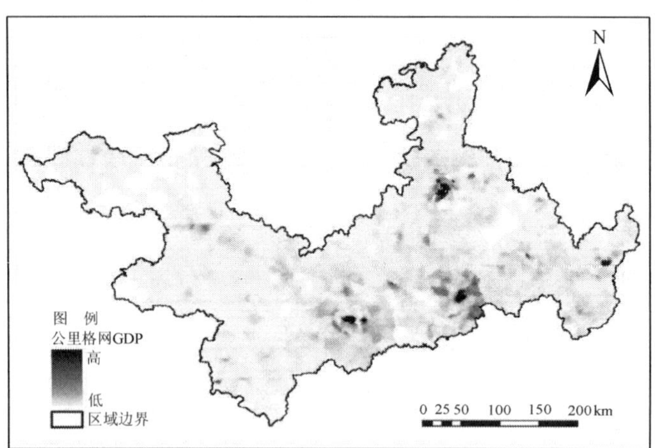

(b) 公里格网GDP

(c) 植被类型

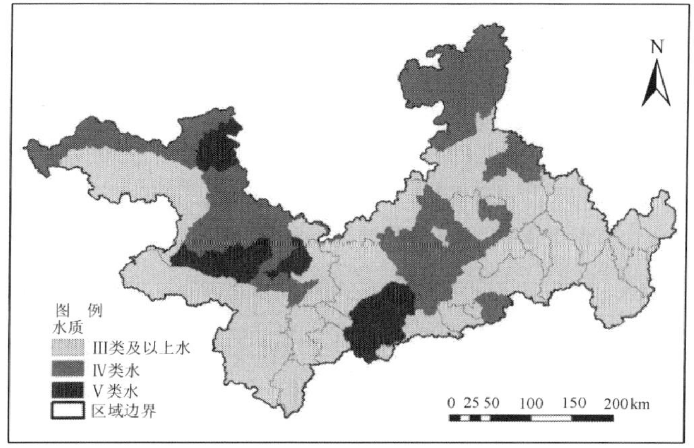

(d) 水质

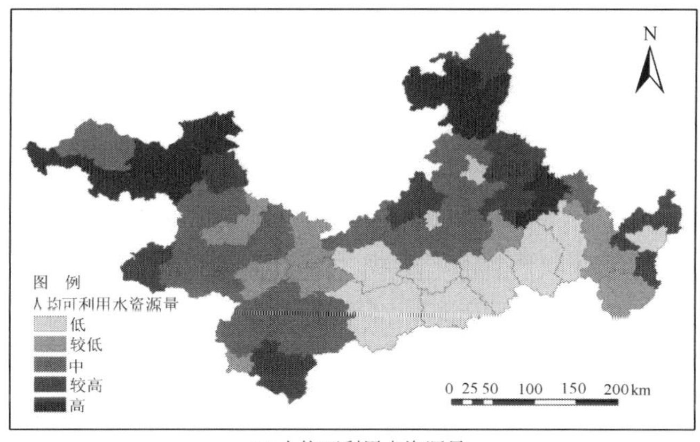

(e) 人均可利用水资源量

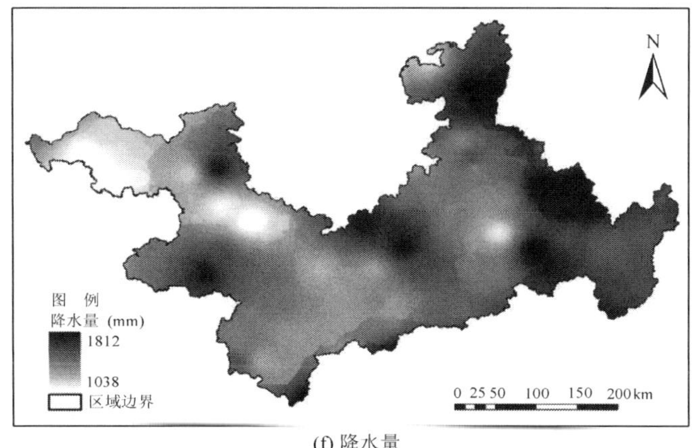

(f) 降水量

图 4-15　西江经济带生态脆弱性单指标评价（二）

2. 敏感性

（1）NPP（净初级生产力）

NPP 数据来源于“中国科学院资源环境科学数据中心”。广西西江经济带公里格网 NPP 差异较大，从 0～1170g C/(m^2·a)［图 4-6（e）］。数据归一化处理中，分级标准为：采用 ArcGIS→Spatial Analyst→Reclassfy 工具，按照 Natural breaks 进行分类，划分为 5 类，NPP 高的地方赋值低，NPP 低的地方赋值高。

（2）植被类型

NPP 数据来源于“中国科学院资源环境科学数据中心”。广西西江经济带整体上处于热带、亚热带地区，但是由于地形条件较为复杂多样，因此植被类型较为复杂。随着人类开发建设的不断推进，人工植被正在不断替代自然植被，成为区域重要的植被类型。区域具体的植被空间分布如图 3-6 所示。数据归一化处理中，分级标准见表 4-9。综合图 3-6 和表 4-9，得到图 4-15（c）。

表 4-9　西江经济带植被类型及其脆弱性

脆弱性等级		植被类型
极脆弱	5	栽培植被
很脆弱	4	亚高山落叶阔叶灌丛，亚热带和热带竹林及竹丛，亚热带、热带旱生常绿肉质多刺灌丛
脆弱	3	亚热带针叶林，亚热带、热带草丛
一般	2	亚热带常绿阔叶林，亚热带落叶阔叶林，亚热带常绿落叶、阔叶混交林，亚热带、热带常绿阔叶、落叶阔叶灌丛
不脆弱	1	热带雨林，热带季雨林，水体

（3）水质

水质按照一级水功能分区来进行评价。具体评价结果如图 4-15（d）所示。2008 年，广西西江经济带涉及的红水河、柳江、黔江、浔江、西江、左江、右江、郁江河段总体质量较好，大部分河段水质能达到水环境功能区目标。右江、郁江、浔江等河流局部河段水质较差，污水类型以细菌学指标和耗氧有机物为主，超标指标包括粪大肠菌群、总磷、氨氮、溶解氧、五日生化需氧量等，主要污染源是来自城镇排放的生活污水和生产企业排放的工业废水。数据归一化处理中，Ⅲ类及以上水赋值为 1（不脆弱），Ⅵ类水赋值为 3（脆弱），Ⅴ类水赋值为 5（极脆弱）。

（4）人均可利用水资源量

人均可利用水资源量为主体功能区数据（单位：m^3/人）。其具体评价标准为：“可利用水资源”指标项计算公式如下：

人均可利用水资源＝可利用水资源潜力/常住人口
可利用水资源潜力＝本地可开发利用水资源量－已开发利用水资源量
　　　　　　　　　＋可开发利用入境水资源量
本地可开发利用水资源量＝地表水可利用量＋地下水可利用量
地表水可利用量＝多年平均地表水资源量－河道生态需水量－不可控制的洪水量
地下水可利用量＝与地表水不重复的地下水资源量－地下水系统生态需水量
　　　　　　　　－无法利用的地下水量
已开发利用水资源量＝农业用水量＋工业用水量＋生活用水量＋生态用水量
入境可开发利用水资源潜力＝现状入境水资源量×γ

（4-1）

式中，γ为分流域片取值，范围可为0%～5%。现状条件下，南方地区长江、东南诸河、珠江、西南诸河四大流域片取5%。

按照评价结果，进行数据归一化处理，其中小于100评价为低（5）；100～500为较低（4）；500～1000为中（3）；1000～2000为较高（2）；大于2000为高（1）。如图4-15（e）所示。

（5）降水量

降水量数据来源于“地球系统科学数据共享网”。广西西江经济带整体上处于亚热带气候，降水较多，但是区域内降水仍然存在较大的差异，为1038～1812mm。评价结果如图4-15（f）所示。数据归一化处理中，分级标准为：采用ArcGIS→Spatial Analyst→Reclassfy工具，按照Natural breaks进行分类，划分为5类。由于降水量不是广西西江经济带的生态限制因子，反而是随着降水量的增加，导致了一些极端气候事件的发生，因此降水量越多，脆弱性等级越高。这跟西北干旱区显然是不同的。

（6）湿润度

湿润度也是表现区域水分条件的指标。该项指标的来源和具体含义见生态重要性评价中对湿润度指标的阐释［图4-6（d）］。数据归一化处理中，分级标准为：采用ArcGIS→Spatial Analyst→Reclassfy工具，按照Natural breaks进行分类，划分为5类，湿润度越高，越不脆弱；湿润度越低，越脆弱。

（7）≥10℃积温

≥10℃积温数据来源于“地球系统科学数据共享网”。评价结果如图4-16（a）所示。数据归一化处理中，分级标准为：采用ArcGIS→Spatial Analyst→Reclassfy工具，按照Natural breaks进行分类，划分为5类，积温越高，越不脆弱；积温越低，越脆弱。

（8）年均风速

数据来源于“中国生态系统研究网络数据共享系统”。评价结果如图4-16（b）所示。数据归一化处理中，分级标准为：采用ArcGIS→Spatial Analyst→Reclassfy工具，按照 Natural breaks 进行分类，划分为 5 类，风度越高，越脆弱；风速越低，越不脆弱。

（9）坡度

坡度数据根据广西西江经济带数字地形图获得，数据来源于广西壮族自治区测绘局。广西西江经济带地形条件复杂，坡度变化较大，为 0°～79.54°。结果如图 4-16（c）所示。数据归一化处理中，分级标准为：0°～5°（1）；5°～15°（2）；15°～25°（3）；25°～35°（4）；大于 35°（5）。

（10）高程

高程数据根据广西西江经济带数字地形图获得，数据来源于广西壮族自治区测绘局。广西西江经济带地形条件复杂，高程变化较大，为 0～2000m。结果如图 4-16（d）所示。数据归一化处理中，分级标准为：小于 200m（1）；200～400m（2）；400～800m（3）；800～1200m（4）；大于 1200m（5）。

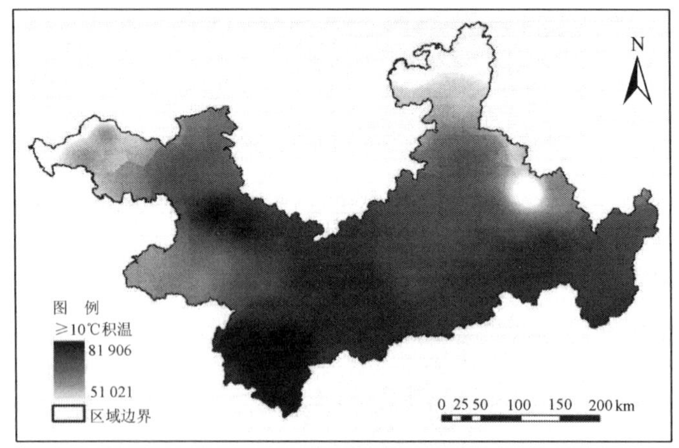

(a) ≥10℃积温

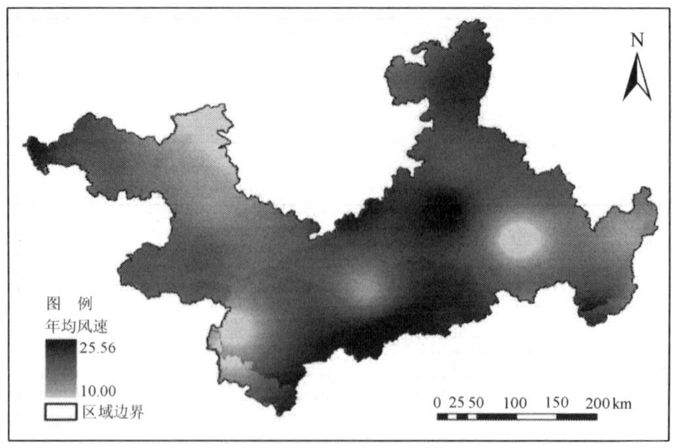

(b) 年均风速

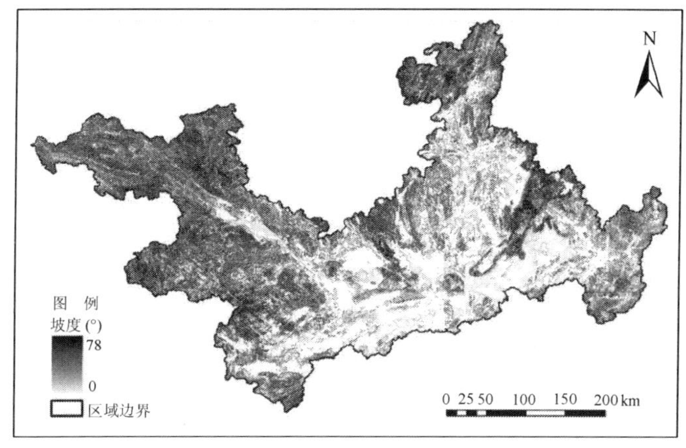

(c) 坡度

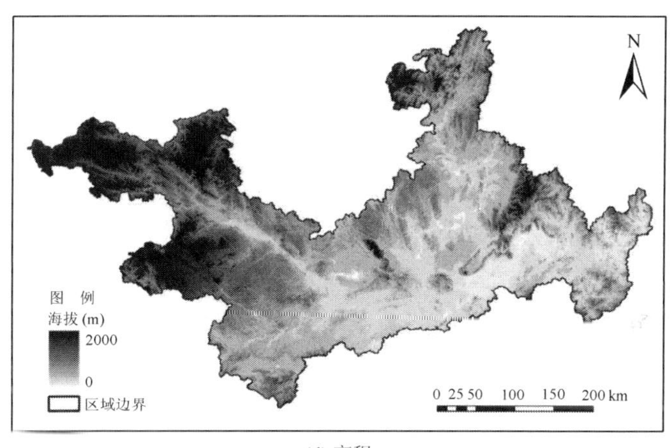

(d) 高程

图 4-16　西江经济带生态脆弱性单指标评价（三）

3. 适应能力

（1）人均 GDP

人均 GDP 为 2008 年数据，数据来源于《广西统计年鉴 2009》（单位：元）。当一个国家经济发展水平较低的时候，环境污染的程度较轻，但是随着人均收入的增加，环境污染由低趋高，环境恶化程度随经济的增长而加剧；当经济发展达到一定水平后，也就是说，到达某个临界点或称“拐点”以后，随着人均收入的进一步增加，环境污染又由高趋低，环境污染的程度逐渐减缓，环境质量逐渐得到改善，这种现象被称为环境库兹涅茨曲线。广西西江经济带虽然仍然处于发展的中期，但是人们的环保意识和观念已经有了较大水平的提高，同时从人均 GDP 水平来看，也已经达到了较高的水平。因此，在数据归一化处理中，分级标准为：大于 30 000（高，1）；15 000～30 000（较高，2）；10 000～15 000（中，3）；8000～10 000（较低，4）和 8000（低，5）。评价结果如图 4-17（a）所示。

（2）多年平均城镇化增速

多年平均城镇化增速采用2005～2008年城镇化率的增速，数据来源于历年广西壮族自治区统计年鉴（单位：%）。城镇化增速越快，对生态系统的压力越大。数据归一化处理中，分级标准为：小于2（低，1）；2～4（较低，2）；4～6（中，3）；6～10（较高，4）和大于10（高，5）。评价结果如图4-17（b）所示。

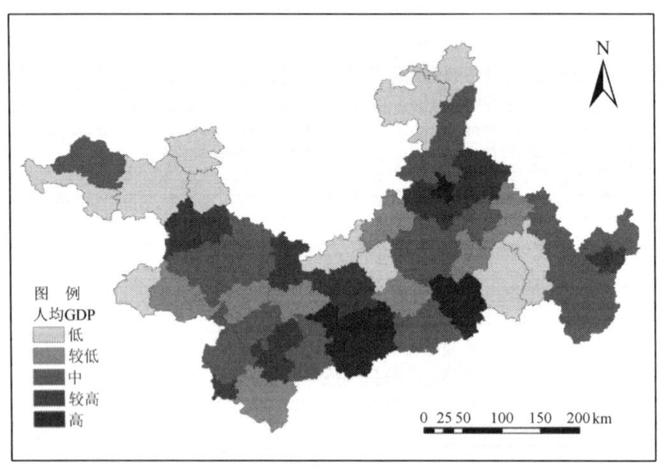

(a) 人均GDP

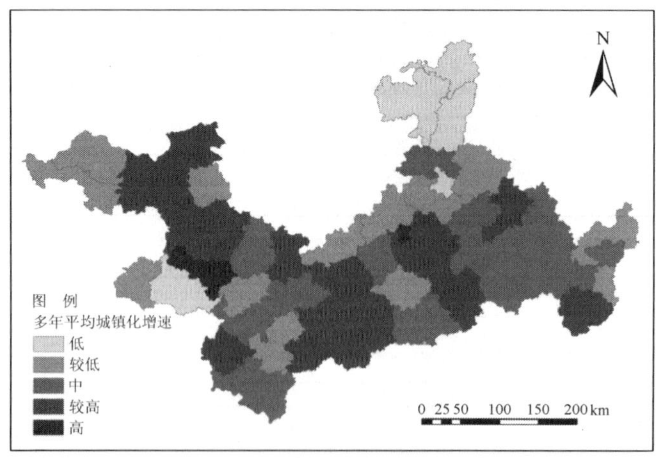

(b) 多年平均城镇化增速

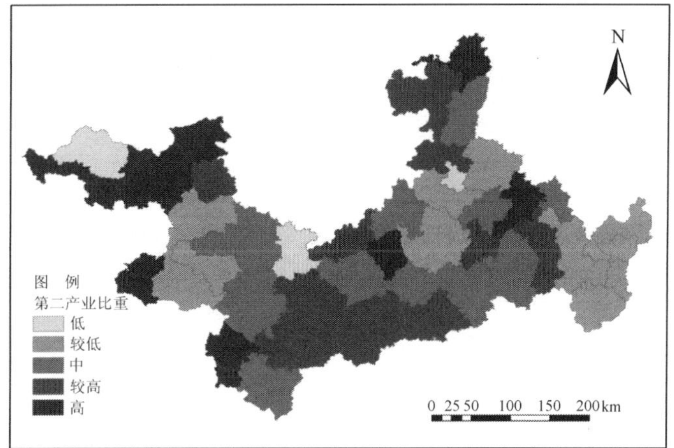

(c) 第二产业比重

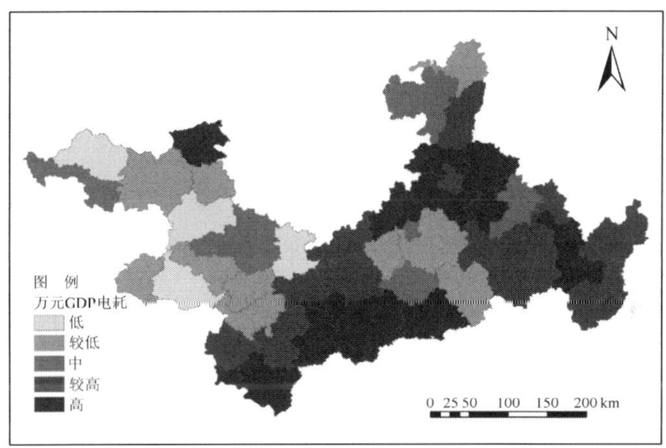

(d) 万元GDP电耗

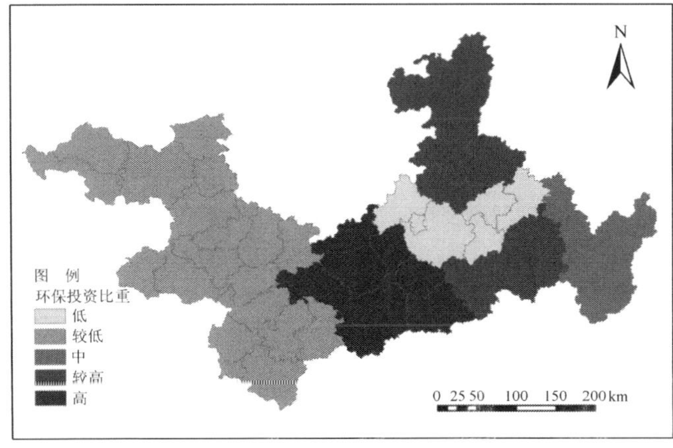

(e) 环保投资比重

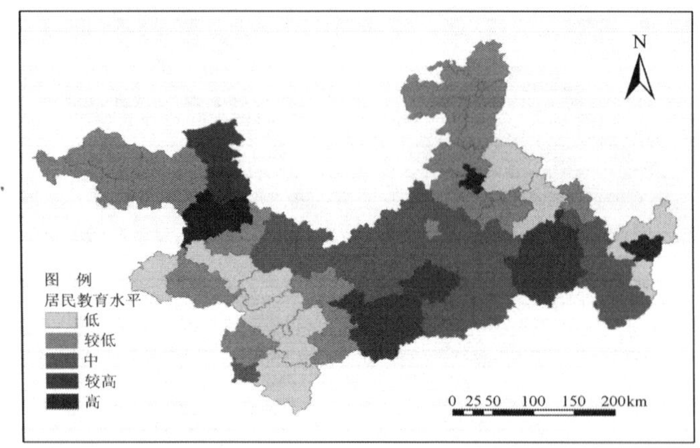

(f) 居民教育水平

图 4-17　西江经济带生态脆弱性单指标评价（四）

（3）第二产业比重

第二产业比重采用 2008 年数据，数据来源于《广西统计年鉴 2009》（单位：%）。第二产业对生态环境的压力较大，因此第二产业比重越高，生态脆弱性越高。数据归一化处理中，分级标准为：小于 30（低，1）；30～35（较低，2）；35～50（中，3）；50～60（较高，4）和大于 60（高，5）。评价结果如图 4-17（c）所示。

（4）万元 GDP 电耗

万元 GDP 电耗揭示了经济发展过程中生态环境的效应，单位产值电耗越低，适应能力越强，生态脆弱性越低。限于数据的可获取性，本书以万元 GDP 电耗来代替，数据来源于《广西统计年鉴 2009》（单位：kW·h）。数据归一化处理中，分级标准为：小于 500（低，1）；500～800（较低，2）；800～1200（中，3）；1200～2500（较高，4）和大于 2500（高，5）。评价结果如图 4-17（d）所示。

（5）环保投资比重

环保投资比重体现了地方政府对生态保护和环境建设的重视程度，所占比重越高，适应能力越强。数据来源于《广西统计年鉴2009》，由于缺乏分县数据，故采用分地市数据代替。经济带7地市环保投资比重由高到低分别为：南宁（9.87%）、贵港（3.36%）、柳州（2.81%）、梧州（1.25%）、百色（0.56%）、崇左（0.45%）和来宾（0.03%）。数据归一化处理中，定义南宁为1，贵港和柳州为2，梧州为3，百色和崇左为4，来宾为5。评价结果如图4-17（e）所示。

（6）居民教育水平

居民教育水平在一定程度上反映了居民对生态保护和环境建设的认识程度，

教育水平越高，适应能力越强。本书以普通中学在校生人数占人口的比重来代替（《广西统计年鉴2009》）。分级标准为：大于7%（高，1）；5.5%～7%（较高，2）；5%～5.5%（中，3）；4%～5%（较低，4）和小于4%（低，5）。评价结果如图4-17（f）所示。

（7）政府政策导向

政府政策导向体现了政府对于环境保护的重视程度。本指标的评价根据我们在广西西江经济带实地调查情况来进行，分为两级：政策导向有利于生态建设和较有利于生态建设，其中有利评价为1（不脆弱），包括南宁、柳州、梧州3市；较有利评价为2（一般），包括贵港、来宾、百色、崇左4市。

二、生态脆弱性评价与分区

在单指标评价结果及各指标权重确定的基础上，通过ArcGIS→Spatial Analyst→Raster Calculator计算生态脆弱性。其中，暴露度、敏感性和适应能力的评价结果如图4-18所示，生态脆弱性综合评价结果如图4-19所示。

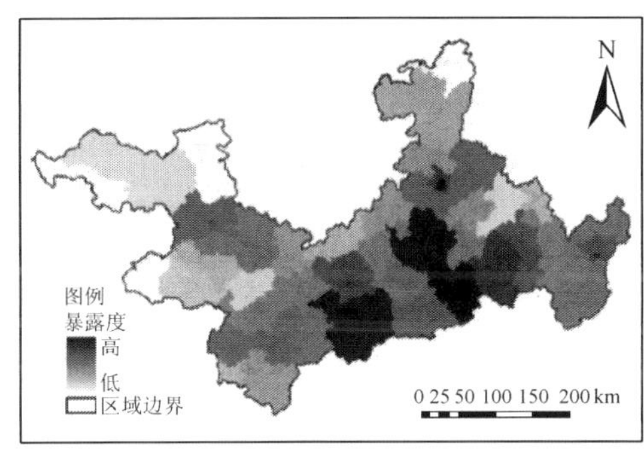

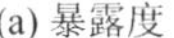

(a) 暴露度

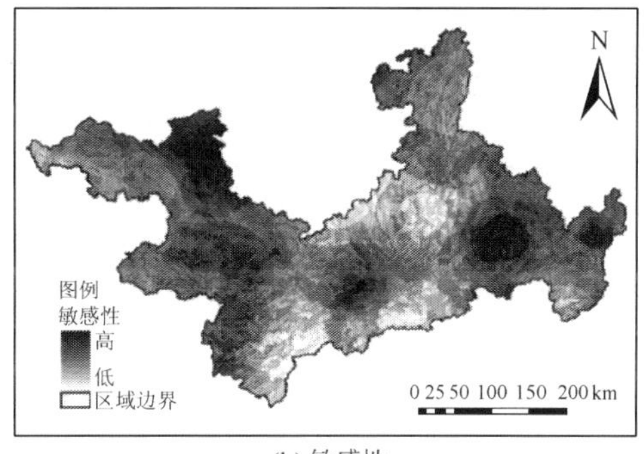

(b) 敏感性

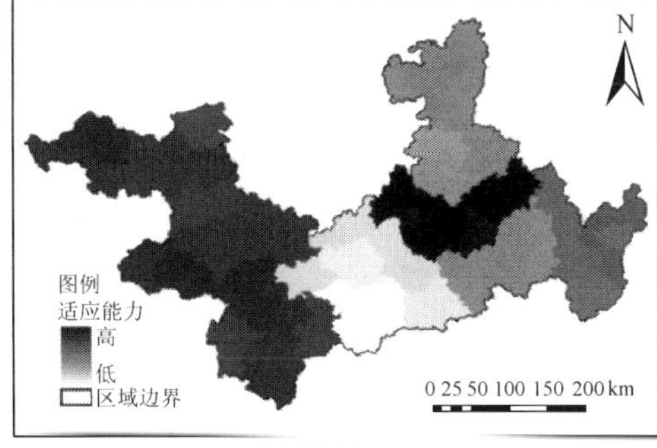

(c) 适应能力

图4-18　西江经济带暴露度、敏感性和适应能力评价结果

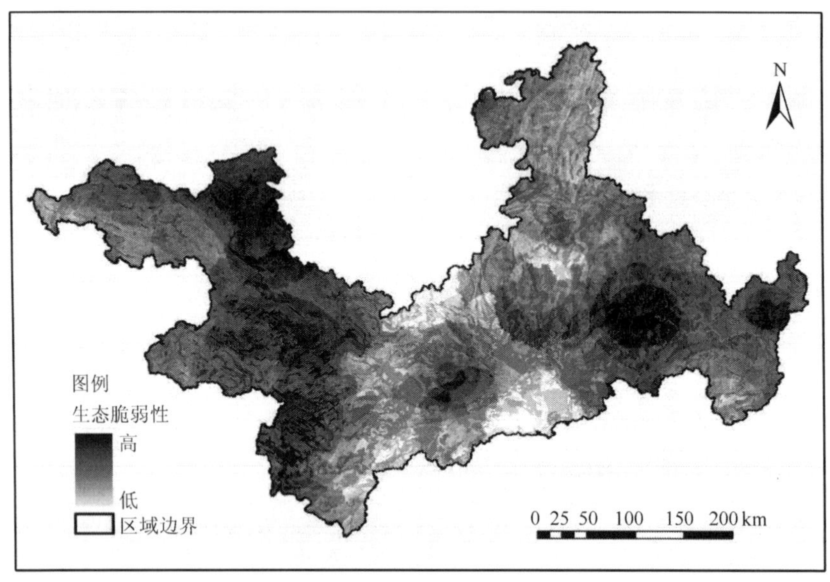

图 4-19　西江经济带生态脆弱性综合评价

1. 暴露度、敏感性和适应能力评价结果

经济带中部地区经济社会发展水平较高，开发强度较高，是经济带人口、产业的主要集聚区域，暴露度较高。西部、东部地区地势陡峭，海拔较高，人口稀疏，人类开发建设强度较小，生态系统以林地、草地为主，暴露度较低。敏感性与暴露度的空间格局相反，东部、西部地区整体敏感性较高，敏感性高值区分布密集，中部地区敏感性较低，但存在个别敏感性较高的斑块。适应能力反映了生态系统管理对脆弱性的影响，与经济社会发展水平具有较高的相关性，中部地区相对发达，生态保护的意愿和能力较强，生态保护和环境建设行为对于提高适应能力、降低脆弱性具有积极的意义。

2. 生态脆弱性评价与分区

综合暴露度、敏感性和适应能力评价结果，得到经济带生态脆弱性评价结果（图 4-19）。以不同单元脆弱性结果为基础，利用 ArcGIS 软件的 Reclassfy 工具，选择 Natural breaks 分类方法，划分不脆弱区、一般区、脆弱区、很脆弱区和极脆弱区，分别占 11.31%、22.60%、27.63%、24.38%和 14.09%，表明经济带以中等强度的脆弱区为主，不脆弱区或极脆弱区比重相对较少（图 4-20，表 4-10）。

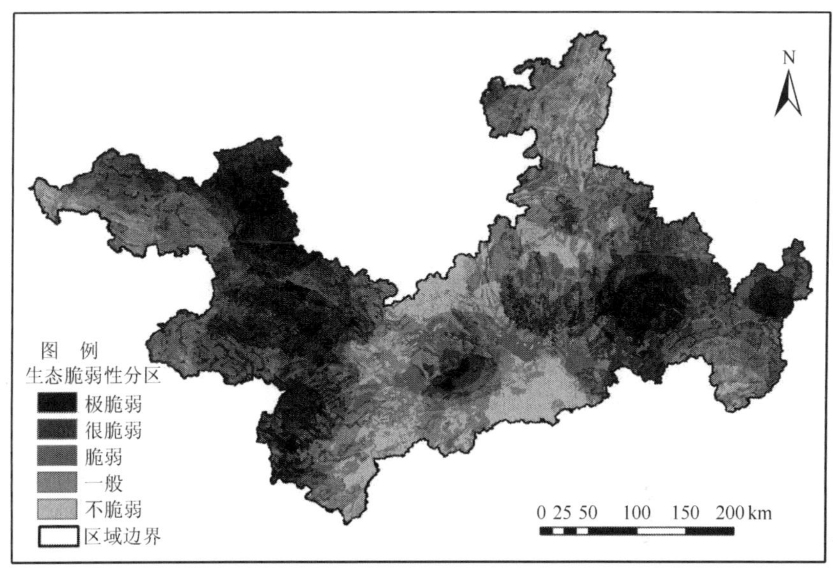

图 4-20　西江经济带生态脆弱性分区

表 4-10　西江经济带分地市脆弱性分区结果

地市名	项目	不脆弱	一般	脆弱	很脆弱	极脆弱	总计
百色	面积（$10^4 km^2$）	0.04	0.43	1.01	1.26	0.87	3.61
	比重（%）	1.07	11.90	28.11	34.88	24.04	100.00
崇左	面积（$10^4 km^2$）	0.23	0.42	0.37	0.39	0.31	1.72
	比重（%）	13.21	24.49	21.54	22.89	17.87	100.00
贵港	面积（$10^4 km^2$）	0.01	0.10	0.24	0.37	0.35	1.07
	比重（%）	0.53	8.98	22.89	35.06	32.53	100.00
来宾	面积（$10^4 km^2$）	0.04	0.28	0.44	0.44	0.15	1.35
	比重（%）	3.03	20.73	32.16	32.64	11.43	100.00
柳州	面积（$10^4 km^2$）	0.36	0.86	0.50	0.14	0.00	1.86
	比重（%）	19.53	46.09	26.98	7.29	0.11	100.00
南宁	面积（$10^4 km^2$）	0.77	0.67	0.52	0.20	0.05	2.21
	比重（%）	34.84	30.32	23.53	9.05	2.26	100.00
梧州	面积（$10^4 km^2$）	0.03	0.20	0.52	0.38	0.11	1.24
	比重（%）	2.42	16.13	41.94	30.65	8.87	100.00
合计	面积（$10^4 km^2$）	1.48	2.96	3.60	3.18	1.84	13.06
	比重（%）	11.33	22.66	27.57	24.35	14.09	100.00

在全国主体功能区生态脆弱性评价中，广西西江经济带生态脆弱性空间差异较大，既有微度脆弱、轻度脆弱区，又有以石漠化脆弱性为主导的重度和极度脆弱区。从我们的评价结果来看，广西西江经济带生态脆弱地区主要分布在地形条件较复杂或者是开发强度较高的地区，自然条件的脆弱性（尤其是石漠化导致的脆弱性和高坡度导致的脆弱性）和人类开发建设的破坏是导致区域生态脆弱性的主要因素。自然条件导致的脆弱性斑块较大，主要分布在东部和西部山区，中部地区也有分布；人类开发建设导致的脆弱性斑块较小，一般以建设用地尤其是城镇建设用地为主。

从脆弱性分区的结果来看（表 4-10），极脆弱区占经济带总面积的 14.09%，其中百色是最主要的分布区，占到了经济带极脆弱区总面积的 47.28%；崇左和贵港也有大量的极脆弱区存在，南宁、柳州、来宾和梧州极脆弱区较少。很脆弱区占经济带土地面积的 24.35%，也主要分布在百色，占经济带很脆弱区总面积的 39.62%，占百色总面积的 34.88%，除南宁很脆弱区面积较小外，其他 5 个地市都有一定数量的很脆弱区分布。脆弱区占经济带总面积的 27.57%，也主要分布在百色，占经济带脆弱区面积的 28.06%，其他 6 个地市都有一定数量的脆弱区分布，在 0.24×10^4～$0.52\times10^4\mathrm{km}^2$。一般区占经济带总面积的 22.66%，主要分布在柳州、南宁两市，分别占经济带一般区面积的 29.05%、22.64%，此外，除贵港、梧州、来宾一般区面积较小外，百色、崇左脆弱区面积都较大。不脆弱区占经济带土地面积的 11.33%，南宁不脆弱区面积最大，占经济带总面积的 52.03%，柳州和崇左不脆弱区也较多，占经济带总面积的 24.32%和 15.54%，其余 4 市不脆弱区面积较小，合计约 $1200\mathrm{km}^2$。

三、五种脆弱性类型区的空间分布及其管制策略

从图 4-20 和表 4-10 可以看出，极脆弱区主要分布在经济带东西两翼地区，尤其是西部百色，占整个经济带极脆弱区总面积的 47%左右，是经济带极脆弱区最为密集的区域；东部的贵港和西部的崇左极脆弱区分布较多，均占极脆弱区总面积的近 20%。这些地区以山地为主，海拔较高，地形复杂，喀斯特地貌分布广泛，以自然因素导致的极脆弱区为主。极脆弱区具有较高的水源涵养、生物多样性保护、水土保持等生态价值，并受到地形条件、地貌特征等因素的影响，应以生态建设和环境保护为主，不适宜进行开发建设。

很脆弱区分布较为分散，西部百色最多，占很脆弱区总面积的 39.62%，中部柳州、南宁最少，分别占很脆弱区总面积的 4.4%和 6.3%，其余地市占比为 10%～15%。很脆弱区以地形条件复杂的山区为主，大部分分布于极脆弱区的外围地区。此外，经济带中部地区由于人类开发强度较大，在大城市（以

南宁和柳州为主）的周边地区出现了个别由于暴露度和敏感性较高而形成的脆弱斑块。在很脆弱区中，自然诱因为主的区域应以生态建设为主，限制大规模的开发建设，应适度发展生态农业或林业；人为开发建设因素为主的区域在进行开发建设的同时，应加强环境治理和生态建设，以减轻生态脆弱性，避免其向极脆弱区转变。

与很脆弱区相比，脆弱区的分布更为分散，脆弱区面积最大的百色仅占27.98%，最低的贵港为6.67%，其余地市均介于10%～15%。与很脆弱区类似，经济带东部、西部地区脆弱区以自然因素导致的脆弱区为主，复杂的地形条件是主要的诱因。中部地区受到城市建设、工业发展和农业开发的影响，也有一定比例的脆弱区出现。脆弱区具有一定的可占用性，但是人类生产、生活活动对生态空间的占用要避免对重要生态功能区和生态过程的破坏，以避免增强其生态脆弱性。

一般区的空间分布主要集中在中部地区，柳州和南宁分别占一般区总面积的29.05%和22.64%，百色和崇左各占15%左右，其余地市一般区面积较小。一般区主要分布于盆地、河谷或丘陵地区，地形较为平缓，开发强度不高，适合进行一定程度的开发建设，可以大力推动区内中小城市的发展，以适度集聚区域的人口和产业。

不脆弱区高度集中于经济带中部地区，南宁不脆弱区面积占比达到52.03%，柳州、崇左不脆弱区分别占24.32%和15.54%，其余地市不脆弱区比重均在3%以下。与一般区类似，不脆弱区分布于盆地地区，地形条件平缓，水土资源丰富，适宜进行大规模的开发建设，是承接极脆弱区、很脆弱区等地区的人口转移，集聚经济带主要产业的关键区域。但是，鉴于不脆弱区内耕地分布广泛，未来开发建设要尽量避免对优质耕地尤其是基本农田的占用。

四、已有建设用地与生态脆弱性类型区的空间叠置关系

如图4-21（见书后彩图）和表4-11所示，总体上来看，建设用地主要分布在很脆弱区和脆弱区，占建设用地总面积的52.84%，其次是一般区、极脆弱区，不脆弱区内建设用地最少，仅占总面积的9.44%。从建设用地的类型来看，城镇用地主要分布在很脆弱区、极脆弱区和脆弱区，占城镇用地总面积的88.18%，一般区内也有分布，不脆弱区内仅占1.36%。农村居民点总体上分布相对均匀，最多的是脆弱区（约492km^2），最少的是不脆弱区（约209km^2）。其他建设用地（工矿用地）主要分布在脆弱区内，占35%左右，其次是很脆弱区、一般区和不脆弱区，极脆弱区内较少。

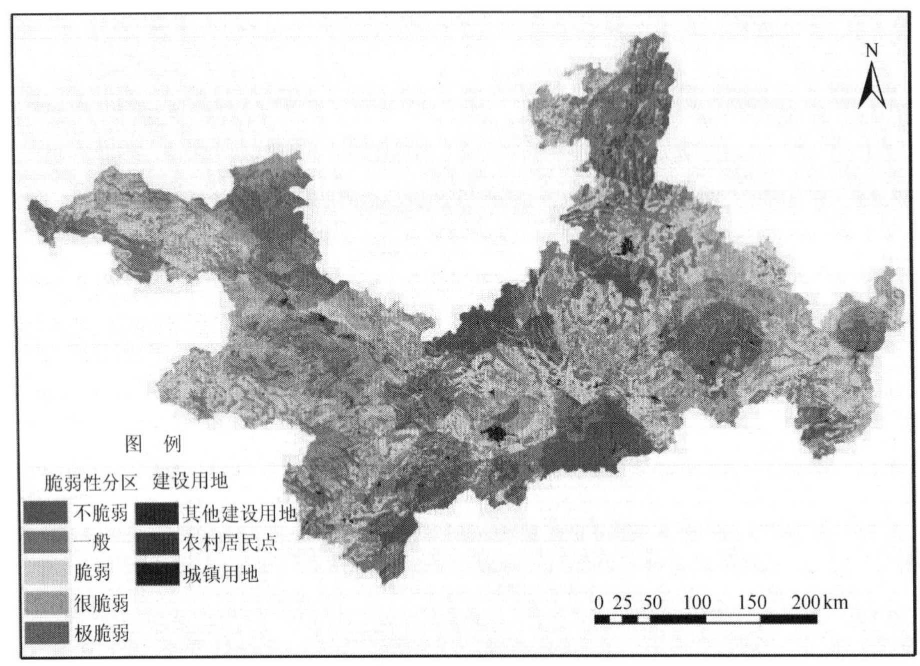

图 4-21　西江经济带脆弱性分区与建设用地空间耦合

表 4-11　西江经济带脆弱性分区与不同类型建设用地空间耦合关系

类型	城镇用地		农村居民点		其他建设用地		合计	
	面积（km^2）	比重（%）	面积（km^2）	比重（%）	面积（km^2）	比重（%）	面积（km^2）	比重（%）
不脆弱	7.06	1.36	208.98	11.56	14.40	12.60	230.44	9.44
一般	54.11	10.46	382.91	21.18	24.18	21.15	461.20	18.90
脆弱	113.35	21.90	491.76	27.20	39.95	34.94	645.06	26.44
很脆弱	189.69	36.65	428.86	23.72	25.57	22.37	644.12	26.40
极脆弱	153.36	29.63	295.63	16.35	10.23	8.95	459.22	18.82
总计	517.57	100.00	1808.14	100.00	114.33	100.00	2440.04	100.00

从各种类型脆弱区内建设用地的总量来看，很脆弱区和脆弱区内建设用地较多，不脆弱区内建设用地最少。从各种类型区内不同类型建设用地占该类建设用地的比重来看，不脆弱区和一般区内农村居民点和其他建设用地比重较高，城镇用地比重较少；脆弱区内各种类型建设用地比重都较高，又以其他建设用地为最高；很脆弱区和极脆弱区内城镇建设用地比重最高，其余也有较高的比重。

总的看来，经济带仍有较大比例的建设用地分布在较为脆弱的区域内，这一方面是由于人类开发强度的增大导致了原有不脆弱区、一般区向生态脆弱区转变，另一方面也说明了仍然有一定数量的建设用地分布在原本脆弱的区域中。其中，前者以城镇用地为主，经济带最大的两个城市——南宁和柳州及其城市建成区及周边相邻地区脆弱性均较高。从自然本底条件看，这些区域地势平坦、水热配置优越，生态敏感性较低。但是，建设空间的扩展侵占了原有的生态空间，干扰强度不断增大，原有生态系统物质和能量流动不断被破坏，使得暴露度不断增大，脆弱性增强（谢花林和李波，2004；陶和平等，2006）。人口规模和经济总量较小的中小城镇，干扰强度尚未超出生态系统本身的适应能力，脆弱性尚未显现；但可预见，随着新一轮大发展机遇所带来的经济建设和空间开发的不断加大，这些区域有成为新的生态脆弱区的可能。在经济带农田集中区，即西部的右江走廊和中部的来宾平原地区，脆弱区和很脆弱区分布也较为广泛，与农业生产对原生生态系统的干扰和破坏、喀斯特地貌的脆弱性有关（谢标和杨永岗，1998）。针对此类区域，需要严格限制人口、产业集聚强度，发展生态环境友好型产业，以避免生态脆弱性的进一步增强。分布于原本脆弱的生态空间的建设用地以工矿用地为主，主要集中在矿产资源较为丰富的百色、崇左等地市，由于该区域生态脆弱性较高，因此在矿产资源开发过程中，要切实做好环评工作，积极开展生态修复，将生态破坏降到最小（周劲松，1997；刘晓琼和刘彦随，2010；李平星等，2011）。

五、生态脆弱性评价主要结论

1）从方法和理论层面，本书利用 VSD 模型进行生态脆弱性评价，有效揭示了自然与人文因素导致的生态脆弱区的存在，并分析了两种类型生态脆弱区间的差异。总体看来，自然因素导致的脆弱性主要分布在地形条件较为恶劣、植被状况较差的地区，其空间分布相对集中，脆弱区的范围、尺度较大；人为因素主导的脆弱性则主要是人类高强度、大范围的生态空间占用引起的，分布相对分散，主要集中在大城市建成区及周边区域，范围相对于自然因素导致的脆弱性要小很多。

2）从实践层面，考虑到广西西江经济带作为珠三角城市群上游水源涵养区的区位特征和协调本地区经济发展、生态保护间关系的客观需求，以生态脆弱性评价和分区为基础，针对脆弱性诱因的差异提出了针对性的治理措施。对自然因素主导的脆弱区，要加大植树造林的进程，实施生态移民和退耕还林（还草），提高其生态保育功能；对山区矿产资源开发，要加强开发前的环评和开发后的生态修复，尽量减轻原生生态系统“破坏”所带来的各种不良生态效应。对人为因素主导的脆弱区，即主要的城市密集区和农业集中区，要设定好城市增长的边界，以绿化隔离带的形式避免城市空间的无限度扩大；积极推动中小城镇发展，疏散中心城市过于集中的人口和产业；在农业集中区内，加快生态农业发展，减少化肥、农药使用量，减轻其对水土资源的破坏。

但是，由于 VSD 模型中并未能清晰的分解哪些指标反映自然因素、哪些指标反映人为因素，因此对于脆弱性的分解也未能清晰地识别出不同因素导致的脆弱性来。同时，由于不同因素导致的脆弱性在有些情况下是重叠或边界不是很清晰，因此也会导致区分不是很明显的情况发生。如何进行指标的分解，以便更有效地揭示不同因素导致的脆弱性，并对其差异进行定量研究，这是今后研究需要解决的问题。

第四节　生态空间可占用性评价结果

基于第二章所构建的生态空间可占用性评价模型，在生态适宜性、生态重要性和生态脆弱性指标评价的基础上，综合分析得到生态空间可占用性，并揭示生态空间可占用性与现状建设用地、保护性用地之间的空间关系。

一、生态空间可占用性综合评价

前面的理论分析揭示了生态空间可占用性定性分析与评价的方法，即

生态空间可占用性=*f*（生态适宜性，生态重要性，生态脆弱性）

根据分项评价结果（图 4-4，图 4-12，图 4-20），可以有多种计算生态空间可占用性的方法

1. 生态空间可占用性=生态适宜性×生态重要性×生态脆弱性

据此评价方法，结果如图 4-22 所示。由于得出的评价最高值为 125，最低值为 1，此外还有很多中间值，因此，利用 ArcGIS→Spatial Analyst→Reclassfy 进行重分类，标准为 Natural breaks，分为 5 类（图 4-23）。根据重分类结果，可占用性高值区占 5.25%，较高值区占 11.97%，中值区占 28.50%，较低值区占 27.09%，低值区占 27.19%。

2. 生态空间可占用性=max（生态适宜性，生态重要性，生态脆弱性）

据此评价方法，结果如图 4-24 所示。根据评价结果，可占用性高值区占 26.53%，

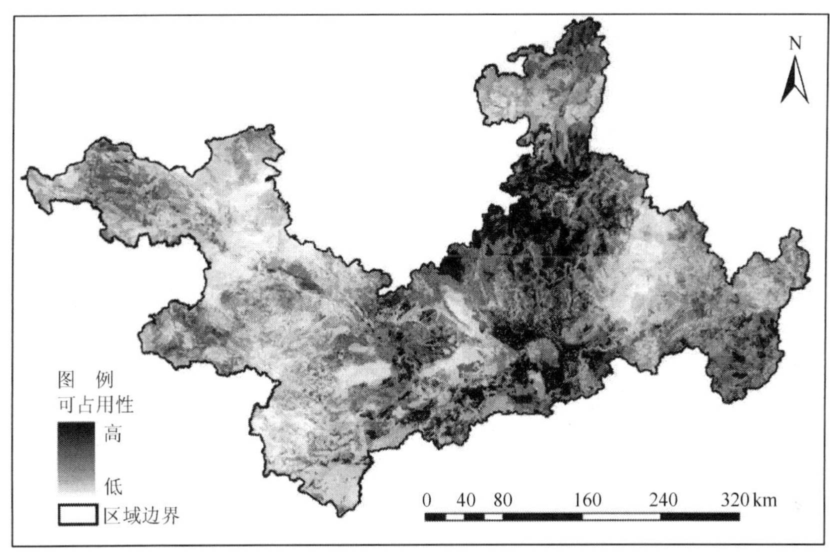

图 4-22　西江经济带生态空间可占用性评价（方案 1）

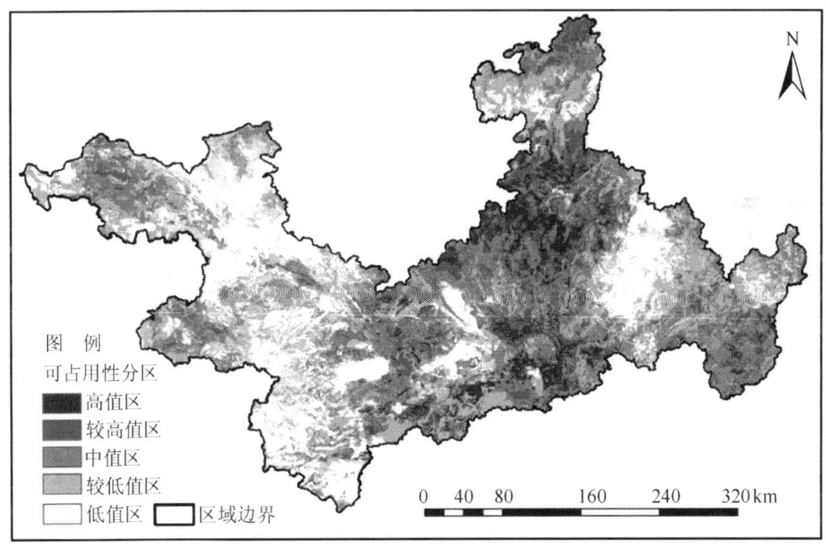

图 4-23　西江经济带生态空间可占用性分区（方案 1）

较高值区占 39.17%，中值区占 25.06%，较低值区占 8.51%，低值区占 0.73%。由于这种方法突出了可占用性高值区域，在 3 种单项评价中，只要有 1 种评价结果确定该景观单元可占用性较高，则最终结果即评价为其可占用性较高，因而最大程度地保障了人类开发建设的用地需求。从结果可以看出，可占用性较高的区域所占比重较大，而较低的区域所占比重较小。

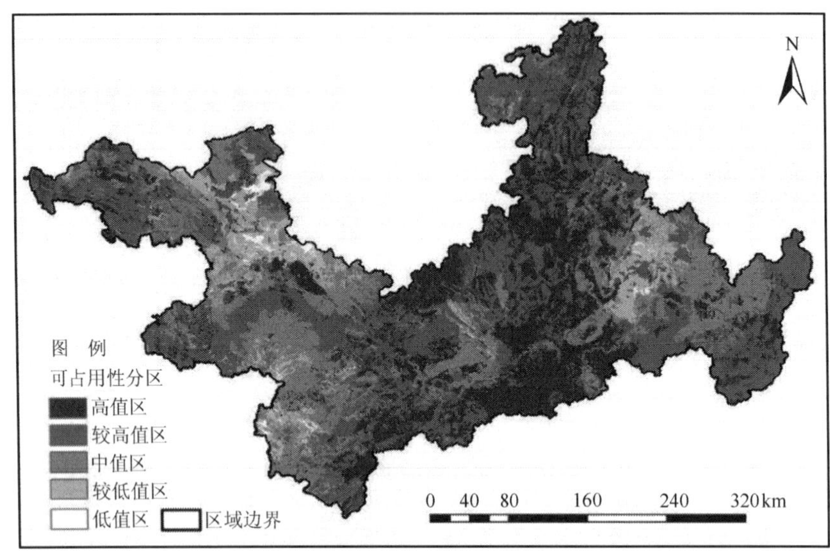

图 4-24　西江经济带生态空间可占用性分区（方案 2）

3. 生态空间可占用性=min（生态适宜性，生态重要性，生态脆弱性）

据此评价方法，结果如图 4-25 所示。根据评价结果，生态空间可占用性高值区占 0.12%，较高值区占 4.63%，中值区占 19.20%，较低值区占 41.02%，低值区占 35.04%。由于这种方法突出了可占用性低值区域，在 3 种单项评价中，只要有 1 种评价结果确定该景观单元可占用性较低，则最终结果即评价为其可占用性较低，因而最大程度的保障了生态保护和建设的用地需求。从结果可以看出，可占用性较低的区域所占比重较大，而较高的区域所占比重极小。

4. 权重加和评价方法

在此种评价方法中，如何确定 3 种单项指标的权重是需要首先解决的问题。一般认为，人类的初始选择具有一定的科学性和合理性，因此，现状的建设用地一般分布在可占用性较低的区域之内。因此，本书研究现有建设用地空间分布与生态适宜性、重要性和脆弱性 3 种评价结果之间的相关性。如果相关性高，则证明该项指标的解释力强，应该占有较高权重；如果相关性低，则证明该项指标的解释力弱，应该占有较低权重。

为此，我们提出了一致性系数的概念，其数学表达式如下：

$$C = \sum_{i=1}^{n} E_i \times p_i \tag{4-2}$$

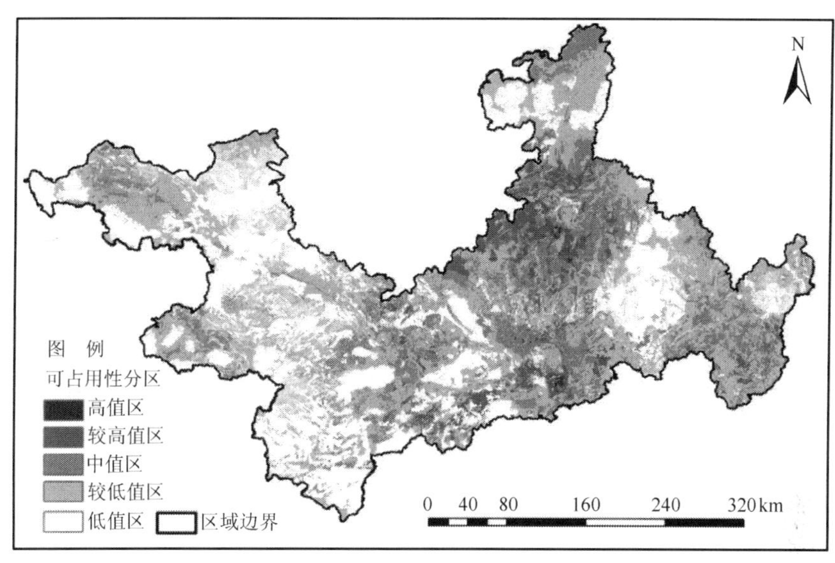

图 4-25　西江经济带生态空间可占用性分区（方案 3）

式中，C 为整个区域的一致性系数；E 为整个区域内生态空间可占用性评价的等级，按照高值区、较高值区、中值区、较低值区和低值区分别取值为 5、4、3、2 和 1；p_i 为 i 级可占用性分区内某种类型用地面积占该区域、该类型用地总面积的比重；i 为生态空间可占用性评价划分的等级数，此处，i=5，表示划分为 5 种可占用性分区类型。

开发性用地的一致性，可以用该区域建设用地与可占用性分区的一致性系数来体现；由于我们期望现状建设用地更多地分布在可占用性高值区，因此，一致性系数越高，表明分区结果越合理；此时，一致性系数最大为 5，表明所有的建设用地都分布在高值区内。保护性用地的一致性，可以用自然保护区等用地与可占用性分区的一致性系数来体现；由于我们期望保护性用地更多地出现在低值区，因此，一致性系数越低，表明分区结果越合理；此时，一致性系数最小为 1，表明所有的保护性用地都分布在低值区内。

前面的分析过程中，我们分别从生态适宜性、生态重要性和生态脆弱性 3 个方面进行了生态空间可占用性单项指标评价，总建设用地在各种类型可占用性分区内的分布见表 4-12。

表 4-12　3 种角度分析结果下西江经济带不同等级可占用性分区内建设用地比重

角度	该可占用性等级内建设用地比重（%）					合计（%）	一致性系数
	高值区 5	较高值区 4	中值区 3	较低值区 2	低值区 1		
生态适宜性	12.91	58.24	25.54	2.09	1.20	100	3.7951
生态重要性	34.74	4.87	21.65	28.80	9.93	100	3.2566
生态脆弱性	9.44	18.90	26.44	26.40	18.82	100	2.7374

利用表 4-12 所示的结果和一致性系数的定义，计算得到从生态适宜性、生态重要性和生态脆弱性 3 个角度出发的一致性系数分别为 3.7951、3.2566 和 2.7374。基于前面的假设，我们认为人类已有的开发利用行为是建立在一定的理性和科学分析基础上的。一致性较高的指标更能体现开发建设的合理性，因此，在生态空间可占用性综合分析过程中，我们采用一致性系数反映指标权重。计算得到，生态适宜性、重要性和脆弱性的权重分别为 0.3877、0.3327 和 0.2796（合计为 1）。这体现了 3 种指标在生态可占用性综合评价中影响力的不同。基于此，生态可占用性分析结果如图 4-26 所示。

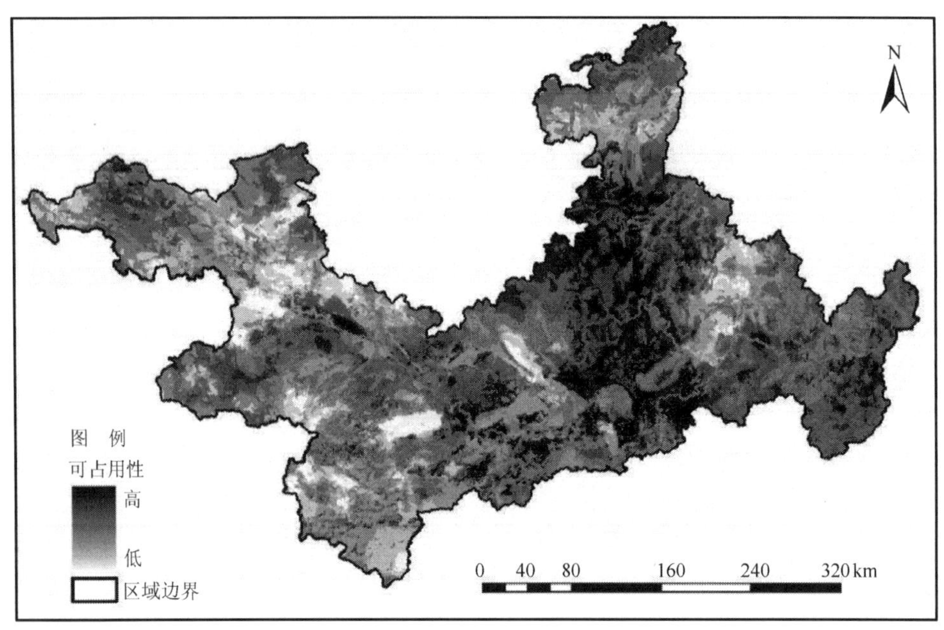

图 4-26　西江经济带生态空间可占用性评价（方案 4）

由于得出的评价等级较多，因此，利用 ArcGIS 进行重分类，标准为 Natural breaks，分为 5 类（图 4-27）。根据分级结果，可占用性能高值区占 10.83%，较高值区占 20.96%，中值区占 20.95%，较低值区占 35.23%，低值区占 12.04%。

二、生态空间可占用性类型区空间分布特征

1. 总体空间分布特征

从前面的分析可以看出，总体上来看，方案 1 没能体现各分项指标在生态可

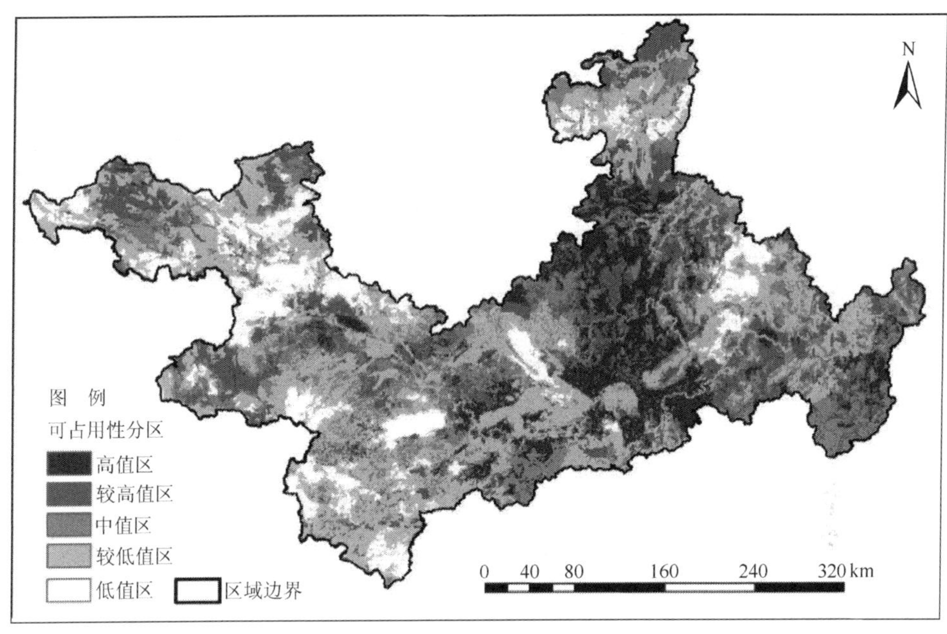

图 4-27　西江经济带生态空间可占用性分区（方案 4）

占用性评价中差异化、不均等的作用；方案 2 过度地强调了人类的生产、生活空间需求；方案 3 过度地强调了生态空间需求；只有方案 4 的结果既体现了生态适宜性、重要性和脆弱性 3 个分项指标在可占用性分析中的不同作用，同时又保障了人类发展和生态保护两方面的空间需求。因此，本书采用方案 4 作为最终的评价结果。

从方案 4 的评价结果来看，可占用性低值区占区域总面积的 12.04%，主要分布在百色、崇左的山区，此外，在经济带中部的大明山、东部的大瑶山和柳州北部也有较多分布。整体上来看，低值区虽然部分以较大斑块的形式存在，但是其破碎化程度较高，很多以小斑块的形式散布在其他可占用性分区中，以及低值区大斑块的周围。可占用低值区是区域内生态环境质量最高、最适宜于进行生态建设的区域，承担着水源涵养、生物多样性保护、水土保持等重要的生态功能，此外，由于这些区域的生态脆弱性也较高，因此，从生态学的角度来讲，低值区可占用性最低，完全不能被开发利用。低值区应该以生态保护为主，同时对于已经受到破坏的区域进行积极的生态修复，力求恢复原始植被类型。对于大型的斑块，生态建设的需求相对较低；对于散布的斑块，由于有一些处于已开发建设用地的周围，因此，要防止今后建设用地扩展过程中对这些斑块的占用，同时积极构建生态廊道，提升小斑块之间、小斑块与大斑块之间的连接度，优化景观结构。保护的同时，加以建设，杜绝占用，是低值区的主要发展方向。

可占用性较低值区占区域总面积的35.23%，是比例最高的分区类型。从空间分布上来讲，较低值区分布最为广泛，尤其是百色、崇左两市，大部分区域为较低值区，南宁、梧州较低值区也较多，而柳州—来宾—贵港一线分布较少。可占用性较低值区大都分布在低值区的外围，是低值区重要的缓冲区域，对于核心区起到重要的保护作用。较低值区生态环境质量相对较好，由于其分布的广泛性，同时占据着主要河流及其支流的水源地位置，区域植被类型以林地为主，因此，其生态功能不可忽视。从可占用性的角度来讲，较低值区已经具有一定的可占用性，可以适量的进行开发利用，但是从开发利用的类型上来讲，大规模的城镇建设和工业开发显然不是适当的利用方式，而生态友好型产业（林果业、经济林产业、特色农业、旅游业等）则可以实现较低值区在开发和保护方面的协调，一方面能发挥其经济、社会效益，另一方面生态价值也不被破坏；从开发利用的强度来讲，大规模的、大尺度的占用也可能导致较为严重的生态破坏；从开发利用的空间来讲，靠近低值区的区域注重于保护，而外围的区域可以适度开发。保护的同时，适度、适量、分区开发，保证整体生态环境质量的改善，是较低值区主要的发展方向。

可占用性中值区占区域总面积的20.95%。除崇左分布较少外，中值区在经济带的各个地市都有分布。中值区的生态质量已经明显下降，生态功能较低。因此，从生态学的角度来讲，适宜于进行开发利用。但是，由于部分中值区处于地形条件较为复杂的山地地区，这种复杂的地貌在一定程度上限制了人类的开发利用活动，因此，在这样的中值区，仍然应该是以生态建设为主，积极开展生态建设，优化整体生态功能。此外，在地形条件较好的中值区，可以适当规模的集聚产业、人口，培育中小规模的城镇和特色产业集聚区。因地制宜，选择性的开展生态建设和开发利用，是中值区的主要发展方向。

可占用较高值区占区域总面积的20.96%。除崇左分布较少外，在其余地市都有分布。较高值区的可占用性已经明显增强，可以进行较大规模的开发利用，集聚人口和产业。但是，同中值区类似，对于由于地形条件的复杂而出现的较高值区，虽然从生态学的角度出发，开发利用不会破坏其生态功能，但是一方面由于远离已有的城镇和农村居民点，另一方面由于地形条件复杂，开发建设成本高，且同样不适宜于人类居住，因此，不适合进行大规模的产业集聚。在这些较高值区内，矿产资源的开发利用等类似的活动是可以进行的，但是要对开发利用的土地积极进行生态修复。位于经济带中部地区的较高值区，开发利用的条件较好，适合于大规模的集聚产业和人口，是未来经济带新兴的人口、产业集聚区。根据开发建设适宜性进行积极的矿产资源开发或城镇、工业园区建设，推进城镇化和工业化，是较高值区的主要发展方向。

可占用性高值区占区域总面积的10.83%。可占用性高值区主要分布在经济带中部的柳州—来宾—崇左一线，此外，南宁、梧州东部地区也有较多的分布，百色主要分布在右江走廊，崇左分布较少。从生态学的角度来讲，高值区是适宜占用的区域，占用对区域生态健康和生态安全的影响较小，非常适合进行大规模的开发利用，发展成为区域人口、产业的主要集聚区。从现状来看，经济带主要的建设用地均分布在此区域之内，这也为下一步依托区域优势，进行开发建设奠定了基础。但是，由于一些城市建成区现在的开发建设强度较高（如南宁、柳州等），达到或超出了区域资源环境承载能力的上限，因此，一方面要积极向外围扩展产业，寻找新的增长点；另一方面，要推进产业结构的优化升级，大力发展现代服务业等第三产业。重点开发，格局优化，产业升级，是高值区的主要发展方向。

2. 分县市区空间分布特征

从分地市5种类型可占用性分区的分布来看（表4-13），低值区所占比重最高的是百色和崇左，表明两市不可占用的生态空间最大；其次是来宾、柳州、南宁和贵港，都有一定数量的低值区存在；梧州低值区最少，仅占市域总面积的0.08%。较低值区除来宾比重较小外，其余都有相当数量的较低值区存在，其中又以崇左最高，超过了52%，其次是百色和南宁较高，都接近40%，其余3市（贵港、柳州、梧州）也有较高比重的较低值区。中值区比重最高的是梧州，约为36%，其余6个地市比重较为接近，在17%～24%。较高值区中，除崇左、南宁所占比重较低外，其余6个地市都超过20%，但是低于30%。高值区在各个地市的比重差异较大，最低的是崇左，比重不到1%，其次是百色，比重不到2%；最高的是来宾，比重接近28%，其次是贵港，约20%；柳州、南宁两地的比重接近，都在16%左右；梧州比重约7%。

表4-13　五种类型区在西江经济带7个地市的分布

<table>
<tr><th>地市名</th><th>项目</th><th>低值区</th><th>较低值区</th><th>中值区</th><th>较高值区</th><th>高值区</th></tr>
<tr><td rowspan="2">百色</td><td>面积（10^4km^2）</td><td>0.7466</td><td>1.4143</td><td>0.6037</td><td>0.7202</td><td>0.0598</td></tr>
<tr><td>比重（%）</td><td>21.06</td><td>39.90</td><td>17.03</td><td>20.32</td><td>1.69</td></tr>
<tr><td rowspan="2">崇左</td><td>面积（10^4km^2）</td><td>0.3672</td><td>0.8882</td><td>0.2907</td><td>0.1442</td><td>0.0160</td></tr>
<tr><td>比重（%）</td><td>21.52</td><td>52.05</td><td>17.04</td><td>8.45</td><td>0.94</td></tr>
<tr><td rowspan="2">贵港</td><td>面积（10^4km^2）</td><td>0.0493</td><td>0.2767</td><td>0.2372</td><td>0.2787</td><td>0.2108</td></tr>
<tr><td>比重（%）</td><td>4.68</td><td>26.28</td><td>22.53</td><td>26.47</td><td>20.02</td></tr>
</table>

续表

地市名	项目	低值区	较低值区	中值区	较高值区	高值区
来宾	面积（10^4km^2）	0.1319	0.1994	0.2605	0.3696	0.3709
	比重（%）	9.90	14.97	19.55	27.74	27.84
柳州	面积（10^4km^2）	0.1287	0.5410	0.3471	0.5032	0.2926
	比重（%）	7.10	29.85	19.15	27.76	16.14
南宁	面积（10^4km^2）	0.1246	0.8583	0.5168	0.3378	0.3552
	比重（%）	5.68	39.14	23.57	15.41	16.20
梧州	面积（10^4km^2）	0.0010	0.3599	0.4401	0.3401	0.0888
	比重（%）	0.08	29.26	35.78	27.65	7.22
经济带	面积（10^4km^2）	1.5493	4.5378	2.6961	2.6938	1.3941
	比重（%）	12.04	35.26	20.95	20.93	10.83

3. 各行政单元生态空间可占用性等级评价

为了提升生态空间可占用性分析在区域开发建设过程中的宏观指导意义，我们根据生态空间可占用性分析结果和各种类型分区在经济带各县市区中的分布，对经济带 59 个县市区按照适宜开发建设的类型和强度进行了评价。分县评价的依据见式（4-3），评价结果将所有的县市区划分为 5 种类型：禁止开发型、限制开发型、一般开发型、积极开发型、优先开发型。

$$D=\sum_{i=1}^{n}L_i \times p_i \tag{4-3}$$

式中，D 为该县市区的得分；L 为该等级的分数（其中，低值区为 1，较低值区为 2，中值区为 3，较高值区为 4，高值区为 5）；p_i 为某县市区中该等级分区的面积比重；i 为分区类型（此处，共有 5 种类型分区，n=5）。

根据分县市区的评价结果，我们将所有的县市区划分为上面所述的 5 种类型（图 4-28）。优先开发型共有 6 个县市区，集中分布在柳州—来宾—贵港一线；积极开发型共有 8 个县市区，除梧州万秀区外，均分布在经济带的中部，优先开发型县市区的周围。这两种类型的县市区构成了经济带未来开发建设的主要区域，所包含的县市区是未来主要的人口、产业集聚区。一般开发型共 13 个县市区，除隆林县外，主要分布在经济带的中部和东部地区。限制开发型、禁止开发型分别各有 16 个县市区，百色和崇左两市是主要的分布区，此外散布在柳州北部和贵港、梧州的山区。后两类区域应该是以生态保护和建设为主。

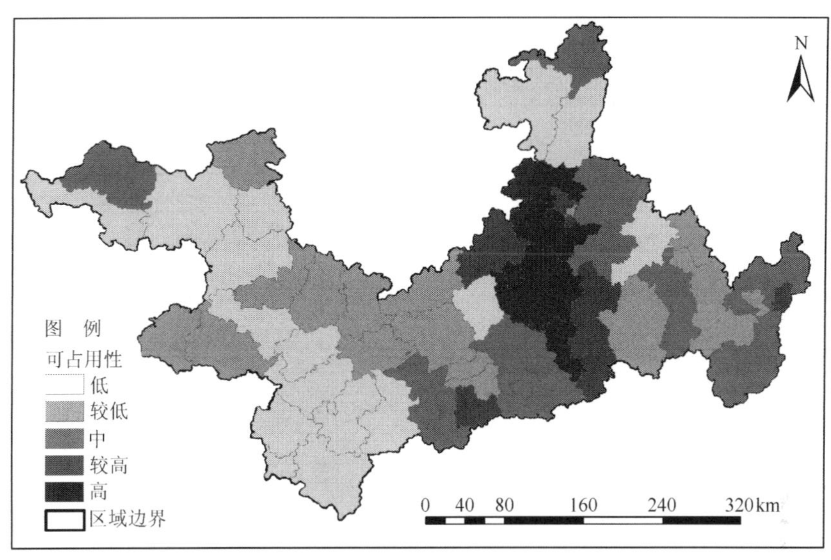

图 4-28　西江经济带分县可占用性评价

三、生态空间可占用性类型区与现有土地利用格局的空间叠置关系

1. 与现状建设用地的空间叠置关系

已有建设用地空间分布与生态空间可占用性分区之间的空间耦合关系体现了评价的准确性和科学性。分析结果表明，两者存在较好的空间耦合关系，即大部分的建设用地分布在高值区和较高值区内（图 4-29 见书后彩图）。从现状建设用地的空间分布来看，建设用地数量和比重随着可占用性的下降而降低，接近 1/3 的建设用地分布在高值区内，低值区内建设用地数量所占比重不到 2%（表 4-14）。如果采用前面的一致性系数来比较，该系数达到了 3.67，高于生态重要性和脆弱性单项评价的一致性系数，而略低于生态适宜性评价的一致性系数。从建设用地的类型来看，城镇用地、农村居民点和其他建设用地的一致性系数分别为 3.95、3.60 和 3.40，可见城镇用地与可占用性分区体现了最高的一致性。由于城镇用地较严重的生态环境效应，这种高的一致性对于降低人类开发建设行为的生态破坏具有积极的意义。

表 4-14　不同类型建设用地在西江经济带生态空间可占用性分区中的分布

类型	城镇用地		农村居民点		其他建设用地		合计	
	面积（km^2）	比重（%）	面积（km^2）	比重（%）	面积（km^2）	比重（%）	面积（km^2）	比重（%）
低值区	1.90	0.32	42.02	2.05	2.80	2.16	46.72	1.69
较低值区	71.05	12.13	421.01	20.55	33.83	26.11	525.89	19.03

续表

类型	城镇用地		农村居民点		其他建设用地		合计	
	面积（km^2）	比重（%）	面积（km^2）	比重（%）	面积（km^2）	比重（%）	面积（km^2）	比重（%）
中值区	128.12	21.87	454.65	22.20	35.12	27.11	617.89	22.36
较高值区	136.56	23.31	521.68	25.47	23.92	18.47	682.16	24.68
高值区	248.23	42.37	608.93	29.73	33.89	26.16	891.05	32.24
共计	585.86	100.00	2048.29	100.00	129.56	100.00	2763.71	100.00

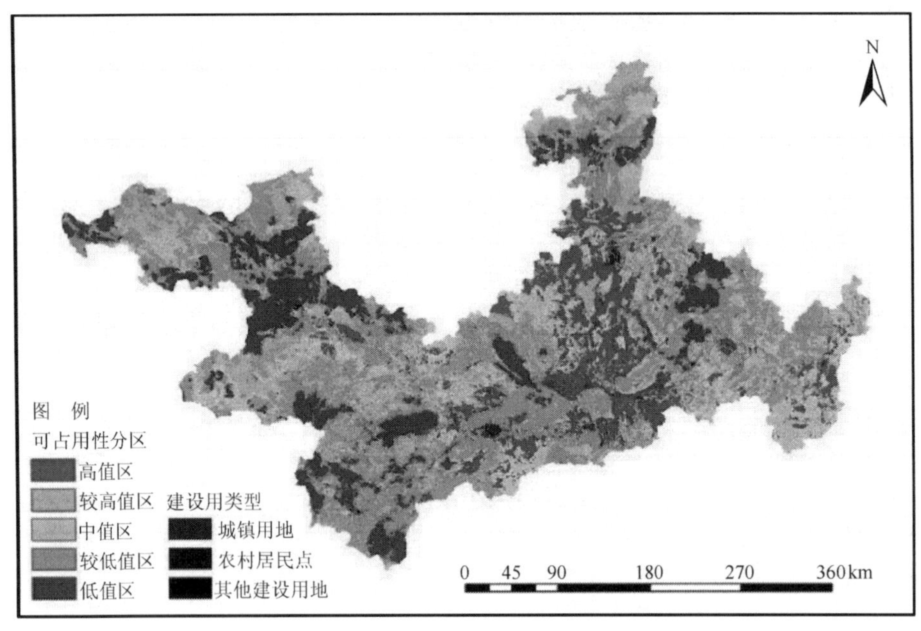

图 4-29　西江经济带生态空间可占用性分区与建设用地的空间叠置关系

2. 与现状保护性用地的空间叠置关系

保护性用地与生态空间可占用性分区的一致性体现了分区结果是否识别了区域内重要的生态保护性用地。由于数据的限制，本书中的保护性用地以自然保护区面状数据代替。从表4-15和图4-30（见书后彩图）中可以看出，分区结果同自然保护区的空间分布体现了较好的一致性，接近73%的自然保护区分布在低值区内，其余部分接近27%分布在较低值区内，中值区内的自然保护区占总量的0.3%，较高值区内几乎没有保护区分布，而高值区内没有保护区分布。生态空间可占用性分区与自然保护区的一致性系数达到了1.28，表明两者呈现出极好的相关性和一致性。

表 4-15　自然保护区在西江经济带不同分区内的空间分布

分区	面积（km^2）	比重（%）
低值区	4766.5200	72.7692
较低值区	1763.7626	26.9269
中值区	19.8940	0.3037
较高值区	0.0095	0.0001
高值区	0.0000	0.0000
共计	6550.1861	100.0000

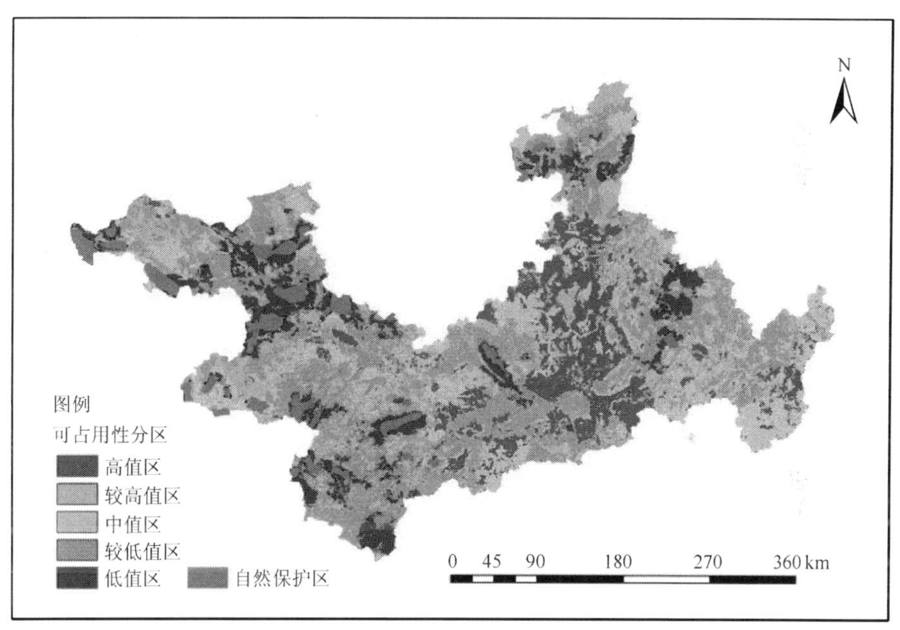

图 4-30　西江经济带生态空间可占用性分区与自然保护区的空间叠置关系

第五节　本章小结

本章基于前面所构建的生态适宜性-生态重要性-生态脆弱性的生态空间可占用性评价模型，采用多种方法进行生态空间可占用性的综合评价，最终确定以权重方法得到生态空间可占用性，以一致性系数作为权重设计依据的思路，得到生态空间可占用性评价及分区结果。研究认为，经济带生态空间可占用性存在较大的空间差异。从自然分布状况看，可占用性低值区主要分布于山区，未来以生态保护为主要导向；较低值区分布分散，主要位于低值区外围，可以适当发展生态友好型产业；中值区生态质量和地形条件较差，仍以生态建设为主，可选择开发建设适宜性较高的区域培育中小城镇和特色产业区；较高值区和高值区的生态服务功能不高，可以进行大规模的城镇化和工业化。从行政单元看，依据 5 种类型区在各县市区的比重将所有县市区划分为禁止开发型、限制开发型、一般开发型、积极开发型、优先开发型 5 种类型，中部县市区适合开发建设，以优先开发区和积极开发区为主，西部县市区大部分以禁止和限制开发为主，而东部县市区居中，以积极开发区和一般开发区为主。从生态空间可占用性分区与现状建设用地、保护性用地的空间叠置关系看，大部分的建设用地分布在高值区和较高值区内，几乎所有的保护性用地都分布在低值区和较低值区，已有的开发建设和重要生态功能区保护基本上反映了生态空间可占用性对其的约束。对于部分分区结果与现状开发、保护状况不匹配的空间区域，需要进行功能优化，适当调整现状利用方式。

第五章　基于情景模拟的生态空间可占用性效应研究

生态空间可占用性分析提出了从生态学的角度出发，人类应该如何对一个区域进行开发利用的建议和指导。现实情况下，已存在的人类活动空间，如城镇、农村居民点、工矿等，在一定程度上成为人类进一步发展、进一步开拓生产和生活空间的重要依托。比较少出现的情况是，人类在完全自然的生态系统中，重新选择适宜生存和发展的空间，去建造一个新的城镇或是农村居民点，尤其是城镇。当然，在矿产资源开发利用的过程中，由于受到矿产资源空间分布的制约，可能在完全自然的生态系统、完全没有人类活动的地方建设开采场。因此，如何体现生态空间可占用性对于人类开发建设活动的影响，其途径一方面是分析现有的建设用地的空间分布是否符合了生态空间可占用性分析的结果，这方面的工作在前面的分析过程中已经体现，笔者运用定性研究和定量分析（一致性系数等）两种方式分析了现状建设用地与生态空间可占用性分析的空间耦合关系；另一方面，是体现在未来建设用地扩展的过程中，生态空间可占用性分析如何更好地指导人类在开发建设时对空间的选择，避免使得这种选择破坏到重要的生态系统，而导致区域生态系统服务功能的大幅度下降，或者是如何使得空间格局得到优化，使最终的空间格局符合或者尽可能靠近景观生态学中所认为的最优化的空间格局，即“集中与分散相结合”的格局。后者对于处于高速发展阶段、人类活动变化强度空前高涨的区域的作用十分明显。高速的工业化和城镇化不可避免地将现有城镇周边的生态空间置于被占用的境地之下，这种占用发生的强度、频率空前的高。

广西西江经济带处于高速发展期。因此，分析生态空间可占用性如何引导西江经济带建设用地尤其是城镇用地的空间过程，可以体现生态空间可占用性分析的莅临和应用价值。在本章中，我们在基于生态空间可占用性分析结果模拟城镇用地空间扩展过程的同时，采用了对比研究和分析的方法，基于人类开发建设的适宜性模拟了城镇用地的空间扩展过程，并将两种过程进行了比较，以期分析生态空间可占用性分析结果对于生态空间扩展的引导和制约作用。

第一节　基于生态空间可占用性的建设用地扩展格局

研究方法参考生态适宜性评价所采用的最小累积阻力法。在本扩展过程的分析中，我们采用建设用地中的城镇用地为源。相比农村居民点和工矿用地等建设用地，城镇用地是未来发展过程中空间行为最明显、最有规律的建设用地类型。

阻力表面根据生态空间可占用性分析结果确定。其原则是：生态空间可占用性越高，城镇用地的扩展阻力越大；生态空间可占用性越低，城镇用地的扩展阻力越小。具体设计标准见表 5-1，空间分布如图 5-1 所示。

表 5-1　基于生态空间可占用性的城镇用地扩展阻力设计标准

生态空间可占用性		阻力值
类型	等级	
低	1	9
较低	2	7
中	3	5
较高	4	3
高	5	1

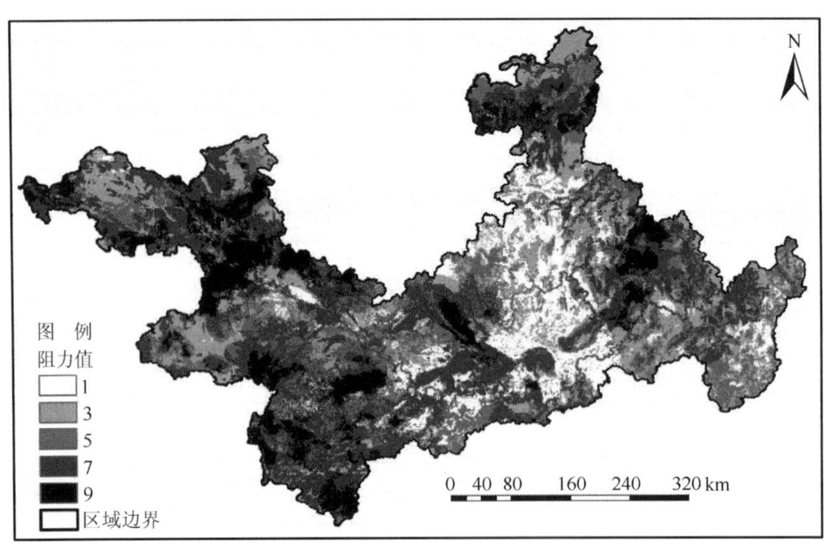

图 5-1　西江经济带阻力表面空间分布图（以生态空间可占用性为依据）

从图 5-1 中可以看出，低阻力区主要分布在中部柳州—来宾—贵港一线，南宁、梧州、百色等城镇用地的周围也有一定分布；高阻力区一般分布在东部和西部山区，中部地区有少量斑块存在。

在此基础上，最小累积阻力分析结果如图 5-2 所示。柳州、来宾、贵港、南宁等城市周围分布着大量的低阻力区，而西部城市或者中小城镇周围低阻力区分布相对较少。按照分析结果，在未来城镇建设用地的扩展过程中，所占用的首先是累积阻力最小的空间，随着城镇用地的进一步扩展，累积阻力较高的空间才有可能被占用。

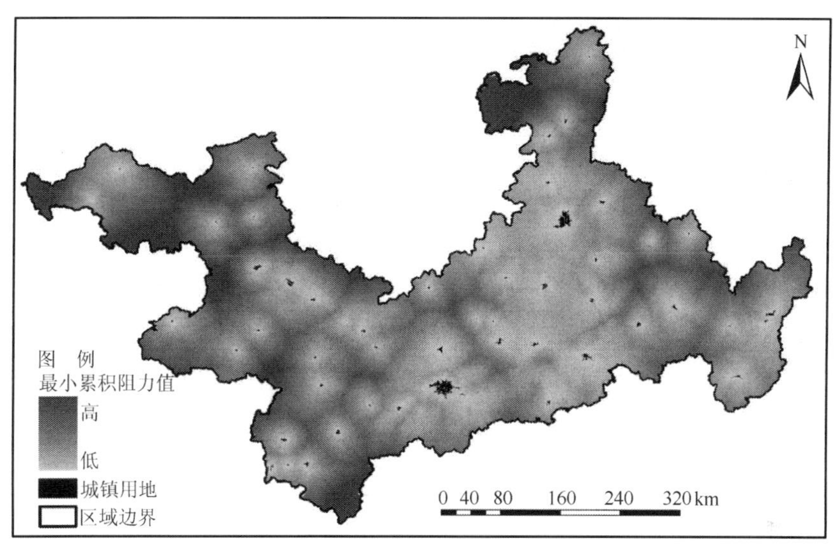

图 5-2　基于生态空间可占用性的西江经济带城镇扩展最小累积阻力值空间分布图

第二节　基于土地开发建设适宜性的建设用地空间扩展格局

生态空间可占用性分析是从生态系统对于空间的需求而产生的对人类开发建设活动的限制出发进行的分析，体现的是生态系统对于空间开发行为的限制性和约束性。而人类的开发建设活动，尤其是早期的开发建设行为，在一些情况下并非首先考虑这种来自生态的约束和限制，而是从自身角度出发，分析哪些空间最适宜于人类活动的开展。从科学决策的过程来讲，这个依据就是土地开发建设适宜性。诸多学者对土地开发建设适宜性进行了分析，以确定哪些土地适宜作为建设用地或其他某种用途的用地（明庆忠，1995；申金山等，1999；唐先明和周万村，2001；赵涛等，2004；孙伟等，2007；黄大全等，2008；陈雯等，2006，2007，2009）。

一、土地开发建设适宜性评价

土地开发建设适宜性评价所采用的方法和技术路线基本相同，即选择指标→单指标评价→指标权重分析→确定适宜性。但是，不同研究所选用的指标存在一定差异。陈雯等（2006）选择人均 GDP、建设用地非农产出率、固定资产投资回报率、交通通达性等对经济重要性进行分析；陈雯等（2009）从生态约束和开发引导两个方面出发，分析了影响制造业区位布局的因素，其中开发引导要素包括交通导向、集聚导向、资源导向和预期导向等方面的指标；陈诚等（2009）主要选择经济规模和综合交通可达性两项指标进行发展潜力评价；刘孝富等（2010）认为城镇用地适宜性受到地形地貌、景观类型、水文地质、生态价值、生态敏感性、生态功能等方面因素的影响；王介勇等（2007）选择距旅游和自然保护区的距离、坡度、高程、交通便捷程度和土地利用类型等因子进行工业用地适宜性评价；陈燕飞等（2006）选择河流、湖泊水库、土地利用、坡度、断层、地貌、工程地质和保护区等方面的因子进行土地建设适宜性评价；等等。

由于我们在基于生态空间可占用性评价的城镇用地扩展过程分析中，主要是从生态约束的角度出发，而开发建设适宜性主要是从人的需求出发，而不分析生态的约束，以确定某地块是否适宜生态建设。综合前人的研究成果，我们选取了6个具体的指标，即高程、坡度、交通优势度、公里格网GDP、公里格网人口和取水便利性。

1. 单指标评价

在单指标评价的过程中，我们对评价结果进行了标准化处理，即所有指标分为9级进行评价，级别越高，表示越有利于开发建设；级别越低，越不适宜于开发建设。

（1）高程

西江经济带地形高程的分级标准按海拔小于100m；100～200m；200～400m；400～800m和大于800m划分为5个级别，分别赋值为1、3、5、7、9。评价结果如图5-3所示。

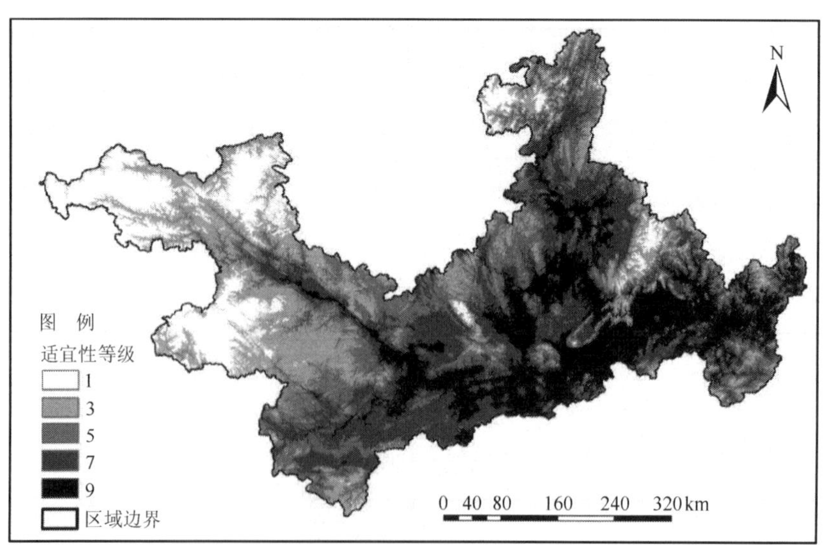

图5-3　西江经济带高程适宜性评价

（2）坡度

西江经济带地形坡度的分级标准按小于 3°；3°～8°；8°～15°；15°～25°和大于 25°划分为 5 个级别，分别赋值 1、3、5、7、9。评价结果如图 5-4 所示。

图 5-4　西江经济带坡度适宜性评价

（3）交通优势度

采用的是《西江经济带〈广西段〉可持续发展研究：功能、过程与格局》中对综合交通优势度的评价方法。交通优势度是评价区域交通设施优劣和通达性能，表征区域对外联系功能和对内辐射带动功能的集成性指标，具体可通过公路网密度、干线影响度和区位优势度以及以上指标的综合集成指标来反映。公路网密度是指公路的运营长度与所在区域土地面积的比值。干线影响度指重要交通设施对区域通达性的影响水平，以区域是否拥有交通干线或距离交通干线的远近进行刻画。重要交通设施包括干线铁路、国省道公路、重要港口、干线机场等，其影响度越高，交通条件越优越，对区域发展的支撑和保障能力越强，对外联系潜力越大。区位优势度指某地区与全国或区域关键节点的位置关系及联系的便捷程度，以物理距离和时间距离等指标进行刻画。该指标反映了各区域接受关键节点的辐射机会与发展潜力的相对程度，具体测算可采用最短路径、最短时间等模型分析。根据交通优势度和各指标的概念界定，交通优势度集成性指标在技术实施层面上具体包括的指标项见表 5-2。

表 5-2　交通优势度评价指标

类型	一级指标	二级指标
公路网密度	绝对公路网密度	国道公路
		省道公路
		县道公路
干线影响度	铁路技术等级	复线铁路
		单线铁路
	公路技术等级指标	高速公路
		国道公路
		省道公路
	港口技术等级指标	主枢纽港
		一般港口
	机场技术等级指标	干线机场
		一般机场
区位优势度	评价指标	与中心城市、枢纽港的通达性

采用表 5-2 所述的指标体系，评价交通优势度，划分为 9 级，等级得分越高，交通通达性越好，对开发建设越有利。评价结果如图 5-5 所示。可见，经济带交通通达性区域差异明显，南宁—柳州—贵港围合的三角区域交通优势比较明显，区域中心城市和枢纽港口的交通优势度突出，沿主要通道地区的交通优势度比较明显。

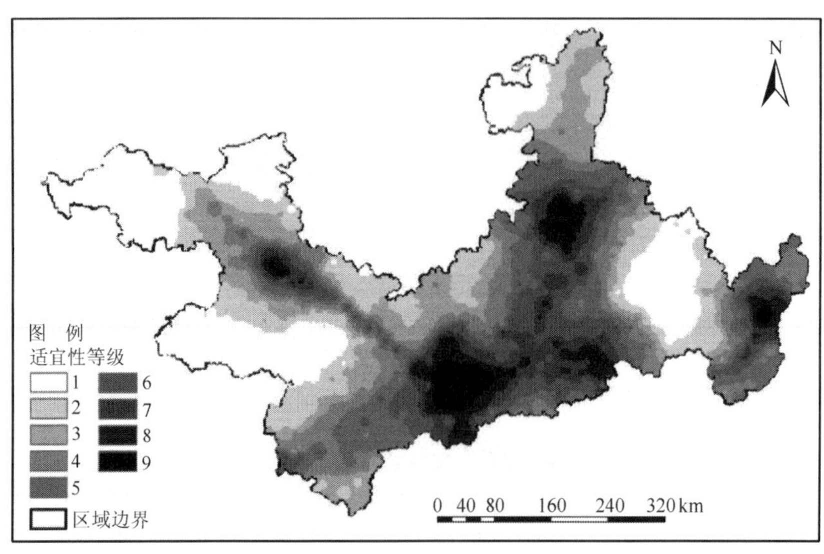

图 5-5　西江经济带交通优势度等级评价

（4）公里格网 GDP

数据参考《西江经济带〈广西段〉可持续发展研究：功能、过程与格局》（单位：元）。按照小于 200；200～500；500～1000；1000～2000；2000～5000；5000～10 000；10 000～50 000；50 000～100 000；大于 100 000 分为 9 个等级。公里格网 GDP 值越高，表示区域开发建设条件越成熟，越适宜于开发建设。评价结果如图 5-6 所示。

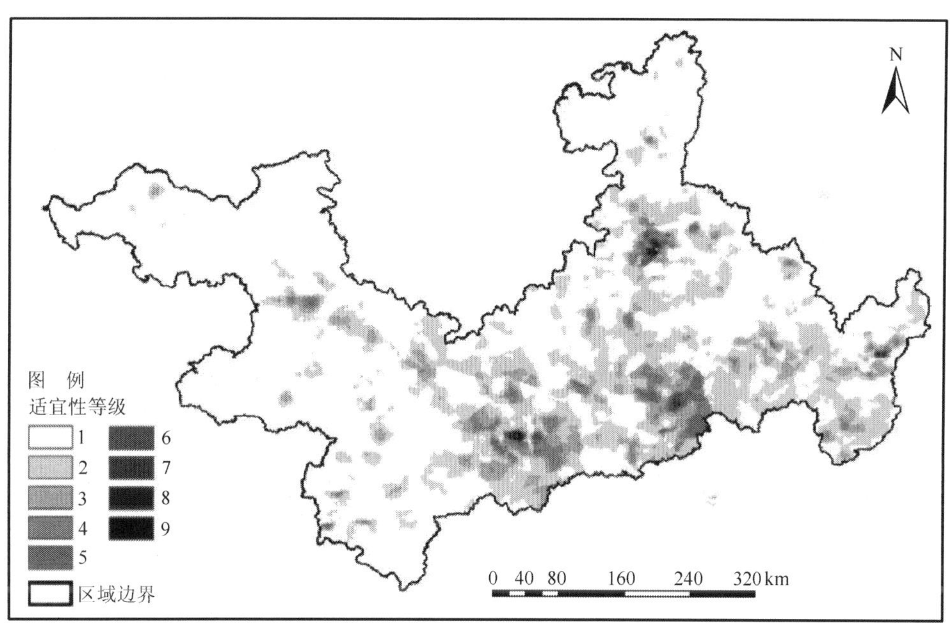

图 5-6　西江经济带公里格网 GDP 等级评价

（5）公里格网人口

数据参考《西江经济带〈广西段〉可持续发展研究：功能、过程与格局》（单位：人）。按照小于 100；100～200；200～500；500～1000；1000～2000；2000～5000；5000～10 000；10 000～50 000；大于 50 000 分为 9 个等级。公里格网人口数量越高，表示区域开发建设条件越成熟，越适宜于开发建设。评价结果如图 5-7 所示。

（6）取水便利性

水作为人类生存发展不可或缺的因素，取水便利性对于人类生存和发展空间的选择具有重要的影响。西江经济带河网密集，降水丰富，但是仍然存在空间上的差异。按照距离主要水源（河流、湖泊、水库）的空间距离的远近，进行等级划分，等级越高，距离水源越近，越适宜于开发建设（图 5-8）。

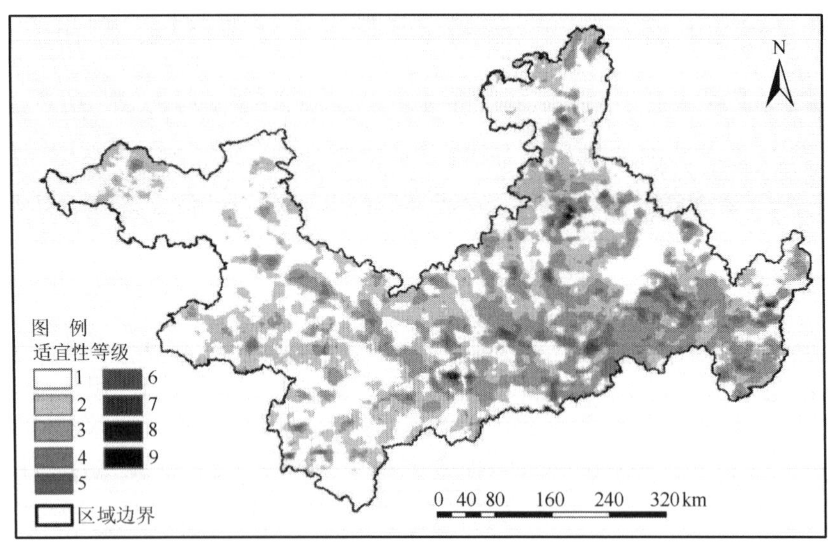

图 5-7　西江经济带公里格网人口等级评价

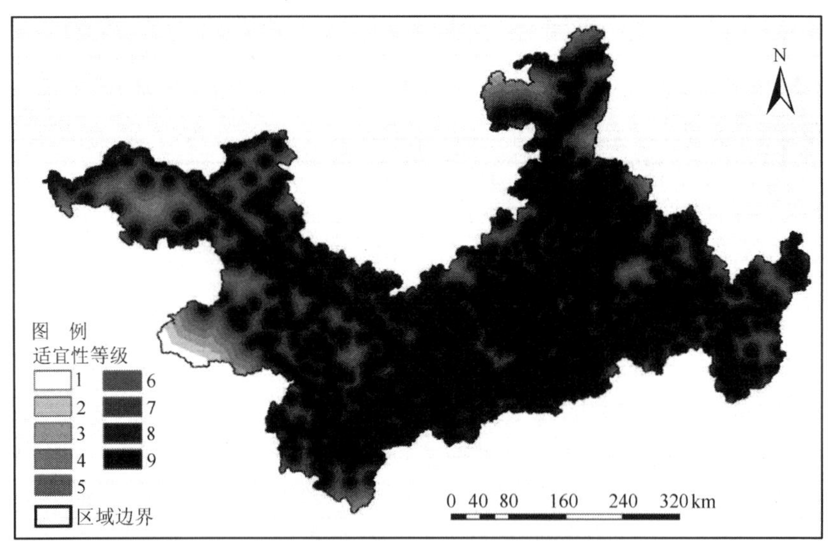

图 5-8　西江经济带取水便利性评价

2. 土地开发建设适宜性综合评价

根据上述单指标评价结果，按照高程（0.20）、坡度（0.20）、交通优势度（0.20）、公里格网 GDP（0.15）、公里格网人口（0.15）和取水便利性（0.10）的权重进行评价，得到图 5-9。

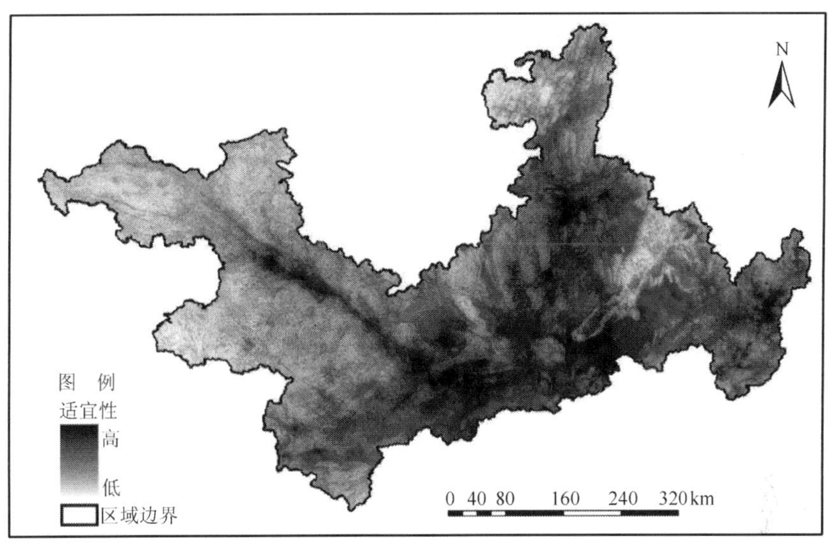

图 5-9　西江经济带土地开发建设适宜性评价

从图 5-9 中可以看出，经济带中部地区开发建设适宜性较高，尤其是南宁、柳州和贵港市区的周围地区，开发建设适宜性最高；此外，梧州市区周边和右江走廊也有较高的开发建设适宜性。

按照开发建设适宜性进行等级评价，采用 ArcGIS→Spatial Analyst→Reclassfy，按照 Natural breaks 划分为 9 级。适宜性评价结果越高，表示越适宜于开发建设活动，城镇用地扩展的阻力最小。由此得到如图 5-10 所示的阻力表面。

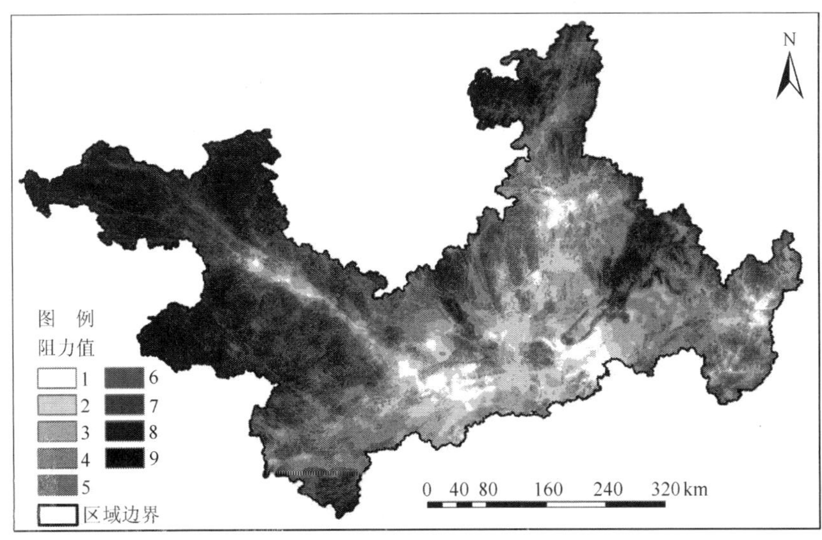

图 5-10　西江经济带城镇用地扩展阻力表面空间分布图（以土地开发建设适宜性为依据）

二、城镇建设用地空间扩展格局

以城镇用地为源，通过土地开发建设适宜性设计阻力表面（图5-10），采用ArcGIS中的费用距离分析，得到基于土地开发建设适宜性的城镇用地扩展最小累积阻力值（图5-11）。

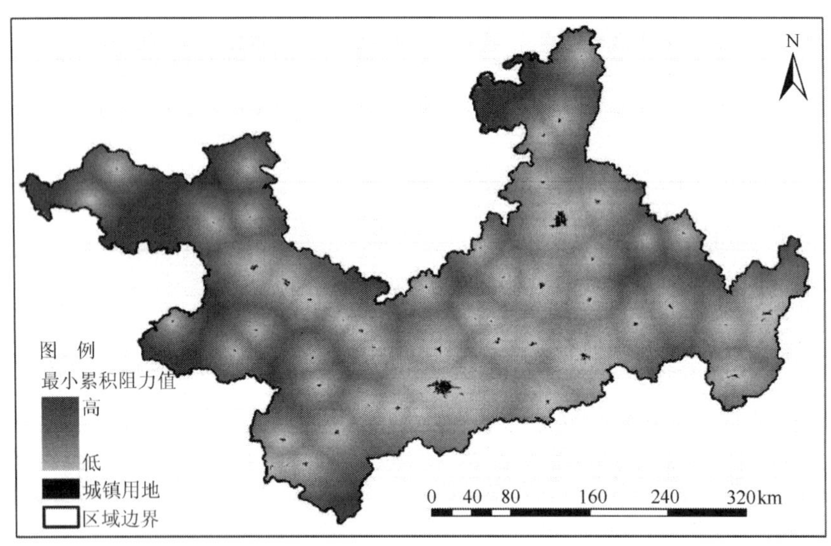

图 5-11 基于土地开发建设适宜性的西江经济带城镇用地扩展最小累积阻力值空间分布图

第三节 两种扩展方式的效应差异分析

一、城镇用地空间扩展特征

前面分析了基于生态空间可占用性和开发建设适宜性的城镇用地空间扩展的过程。根据两种最小累积阻力分析的结果，统一将最小累积阻力值划分为 2000 等级，图 5-12 揭示了两种前提下建设用地空间扩展的规律。两者存在基本一致的规律，随着扩展阻力的增大，累积建设用地的数量不断增加。两者也存在一定的差异，在扩展的初期，同样的扩展面积，基于生态空间可占用性的扩展过程需要克服的累积阻力值较大；在扩展比重占区域总面积的 10%左右时，同样的扩展面积，基于开发建设适宜性的扩展过程所需要克服的累积阻力值超越了基于生态空间可占用性的扩展过程。由于区域开发建设存在一定的上限，建设用地的比重不可能超越某一上限阈值。所以应充分考虑西江经济带发展现状、全国层面的功能定位和发展趋势，未来一段时间内城镇用地不可能超过区域总面积的10%，因此，总体上来看，基于生态空间可占用性评价结果在未来将对城镇用地的扩展起到较大的约束作用。这就意味着，从生态空间可占用性的角度出发，区域建设用地的扩展过程需要更加慎重地选择扩展的数量。

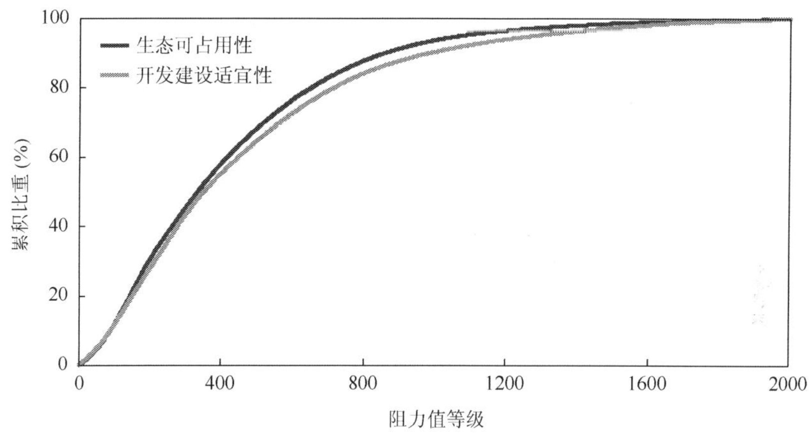

图 5-12　两种过程下建设用地扩展量的变化趋势图

基于两种分析结果下最小累积阻力值的空间分布，我们模拟了不同程度城镇用地扩展下的空间扩展方向。得到图 5-13（见书后彩图）和图 5-14（见书后彩图）所示的结果，城镇用地扩展程度指的是新增城镇用地占区域总面积的比重。

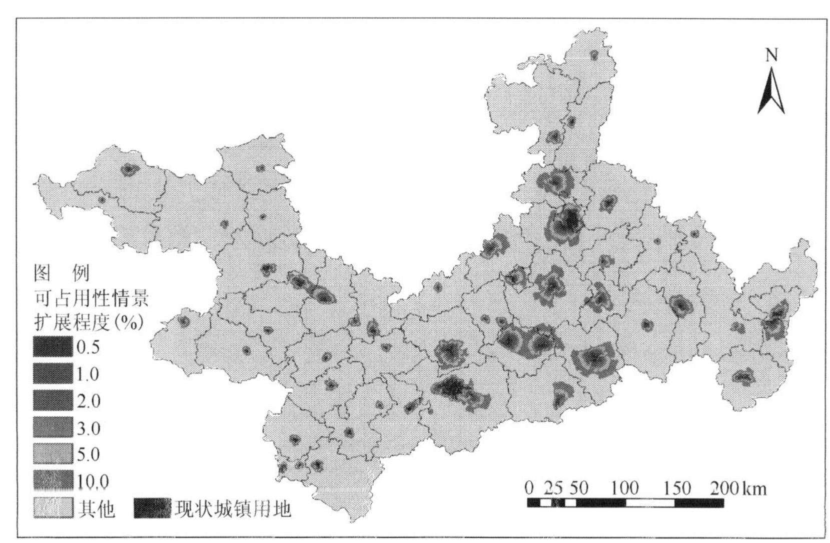

图 5-13　基于生态空间可占用性的西江经济带城镇用地空间扩展模拟图

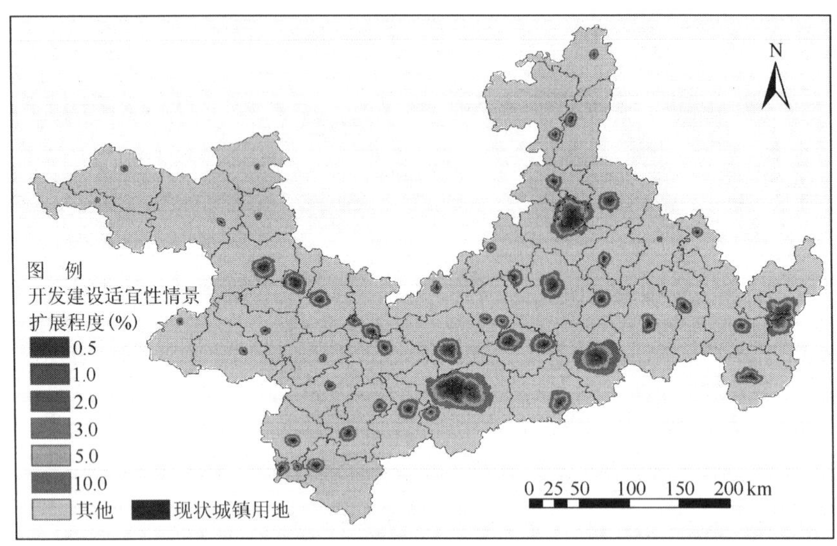

图 5-14　基于土地开发建设适宜性的西江经济带城镇用地空间扩展模拟图

从图 5-13 和图 5-14 来看，两种扩展过程存在以下区别。

1）宏观来看，新增城镇用地的空间分布不同，因而给予了城镇不同的发展机遇。基于生态空间可占用性的扩展过程，经济带中部，尤其是柳州—来宾—贵港一线的城市获得了较大的扩展面积，新兴城市获得了较大的发展机会，尤其是来宾市辖区、柳城县、宾阳县；基于土地开发建设适宜性的扩展过程更多地依靠原有城镇的规模，大城市（南宁、柳州、贵港）周围获得了较多的建设用地，而中小城镇的新增用地相对较少。

2）微观来看，新增城镇用地的扩展方向存在较大差异。基于生态空间可占用性的扩展过程较好地越过或避免了对生态空间可占用性较低区域的占用，会自觉寻找生态破坏效应相对较小的区域进行扩展，这种扩展导致了城市的轮廓具有更多的棱角或者说呈带状延伸出去的区域，这种扩展过程的生态破坏效应较小；基于土地开发建设适宜性的扩展过程更像是一种“摊大饼式”的扩展，在原有城镇轮廓的基础上，一圈一圈的向外扩展和占用。右江走廊的田阳县和田东县，在第一种扩展方式下，两线逐渐连接到了一起，形成了较大的城市区域；在第二种方式下，仍然维持各自独立发展的态势。

二、城镇用地空间扩展的生态效应

由于城镇用地的扩展会导致区域土地利用或者生态系统类型的变化，原有的生态空间被人类的生产、生活空间所取代。在不同的生态系统，单位面积上城镇用地服务功能要低于湿地、林地等自然生态系统，也要低于农田生态系统（Costanza et al.，1997；欧阳志云等，1999；谢高地等，2003）。生态空间的减少必然导致生态系统服务功能的减少。在不同的扩展过程下，对生态系统占用的类型不同，因而使得生态系统服务功能的下降量也是不同的。因此，研究城镇用地扩展导致的区域生态系统服务功能的下降，可以反映出不同类型的城镇用地扩展过程中生态效应的大小。在生态系统服务功能的核算中，不同的分类体系和计算方法得到的服务功能价值有较大的差异。本书在谢高地等（2003）所得到的价值核算数据的基础上，结合西江经济带的植被类型进行修正，得到价值核算标准，见表 5-3。

表 5-3 生态系统服务功能价值核算表 （单位：万元/km^2）

类型	气体调节	气候调节	水源涵养	土壤保持	废物处理	生物多样性保护	食物生产	原材料生产	娱乐休闲	合计
亚热带、热带山地常绿针叶林	21.33	16.45	19.50	23.76	7.98	19.87	0.61	15.84	7.80	133.14
温带、亚热带落叶阔叶林	23.18	23.18	23.18	23.18	0.00	23.18	0.00	23.18	0.00	139.08
亚热带落叶和常绿阔叶混交林	17.09	13.20	15.63	19.03	6.40	15.91	0.49	12.71	6.24	106.70
亚热带常绿阔叶林	27.72	21.48	25.47	30.97	10.49	25.97	0.75	20.73	10.24	173.82
热带雨林性常绿阔叶林	27.75	21.35	25.46	30.88	10.35	25.95	0.82	20.69	10.18	173.43
热带常绿阔叶雨林	106.60	81.50	97.18	119.10	40.75	100.31	3.13	78.37	40.75	667.69
亚热带硬叶常绿阔叶林	27.81	21.41	25.39	30.94	10.39	25.89	0.78	20.70	10.17	173.48
热性灌草丛类	15.02	17.52	15.02	36.30	25.03	20.03	6.26	1.25	1.25	137.68
温带、亚热带落叶阔叶林	23.18	23.18	23.18	23.18	0.00	23.18	0.00	23.18	0.00	139.08
暖性草丛类	10.70	10.70	10.70	23.17	16.04	14.26	3.57	0.00	0.00	89.14
农田	3.13	5.58	3.76	9.18	10.30	4.46	6.29	0.63	0.07	43.40
水体	0.00	4.08	180.30	0.10	160.9	22.03	0.89	0.10	38.41	406.81
湿地	15.93	151.40	137.00	15.02	160.80	22.24	2.70	0.60	48.98	554.67
裸土地、岩石砾地等	0.00	0.00	0.26	0.18	0.09	3.01	0.09	0.00	0.09	3.72

1. 西江经济带生态系统服务功能核算

依据广西壮族自治区 1∶100 万植被利用数据（2000 年全国 1∶100 万植被数

据库，源自“地球系统科学数据共享平台”）和土地利用数据（根据中国科学院资源环境科学数据中心 2005 年 1∶10 万土地利用遥感影像解译图获得），依据表 5-3 所得的生态系统分类，形成西江经济带生态系统服务功能核算的底层数据。在此基础上，依据表 5-3 的标准进行核算，得到西江经济带生态系统服务功能数据，见表 5-4 和表 5-5。

表 5-4　西江经济带分地市生态系统服务功能价值（按生态系统类型）（单位：亿元）

类型	百色	崇左	贵港	来宾	柳州	南宁	梧州	经济带
森林	502.88	237.29	83.26	136.61	204.77	208.90	137.42	1511.13
草原	4.27	3.27	1.51	5.18	6.21	4.73	0.75	25.92
湿地	0.25	0.34	1.11	1.13	0.41	0.76	0.73	4.73
水体	2.74	3.66	7.61	3.33	3.94	16.39	3.08	40.75
农田	6.28	9.22	12.91	9.24	5.78	20.03	2.71	66.17
其他	0.00	0.00	0.00	0.00	0.00	0.00	0.00	0.00
合计	516.42	253.78	106.40	155.49	221.11	250.81	144.69	1648.70

表 5-5　西江经济带分地市生态系统服务功能价值（按服务功能类型）（单位：亿元）

类型	百色	崇左	贵港	来宾	柳州	南宁	梧州	经济带
气体调节	78.77	38.26	14.08	22.08	31.75	34.78	21.66	241.38
气候调节	64.96	30.91	12.49	18.96	26.78	29.30	17.60	201.00
水源涵养	74.94	37.13	16.88	22.47	31.65	39.91	21.57	244.55
土壤保持	97.21	46.56	18.77	29.80	43.67	44.01	26.60	306.62
废物处理	39.55	20.72	12.78	16.04	22.74	26.69	12.36	150.88
生物多样性保护	77.95	37.31	14.54	22.62	32.89	35.03	21.26	241.60
食物生产	5.55	3.17	2.66	3.07	3.86	4.60	1.62	24.53
原材料生产	53.78	26.28	9.02	13.43	18.32	23.41	14.54	158.78
娱乐休闲	23.69	13.44	5.19	7.02	9.45	13.07	7.49	79.35
合计	516.40	253.78	106.41	155.49	221.11	250.80	144.70	1648.69

从表 5-4 中可以看出，森林提供了经济带最主要的生态系统服务功能，占经济带总服务功能的 91.66%，这跟经济带较高的林地覆盖率和森林质量有密切的关系。此外，农田、水体和草原也提供了较多的服务功能。湿地（主要是滩涂和沼泽地）由于面积较小，所以提供的服务功能总量也相对较少。从分地

市结果来看，百色服务功能的价值要远远高于其他地市，约占总量的 31%，其中森林所提供的服务功能又占到了百色总量的 97.38%，占经济带总功能的 30.5%；崇左、南宁和柳州服务功能的价值也较高，贵港、来宾和梧州的服务功能较低。

从表 5-5 中可以看出，土壤保持功能价值最高，占总量的 18.60%，其次是水源涵养、生物多样性保护和气候调节，分别接近 15%；食物生产价值最低，其次是娱乐休闲；其他功能居中。分地市的服务功能与经济带类似，基本都是以土壤保持、水源涵养、生物多样性保护和气候调节为主。

2. 建设用地空间扩展引起的生态系统服务功能变化

(1) 总体变化

建设用地的空间扩展通过占用其他生态系统的方式导致了生态系统服务功能的变化，这种变化的后果主要表现为区域生态系统服务功能的下降和结构的改变。总体上来看，不论是基于生态空间可占用性，还是基于土地开发建设适宜性，生态系统服务功能都随着建设用地的空间扩展而呈现出急剧下降的态势（图 5-15，图 5-16）。在城镇用地扩展强度较小的情况下，一方面由于占用其他生态系统的量较少，另一方面扩展所占用的一般是现有建成区周边的相对劣质的自然生态系统，因此，生态系统服务功能下降的趋势不是很明显。随着扩展强度的不断增加，自然生态系统的占用数量和质量都明显提升，导致服务功能出现明显下降的趋势。

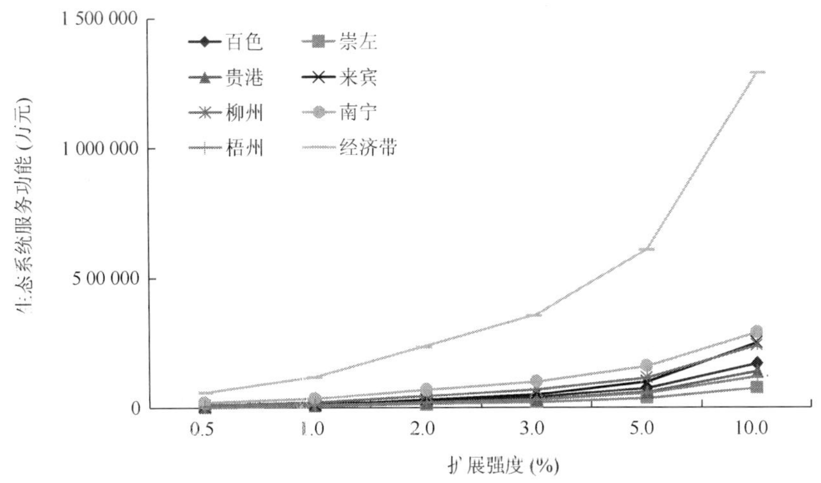

图 5-15　基于生态空间可占用性的城镇扩展状态下西江经济带生态系统服务功能变化

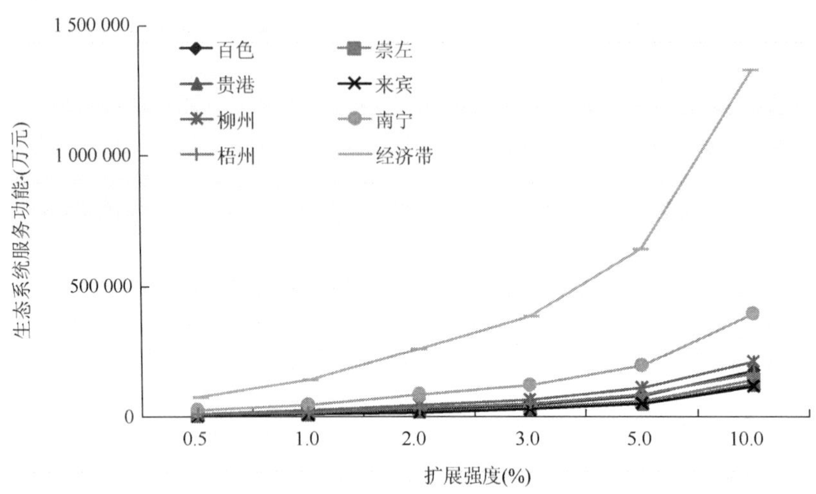

图 5-16 基于开发建设适宜性的城镇扩展状态下西江经济带生态系统服务功能变化

（2）两种扩展过程对比

生态重要性和开发建设适宜性情景下新增建设用地分布格局的差异，导致生态空间格局和区域生态系统服务功能变化量的不同。总体看来，区域生态系统服务功能的改变表现为总量下降和内部组成的差异。从总量上看，虽然两种情景下均表现为随扩展强度的增加而下降，但土地开发建设适宜性情景下的下降量更大，而且这种差异随着扩展强度的增加而变大，从0.5%强度下的1.09亿元增大到10.0%强度下的4.05亿元（表5-6，图5-17）。两者之间的差距随着占用强度的增加而呈现出增长的态势。以优质林地的生态系统服务功能为130万元/km^{2}来计算，扩展强度为0.5%、扩展面积为650km^{2}时，基于生态空间可占用性的扩展导致的生态系统服务功能下降量的降低相当于增加了84km^{2}的优质林地；而当扩展强度为10.0%、扩展面积约为13 000km^{2}时，相当于增加了312km^{2}的优质林地。这表明基于生态空间可占用性的扩展模式可以有效地保护生态系统服务功能，对维护区域生态健康具有积极意义。

表 5-6 两种情景区域生态系统服务功能下降量对比

扩展强度（%）	生态系统服务功能下降量（亿元）		
	生态重要性	开发建设适宜性	两种情景差值
0.5	6.37	7.46	1.09
1.0	12.00	13.88	1.88
2.0	23.80	26.07	2.27
3.0	35.80	38.23	2.43
5.0	60.59	64.45	3.86
10.0	128.96	133.01	4.05

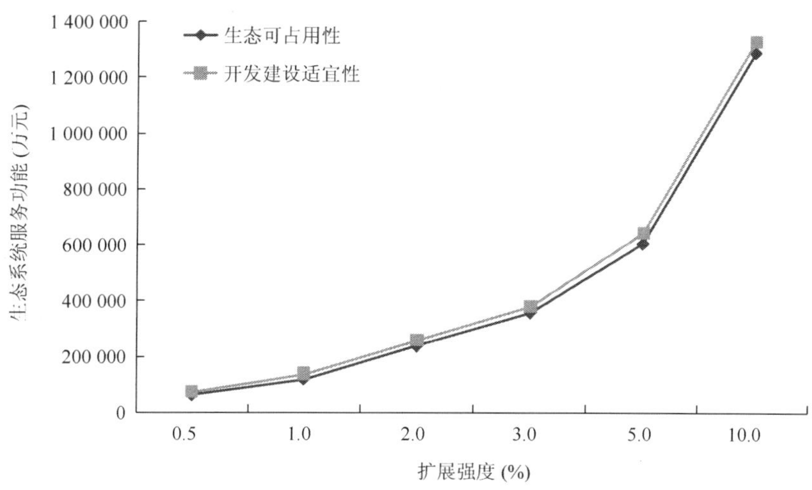

图 5-17　两种扩展状态下西江经济带生态系统服务功能下降量

从图 5-18 可以看出，两种扩展趋势所引起的生态系统服务功能的下降格局基本上是相同的，除了食物生产功能外，其余服务功能的下降量都是基于土地开发建设适宜性的扩展过程较大。对于食物生产功能在个别情况下出现的基于生态空间可占用性的扩展过程下降量较大的情况，可以理解为这种扩展虽然能避免对自然生态系统进行保护，但是对于提供主要粮食生产功能的农田的保障力度仍然不够。也就是说，在土地开发建设适宜性评价的过程中，耕地未作为影响适宜性的因素参与评价，因此，基于土地开发建设适宜性的城镇扩展，通过允许对耕地占用的形式代替了对自然生态系统的占用。现实情况是，适宜于农业生产的耕地同样非常适宜于人类的开发建设，如城市扩展、工业园区建设等。这跟现实情况下城镇扩展所占用的土地利用类型非常相似（陆大道等，2007；陆大道，2007）。

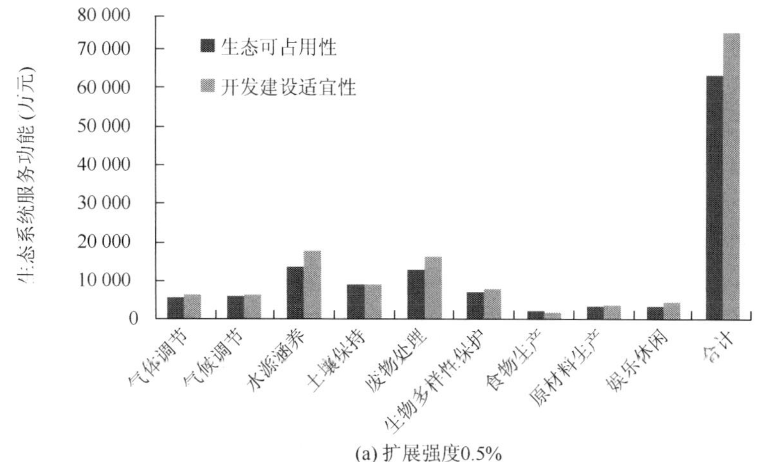

(a) 扩展强度0.5%

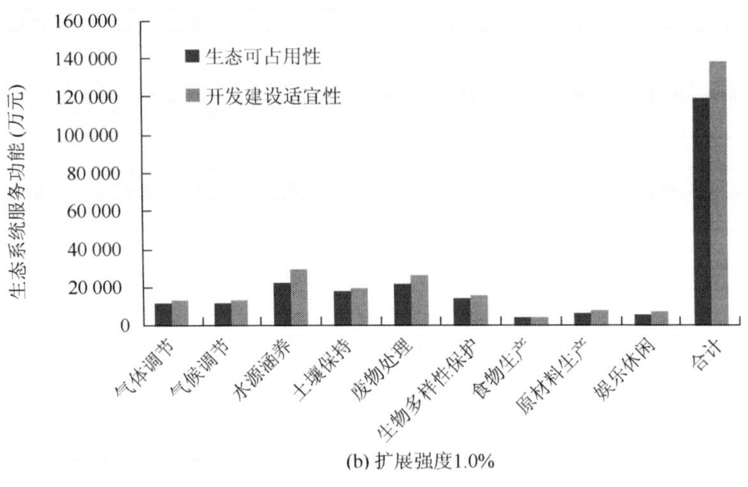

(b) 扩展强度1.0%

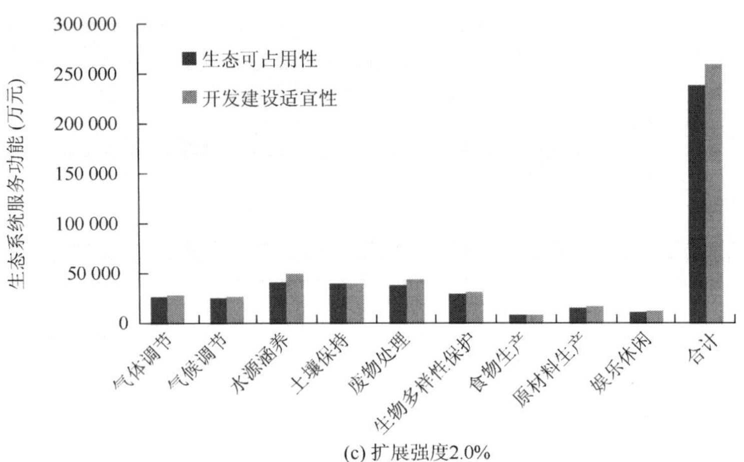

(c) 扩展强度2.0%

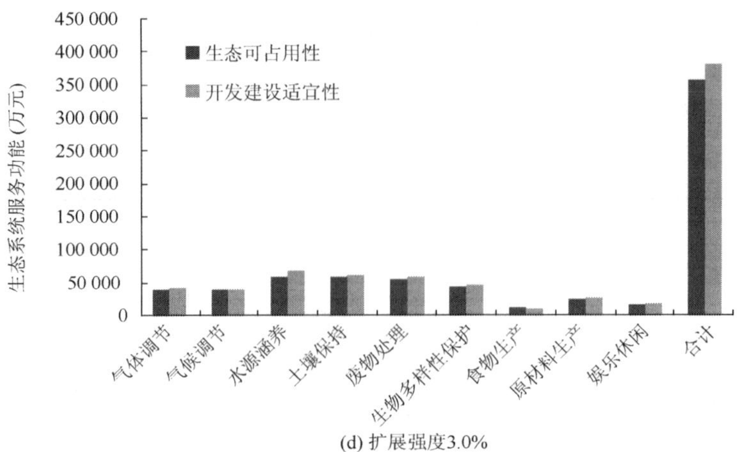

(d) 扩展强度3.0%

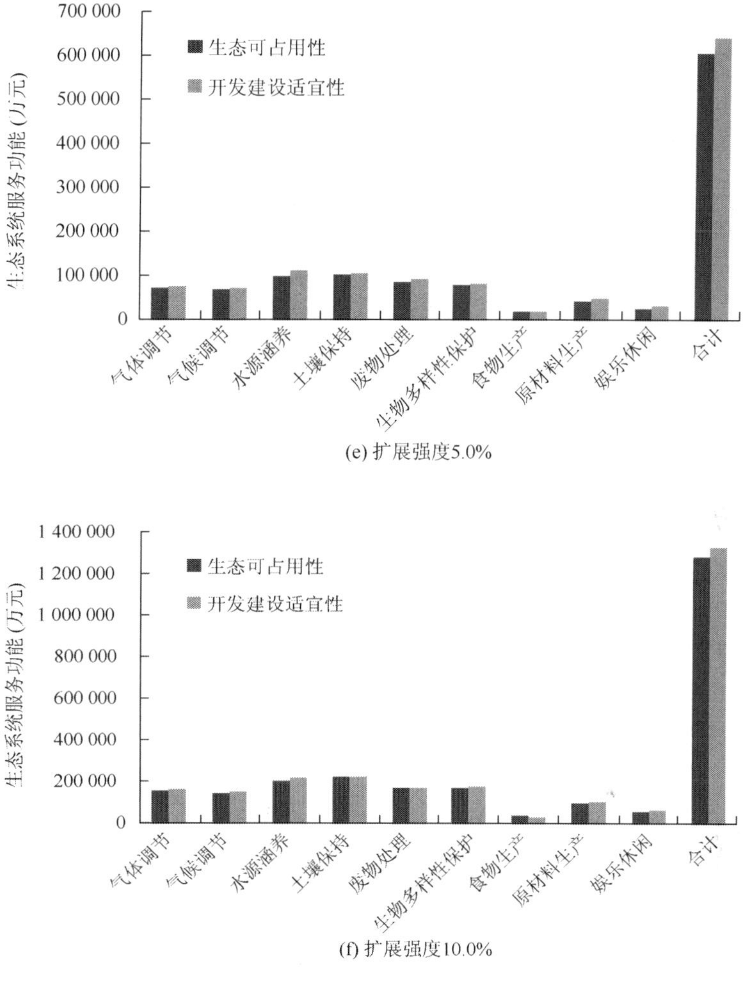

图 5-18　两种扩展状态下西江经济带生态系统服务功能变化比较（按服务功能类型）

三、城镇建设用地空间扩展的城镇空间形态效应

城市空间形态是各种自然和社会因素综合作用于城市的一种空间结果，反过来城市空间形态也会影响城市的可持续发展。城市空间形态的特征、时空演变规律和可持续城市空间形态等都是十分重要的研究课题，并成为地理学者研究的焦点之一（冯健，2003；刘纪远等，2003；王新生等，2005）。城市外围轮廓形态的形成是由于城市用地不断扩展的结果，其形态特征是分析城市社会诸多问题的基础，城市平面形态影响交通、通信、生产、生活、公共设施等多方面的规划和建设，对其社会经济和环境后果存在大量的讨论（Leorey and Nariida，1999；谷凯，

2001；张庭伟，2001；郑莘和林琳，2002；Reberto et al.，2002；刘纪远等，2003）。不同形式的城镇用地空间扩展可以导致不同紧凑度的城镇空间形态。Reberto 等（2002）将城市用地空间扩展分为 5 种类型，即填充型、外延型、沿交通线扩展型、蔓延型和“卫星城”型。其中，填充型扩展，使得城市空间形态紧凑度提升，属于能源消耗最小的一种城市用地扩展方式，接下来是外延型（Leorey and Nariida，1999）。紧凑城市是一种尽可能充分利用已经存在的城市空间的结果，被认为是一种结束城市蔓延危害的方法。紧凑城市具有以下优点：由于城市内各部分之间联系的距离缩短，降低了人们对汽车的依赖性，减少了污染物的排放、能源的消耗；改善了交通运输的服务，总体上增加了城市交通的方便性；提高了城市基础设施和开发土地的利用效率，有利于节约和统筹安排各种设施（Gert，2000）。鉴于此，一些国家将“紧凑城市”策略作为指导城市规划标准执行，如欧洲共同体认为“紧凑城市”是一个可持续发展的概念，并指出紧凑城市可以使得城市居民拥有更好的生活质量，认为紧凑城市的正面影响是广泛的。荷兰的第一个国家环境政策规划中支持了“紧凑城市”的概念（Gert，2000）。但是，“紧凑城市”政策存在两面性。关于紧凑城市与城市环境间的关系在很多方面是存在争议的，有人对上述思想提出反对意见，认为紧凑城市并不会像许多人想象的那样可以使得城市可持续发展。在城市中一些有环境冲突的功能区之间必须保持一定的距离，但紧凑城市使这种愿望变得奢侈。所以，虽然“紧凑城市”政策在欧洲已经执行了几十年，但是一些国家开始调整规划策略，如荷兰在第二个国家环境政策规划中就已经认识到了“紧凑城市”概念的负面影响，在规划中就不僵硬地执行“紧凑城市”策略（Gert，2000）；国内也有研究表明，随着城市“摊大饼式”的不断扩展，将出现由“利大于弊”向“弊大于利”的转变，这将给城市的环境、交通、经营管理等各个方面带来问题（闵希莹，2005；王引和陈纷，2005）。

城市建设用地的空间扩展导致了城市外围轮廓形态的形成，在不同的扩展方式下，城市外围轮廓形态具有一定的差异。本部分旨在揭示两种扩展方式下未来城镇用地的空间形态差异，进而分析各自的特征。

1. 形态评价方法

综合前人的研究成果，选用分形维数和紧凑度两个指数来分析城镇建设用地的空间形态，具体运算过程通过 ArcGIS 软件和 SPSS 软件实现。

（1）分形维数

分形维数（二维平面空间）源自分形理论。分形理论是美国学者曼德尔布罗特（B. B. Mandelbrot）在 20 世纪 70 年代创立的，虽然只有 40 多年，但与只适于描述简单、规则的人造物体的传统欧氏几何相比，分形理论则更适合描述大自然中复杂的真实事物。分形理论已经在地理学领域得到了广泛的应用。20 世纪 90 年代初，在陈勇等人的推动下，城市分形研究在我国兴起（陈勇和艾南山，1994），并在城市空间形态研究等方面得到了广泛的应用（冯健，2003；王新生等，2005；张竟竟等，2007；谢力扎提·哈布尔等，2010）。

在分形理论对于城市形态的研究中，主要有两个概念，即分形维数以及由此导出的稳定性指数。根据分形理论，有以下公式成立：

$$\ln A = \frac{2}{D}\ln P + C \tag{5-1}$$

式中，A 为斑块面积；P 为斑块周长；C 为常数（截距）；D 为二维欧氏空间的分形维数。该公式揭示了斑块面积与周长之间的关系。通过测算一系列斑块的面积和周长数据，就可以将对应的 ln$A$ 和 ln$P$ 确定出来，形成多组数据，进而拟合出一条关于 ln$A$ 和 ln$P$ 两者关系的直线，其斜率为 $2/D$，即求得了该土地利用类型斑块的分形维数 D。从分形维数的空间几何意义来看，D 值反应研究对象边界的曲折性和平均斑块面积的大小，其值的大小可以表征斑块结构的复杂性与稳定性。D 的理论值范围为 1.0～2.0。就城市空间形态而言，D 值越大表明该类型的景观结构越复杂，边界越不规则，反之亦然。D 值为最小值 1.0 时，表示边界形状为圆形，边界最为规则；D 值为最大值 2.0 时，则表示土地斑块的形状最复杂，边界最不规则；当 D 等于 1.5 时，则代表斑块图形处于布朗随机运动状态，越接近该值，则稳定性越差（谢花林和李秀彬，2008；贾文臣等，2009；谢力扎提·哈布尔等，2010）。

根据分形维数与稳定性的关系，延伸出了稳定性指数（SI）的概念。稳定性指数是检验城市空间形态稳定性的指标，其值反映城市空间形态在简单和复杂情况下的稳定程度（贾文臣等，2009）。SI 值越大，表示空间形态越稳定。

$$\mathrm{SI} = |1.5 - D| \tag{5-2}$$

（2）紧凑度

城市空间形态的紧凑度是反映城市空间形态的一个十分重要的概念，受到国内外普遍关注，在诸多研究中得到广泛应用（Leorey and Nariida，1999；Gert，2000；Stephen and Friedrich，2001；Reberto et al.，2002；刘纪远等，2003；王新生等，2005）。城市空间形状的紧凑度可用下述公式计算：

$$c = 2\sqrt{\pi A}/P \tag{5-3}$$

式中，c 为城市的紧凑度，c 值介于 0～1；A 为城市面积；P 为城市轮廓周长。紧凑度值越大，其形状越具有紧凑性；反之，形状的紧凑性越差。圆是一种形态最紧凑的图形，圆内各部分空间高度压缩，其紧凑度为 1；如果是狭长形状，

c 值则远小于 1。

2. 城市扩展对未来城市形态的影响

（1）城镇空间形态的分形维数与稳定性

利用 ArcGIS 软件，获得西江经济带不同条件（基于生态空间可占用性和土地开发建设适宜性）、不同扩展强度下（维持原状，即 0%，以及 0.5%、1%、2%、3%、5%和 10%）所得城镇建设用地斑块的面积 A 和周长 P 的数据，并进一步利用 ln$A$ 和 ln$P$ 进行线性回归，得到图 5-19 和图 5-20 的分形拟合图。通过拟合结果，得到 2/D 数据，进一步得到分形维数 D 和稳定性指数 SI（表 5-7）。

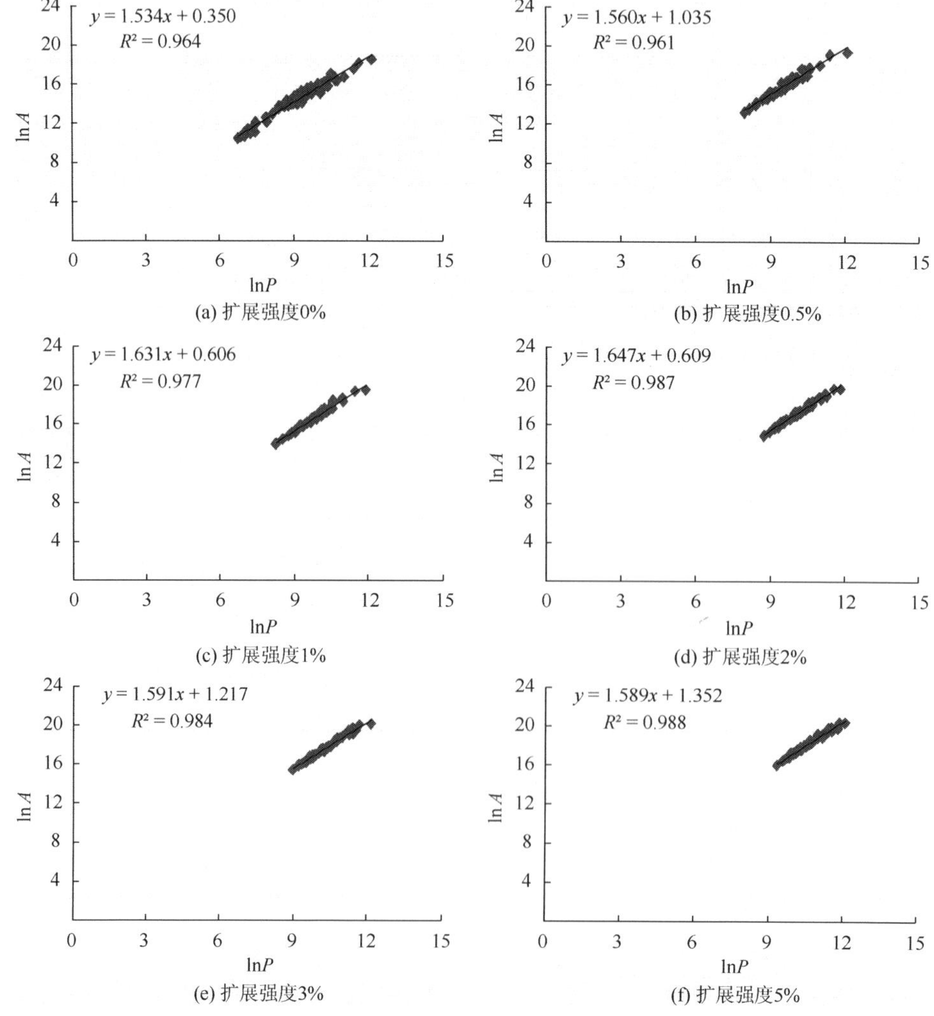

(a) 扩展强度0%　(b) 扩展强度0.5%

(c) 扩展强度1%　(d) 扩展强度2%

(e) 扩展强度3%　(f) 扩展强度5%

y = 1.548x + 1.899
R^2 = 0.989
lnA
lnP

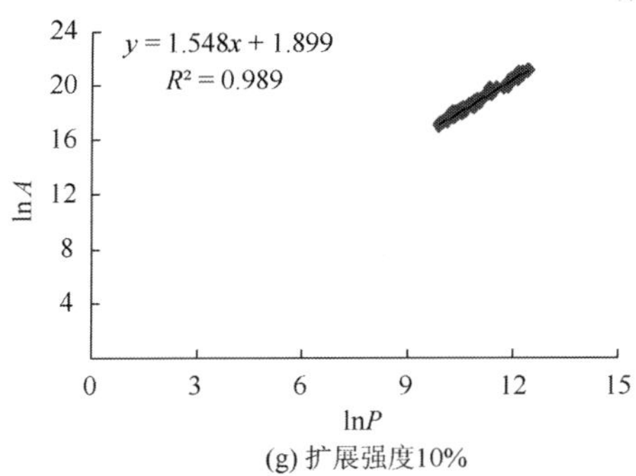

(g) 扩展强度10%

图 5-19 基于生态空间可占用性的城镇建设用地周长-面积关系法的拟合图

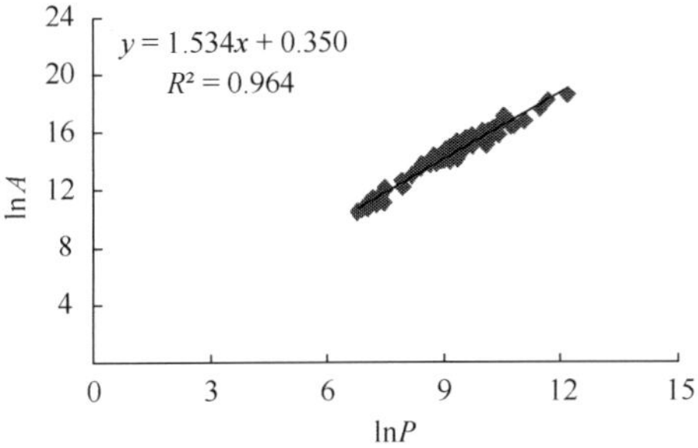

y = 1.534x + 0.350
R^2 = 0.964
lnA
lnP

(a) 扩展强度0%

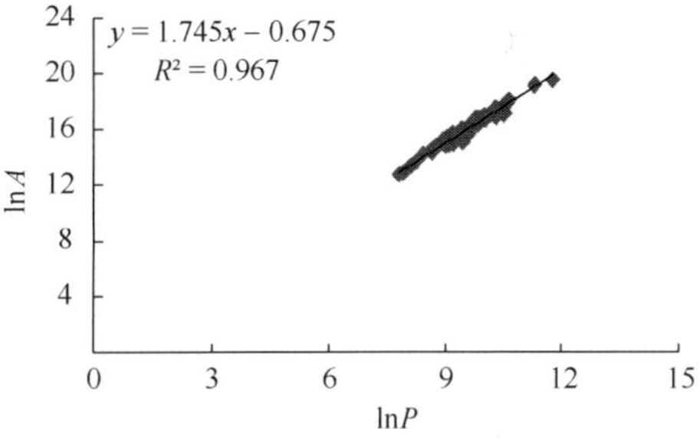

y = 1.745x − 0.675
R^2 = 0.967
lnA
lnP

(b) 扩展强度0.5%

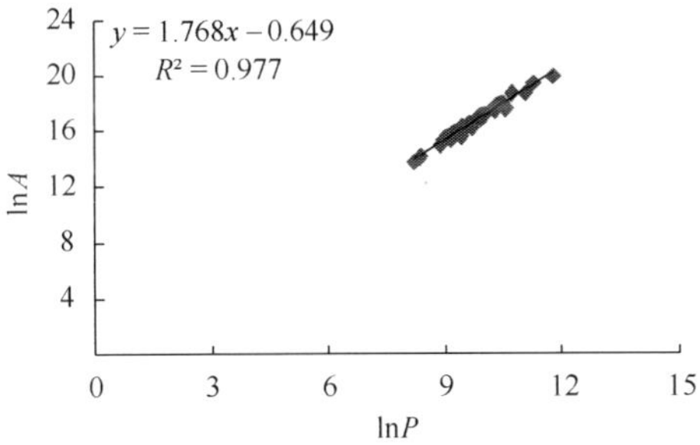

y = 1.768x − 0.649
R^2 = 0.977
lnA
lnP

(c) 扩展强度1%

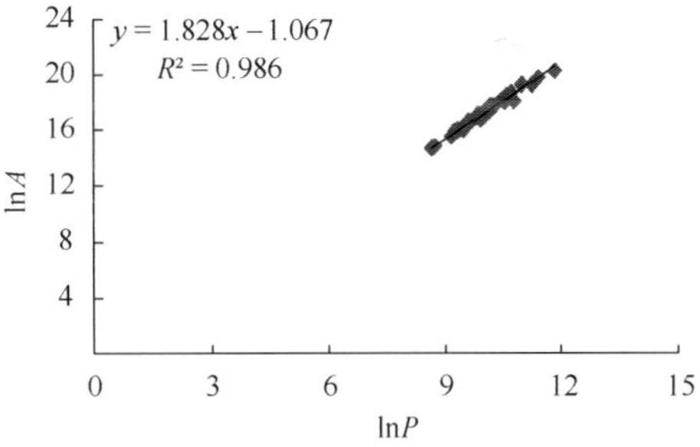

y = 1.828x − 1.067
R^2 = 0.986
lnA
lnP

(d) 扩展强度2%

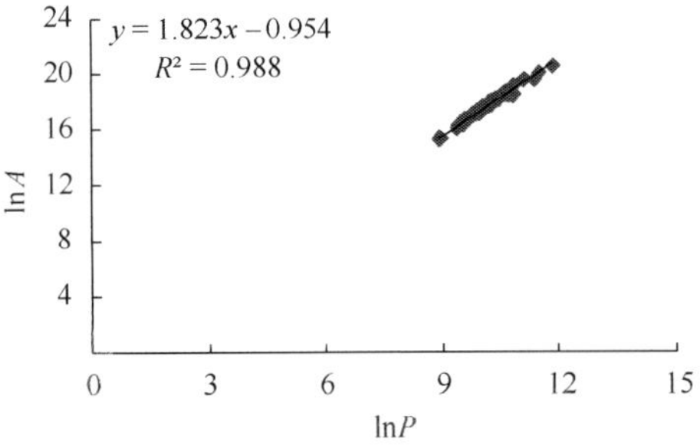

y = 1.823x − 0.954
R^2 = 0.988
lnA
lnP

(e) 扩展强度3%

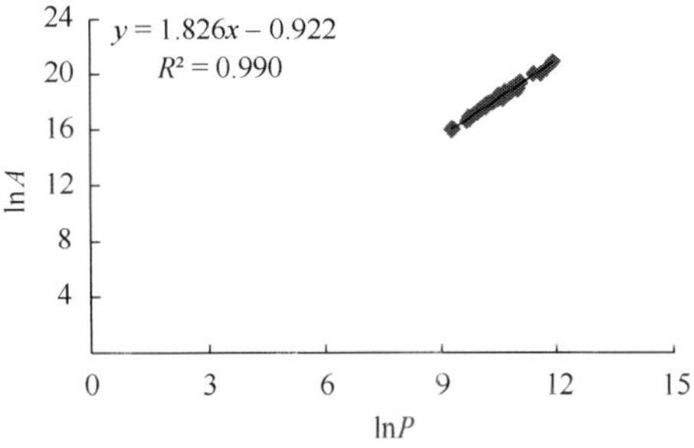

y = 1.826x − 0.922
R^2 = 0.990
lnA
lnP

(f) 扩展强度5%

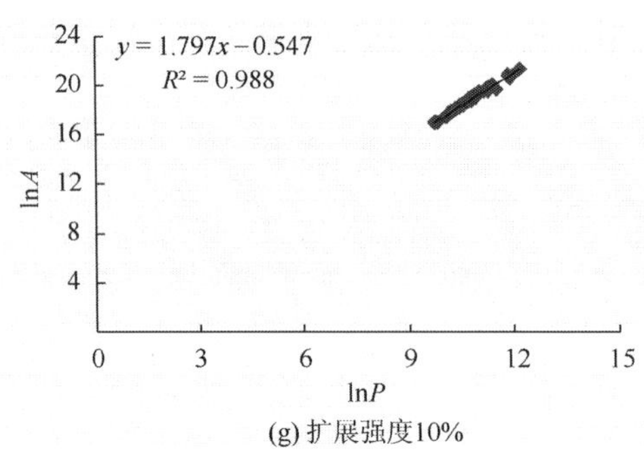

(g) 扩展强度10%

图 5-20　基于土地开发建设适宜性的城镇建设用地周长-面积关系法的拟合图

表 5-7　城市空间形态分形维数及稳定性结果

扩展强度（%）	2/D		D		SI	
	基于生态可占用性	基于土地开发建设适宜性	基于生态可占用性	基于土地开发建设适宜性	基于生态可占用性	基于土地开发建设适宜性
0	1.534	1.534	1.304	1.304	0.196	0.196
0.5	1.560	1.745	1.282	1.146	0.218	0.354
1	1.631	1.768	1.226	1.131	0.274	0.369
2	1.647	1.828	1.214	1.094	0.286	0.406
3	1.591	1.823	1.257	1.097	0.243	0.403
5	1.589	1.826	1.259	1.095	0.241	0.405
10	1.548	1.797	1.292	1.113	0.208	0.387

从图 5-19 和图 5-20 中可以看出，两图中回归拟合的 R^2 值均超过了 0.96，表明各趋势线都有较高的拟合度，所得结果是可信的。基于生态空间可占用性的结果，趋势线的斜率要普遍低于基于土地开发建设适宜性的结果，表明前者的 2/D 值普遍偏高。从表 5-7 中看出，基于生态空间可占用性的城镇扩展下，未来城镇用地的分形维数为 1.214～1.292；基于土地开发建设适宜性的城镇扩展下，未来城镇用地的分形维数为 1.094～1.146；相比而言，两种方式下的城镇空间形态分形维数都要低于 1.5，距离布朗随机运动状态较远，都可被认为是有规则的扩展形式。但是，前者的分形维数要明显低于后者，表明后者的形状相对而言更为规则，城镇用地的扩展主要是以填充型和“摊大饼式”外延型为主，用地紧凑节约，城市边界整齐规则；前者则可以被认为是以蔓延型为主，但是在蔓延的过程中，沿着特定的方向和轴线扩展。本书中，这种方向受到生态空间可占用性的影响，累积阻力低值区则构成了蔓延的方向和轴线。

从稳定性的角度来看，虽然两者距离布朗随机运动状态都较远，但是前者的稳定性要明显低于后者，表明前面一种城市空间形态的稳定性相对较差，这应该是受到了城市空间形状不规则的影响。基于生态空间可占用性的扩展过程，由于对重要生态功能区的回避而使得城镇形状非常不规则，进而影响了城镇空间形态的稳定性。

（2）城镇空间形态的紧凑度

利用城镇斑块的面积和周长数据，得到了西江经济带在不同条件、不同扩展强度下所有每个城镇建设用地斑块的紧凑度。利用 SPSS 统计分析软件，求不同强度、不同扩展类型下的紧凑度指数的平均值，并利用单因素方差分析（one way ANOVA）比较相同扩展强度、不同扩展方式下的城镇建设用地的紧凑度指数之间的差异。得到表 5-8。

表 5-8　城镇建设用地空间形态紧凑度分析及两种方式的差异

扩展强度（%）	基于生态空间可占用性		基于土地开发建设适宜性		*F* 值	差异显著水平
	平均值	标准误差	平均值	标准误差		
0	0.5267	0.0170	0.5267	0.0170	0.0000	1.0000
0.5	0.7226	0.0194	0.7584	0.0155	2.0947	0.1508
1	0.7929	0.0162	0.8347	0.0135	3.8825	0.0515
2	0.8154	0.0146	0.8862	0.0103	15.4463	0.0002
3	0.8035	0.0167	0.8969	0.0094	23.4228	0.0000
5	0.8092	0.0164	0.9068	0.0087	27.4372	0.0000
10	0.7896	0.0183	0.9019	0.0092	30.7266	0.0000

从表 5-8 中可以看出，随着建设用地的空间扩展，城镇空间形态紧凑度都要明显增加。基于生态空间可占用性的空间扩展在强度为 0.5%时增加最为明显，从现状的 0.5267 增加到 0.7226，此后维持在 0.8 左右的水平，表明紧凑度不再有明显的变化。基于土地开发建设适宜性的空间扩展整体上呈现出紧凑度逐渐增加的趋势，但是增加的量越来越小；在扩展强度从 5%到 10%的增长过程中，紧凑度略微下降。

从两种扩展方式导致的城镇用地空间形态的差异来看，基于生态空间可占用性的扩展方式所导致的城镇用地空间形态的紧凑度要低于基于土地开发建设适宜性的扩展方式，并且随着扩展强度的增加，这种差异显得越来越明显。从最终结果来看，前者稳定在 0.8 左右，而后者稳定在 0.9 左右。另外一种体现在同种扩展方式导致的城镇空间形态内部的差异上，这可以通过标准误差进行判断和分析。

基于土地开发建设适宜性的扩展方式下，不同城镇斑块紧凑度的标准误差较小，表明各斑块的形状差异较小，基本上都是比较规则的形状，扩展大都以填充型或者“摊大饼式”的外延型为主；相比较而言，基于生态空间可占用性的扩展方式下，不同城镇斑块紧凑度的标准误差较大，表明城镇斑块的形状差别较大，既存在填充型或者“摊大饼式”的外延型，也存在以沿着特定轴线和方向扩展的蔓延型。从图 5-13 可以看出，大中型城镇的紧凑度较差，而小城镇的紧凑度相对较大，形状较为规则。

总体看来，基于土地开发建设适宜性的城镇扩展使得城镇形态更加紧凑，主要以填充型或者“摊大饼式”的扩展方式为主，其结构稳定性更高。这种方式对于缩短城市内部各部分之间的空间距离、提升城市运营效率、提高基础设施的使用率等具有积极的意义。但是，当一种形状规则的城市、尤其是大规模的城市在区域内出现时，这种方式却可能因为城市边界较低而产生与外部交流减少、城市内部污染物排放较为集中、交通拥堵等问题，给城市自身和整个区域的可持续发展带来严重的考验。随着“摊大饼式”的扩展的不断进行，这种空间形态的总体效应呈现出由“利大于弊”向“弊大于利”的转变。这也间接说明，对于中小规模城镇，紧凑度的提升是利大于弊的，而对于大规模的城市，适当降低紧凑度，避免“摊大饼式”的扩展，则可能是一种相对较好的选择。因此，相对于基于土地开发建设适宜性的城镇建设用地的扩展而言，基于生态空间可占用性的扩展方式下，小城镇以“摊大饼式”扩展为主，而大中城市以沿着特定轴线和方向扩展的蔓延型扩展为主，这种方式可能是更加合理的。但是，在这种扩展方式下，城镇空间形态的稳定性较另外一种方式较低，这是在进一步研究中需要解决的问题。

第四节　本 章 小 结

通过区域层面城镇扩展的情景模拟及效应分析，本书揭示了两种情景下城市扩展的格局及效应的差异。结果表明，两种情景下，城镇扩展在新增建设用地份额分配和扩展方向选择上具有明显的差异，进而对区域生态系统服务功能的下降产生不同的影响。在土地开发建设适宜性的背景下，城镇扩展的总量与原有城镇的规模呈现明显的正相关关系，大城市获得了较大的扩展份额，而小城镇获得的扩展份额较少。这与已有研究所揭示的现实情况相同（朴妍和马克明，2007），表明在城市发展过程中，新增建设用地的选择首先考虑了开发建设适宜性因素，以期通过较少开发投入获取较高开发收益。但是，在生态重要性情景下，各类城镇获得的扩展份额与原有规模的关联性相对较弱，城镇所处区域及周围地区的生态重要性对其起到较大影响。中小城镇，尤其是在生态重要性相对较低的中小城镇，会因获得较大扩展份额而迅速扩展。

在扩展方式上，土地开发建设适宜性背景下，大部分城镇以“摊大饼式”扩展为主。对小城镇而言，饼状形态紧凑度高，可提升城市运行效率、降低基础设施建设投入并提高土地资源集约利用度（Chen et al.，2008）。对大城市而言，过度的“摊大饼式”扩展导致城市病出现并趋于严重，产生了人口超载、交通拥堵、污染物排放增加、大气污染、热岛效应、开放空间减少等问题（Gert，2000；陆大道等，2007）。相反，生态重要性情景下，城镇扩展模式更加多样，“摊大饼式”扩展、内部填充式扩展、蔓延式扩展等均有发生。对于大城市，蔓延式扩展有效地增大了与外界环境的接触面，对于城市生态系统的开放发展意义突出；而中小城镇由于规模较小，扩展方式不同所导致的负面效应有限。此外，区域新增城镇建设用地总量的分配受到原有规模和所处地区生态系统重要性的影响，被相对均匀地分配到不同规模的城镇上，对于限制大城市无序扩展和鼓励小城镇发展具有积极意义。对经济带而言，地形条件复杂，盆地和河谷是城镇分布的主要区域，大城市以蔓延式扩展为主，更加符合区域自然地理条件，有利于减少对重要生态空间的占用、维护了城市生态系统的健康、缓解了空间开发与生态保护间的矛盾（Gert，2000）。可见，生态重要性情景是一种更加合理的扩展方案。

城市扩展生态效应评价结果进一步充分证实了上述结论。由于经济带地处生态重要性较高的珠江上游，城市扩展势必引起对重要生态空间的占用和区域生态系统服务功能的下降。在不同扩展情景下，被占用生态空间的类型不同，生态系统服务功能下降量也存在差异。生态重要性情景以生态重要性评价结果设定阻力表面，重要性高值区对城市扩展的阻力大，有利于对重要生态空间的保护。土地开发建设适宜性情景从开发建设的适宜性出发，某些生态价值突出、开发适宜性较高的空间被占用，导致生态服务功能损失较多。因此，在生态重要性情景下，除粮食生产功能外，区域生态系统服务功能总量和各项功能的下降量均较小。由于生态重要性评价并未突出粮食生产功能的重要性，城市扩展以牺牲耕地为成本，换取对重要生态空间的保护，因此导致了粮食生产功能更大的下降量。这与已有研究结果类似，鉴于空间接近性和开发建设条件的适宜性，城镇周围的耕地建设成本低、开发收益高，是城镇扩展主要和优先占用的对象（王介勇等，2007；陆大道等，2007；贾文臣等，2009）。

总体看来，本书对比分析了生态重要性和开发建设适宜性背景下广西西江经济带城镇扩展的格局及对区域生态系统服务功能的影响，认为生态重要性情景对于减少生态破坏、避免生态系统服务功能的过快下降具有积极意义。长期以来，城市管理者习惯于通过城镇自身的发展机遇和开发建设适宜性来确定城市扩展的规模和方向，国家和区域层面的宏观环境和生态保护的需求往往被忽视。大城市的快速发展既导致了自身“城市病”问题不断加剧，也在一定程度上剥夺了中小城市的发展机遇。对于生态环境保护而言，人类对于生产、生活空间的需求被过分强调，而维持区域生态系统正常功能的空间需求被忽略，使得区域生态空间过度占用和生态退化问题逐渐加剧。因此，对于研究者和城市管理者而言，寻找一种新模式来调控城镇扩展是十分必要的。本书所提出的基于生态重要性的城镇扩展为其提供了相对理想的方案。但是，本书只是采用某个年份的数据对未来城镇扩展的过程进行情景模拟，未对情景模拟结果与现实情况之间的差别进行分析，对模拟结果与现实格局间生态效应的差异也未开展比较分析，这些将是未来需要进行深入研究的内容。

第六章　结论、建议与展望

前面五章从研究背景、概念辨析、理论基础、评价模型与方法等方面初步构建了生态空间可占用性研究的理论框架，并以此模型和方法为指导，对案例区——广西西江经济带开展了生态可占用性评价、分区及其效应研究，主要结论和未来可深入研究的内容如下。

第一节　主 要 结 论

生态空间可占用性研究从生态适宜性、生态重要性和生态脆弱性（稳定性）等角度出发，综合分析生态系统是否可以被人类的开发活动占用、可以以何种方式或进行何种强度的占用，这对于指导人类的空间开发利用行为、减轻生态破坏、实现人与自然的协调发展具有重要的作用。本书主要结论有以下几点。

1）人类的开发利用行为，即生产、生活活动，对空间的选择客观上具有理智性，在一定程度上尊重了生态系统的可占用性。研究表明，现有建设用地的空间布局同生态空间可占用性分析结果具有较高的空间耦合性，主要分布在可占用性较高的区域内，这种格局在一定程度上保障了自然生态系统免于受到过分严重的占用和破坏。同时，人类也在有选择地开展对重要生态系统的识别和生态保护。自然保护区等保护类区域的空间分布也基本与生态空间可占用性评价耦合，即绝大多数分布在可占用性低值区内。这说明生态空间可占用性分析结论具有较高的合理性，都反映了区域生态安全空间格局构建的客观要求。

2）从动态来看，基于生态空间可占用性分析的建设用地扩展具有较高的生态合理性，一方面能够满足人类生产、生活的用地需求，另一方面也能有效地避免对优质自然生态系统的过渡占用和生态系统服务功能的过渡丧失，对于如何指导人类的开发活动尽可能降低生态破坏效应具有指导意义。从两种背景下城镇建设用地的扩展过程和扩展方向，以及由此导致的城镇布局的变化来看，基于生态空间可占用性的评价结果避免了城市发展过程中“摊大饼式”的扩展模式，这种扩展方式对于合理选择城市未来发展方向具有重要的指导作用。

3）对于构建生态安全格局具有重要的指导意义。基质-斑块-廊道的合理组合在区域生态安全格局构建的过程中具有重要作用。生态空间可占用性等级分区的结果表明，可占用性低值区是生态安全格局的核心斑块，加上较低值区构成“基质”，占区域总面积的 47%，对这些区域的保护有助于提升整个经济带的生态质量；同时，分析结果对于识别景观战略点，并以此构建生态廊道，加强生态功能区之间的交流和联系，降低景观破碎度具有积极的意义。这样，通过少量点和少数区域的保护和建设，可以起到进一步提升区域生态安全的作用。

4）生态空间可占用性分析合理地识别了经济带不同区域在生态安全格局构建开发建设过程中的作用。西部地区可占用性低值区、较低值区密集，适合建立经济带主要的生态屏障，同时在少量的高值斑块中，可以进行适度的开发建设，形成区域性中等城市或小城镇；经济带东部地区整体可占用性也较低，也是进行生态建设的主要区域，但是，区域中分布着较多的高值斑块，适宜于发展大中型城市、承接来自于珠三角等地区的产业转移；中部地区高值区密集，所占比重较高，这对于经济带构建柳州（来宾）—贵港—南宁金三角具有积极的推动作用，同时，少量的低值斑块适宜于建设“绿心”，对于优化中部生态格局、提升景观质量具有重要意义。可见，在生态空间可占用性分析的指导下，不同区域可以明确自己的定位。

5）与其他层次、其他类型的区划方案具有较高的协调关系。全国主体功能区划和全国生态功能区划都从全国层面识别了的生态功能重要区域，这些区域全都在生态空间可占用性分析得到的可占用性低值区内，属于严格保护的区域。由于尺度的原因，我们的评价结果更好地显示了广西西江经济带的生态重要区域，同时包含了全国尺度上的重要区域。广西壮族自治区在生态功能区规划中，将整个区域划分为“中心城市、产品提供、土壤保持、水源涵养、生物多样性保护、水源涵养和生物多样性保护”6 类功能区（图 6-1 见书后彩图）。与生态空间可占用性分区结果相比，中心城市和产品提供（主要是指农产品提供）功能区主要分布在高值区和较高值区内，而具有重要生态功能的区域（水源涵养、生物多样性保护功能区以及兼备两种功能的区域）一般与低值区或较低值区在空间上基本一致，土壤保持功能区在各种分区中都有出现。总体上来讲，两者之间也具有较好的一致性（图 6-1）。但是，从指导规划、指导区域发展的角度出发，生态空间可占用性由于更多地综合了各个方面的影响因素，同时采用了分级评价的方式，因此具有更强的科学性和实用性。

第二节　空间开发的基本原则与对策建议

基于生态空间可占用性评价研究的区域开发利用（占用）空间格局优化模式的选择，必须遵循生态优先、可持续性、综合效益最大化、主导性、区域性、区

域关联基本原则，同时追求各种基本原则之间的最佳结合和协调统一。

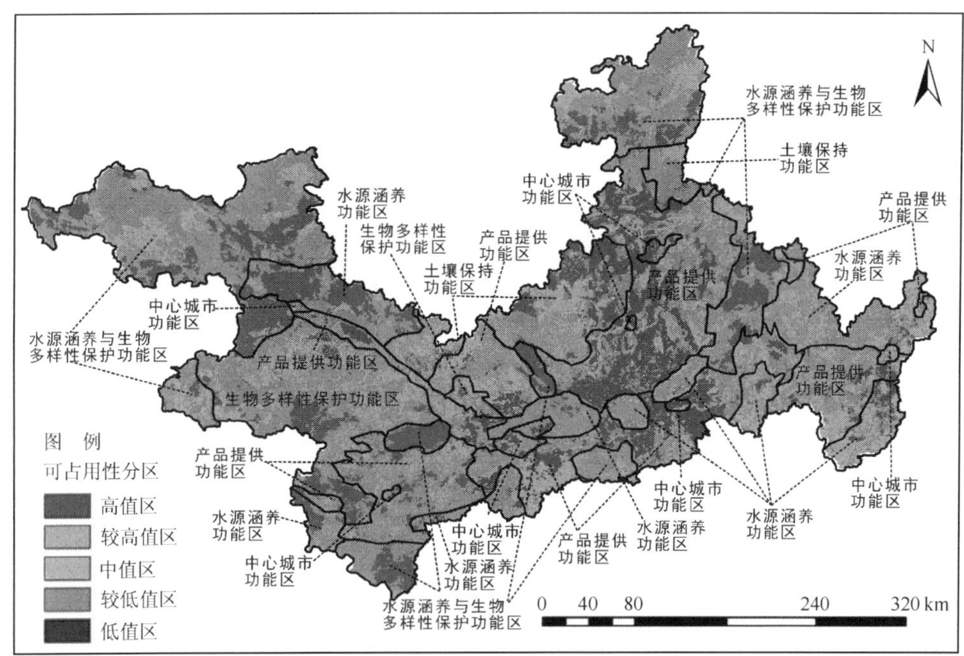

图 6-1　西江经济带生态空间可占用性分区与生态功能区划

一、基本原则

基于生态空间可占用性的理论基础，结合广西西江经济带研究得到的主要结论，未来空间开发应遵循以下原则。

1. 生态优先原则

人类开发建设过程中对生态空间的占用要遵循生态空间可占用性分区的基本结论，保证生态系统健康和基本的生态安全格局。对于可占用低的区域，要严格禁止占用；对于可占用性较低的区域，要适度、适量占用；其他区域也应该遵循这一原则，尊重自然生态系统的空间需求。对于广西西江经济带而言，生态优先的原则显得尤为突出。因为经济带整体上处于珠三角的上游地区，是珠三角的生态屏障，过度的开发建设带来的生态环境效应不仅会影响到自身的发展潜力，还会对下游的广东、港、澳地区产生严重的影响。因此，在生态优先的基础上，合理集聚产业和人口，是西江经济带发展的主要原则之一。

2. 可持续性原则

人类对于生态空间的占用不能影响区域的可持续发展能力。一方面，在占用生态空间时要严格禁止破坏生态系统的健康，避免占用核心生态系统，不能以人类开发建设适宜性评价代替生态空间可占用性评价，应完全从人类的角度出发，选择是否占用某一空间或开发利用到什么程度；另一方面，对于有限的可占用空间，也不能一次性开发完毕，而不给后代的发展留有足够的余地，导致子孙后代无空间可用。这就要求人类在开发建设过程中对空间开发的有选择性和集约性，选择合适的、优先的空间，进行集约开发，避免粗放占用，不能仅仅追求城镇规模的无边界增长或产业园区的无限制扩展，应提高单位土地的产出，提升土地利用效率。

3. 综合效益最大化原则

生态空间可占用性分析的目的不是限制人类的开发建设行为，而是引导人类在开发建设过程中尊重自然规律，合理进行空间占用，以有限的空间占用满足人类的空间需求，同时保证生态安全。这就是所说的“经济发展-社会进步-生态安全”三者综合效益的最大化。如果落实到空间上，用生产、生活、生态空间的概念来表示，就不仅在量上合理配置，而且在空间上合理布局，实现既满足人类的需求，又保障生态系统健康，实现 3 种维度空间配置效益的最大化［式（6-1）］。

$$B=f\left[Q(S,L,E),P(S,L,E)\right] \tag{6-1}$$

式中，B 为综合效益；Q 为数量配置；P 为空间布局；S、L、E 分别为生产、生活、生态空间所产生的效益；f 为函数，表示综合效益受到 3 种维度空间的数量配置和空间布局的影响。

如果考虑到时间的因素，正如在“可持续性原则”中提到的，那就会更加复杂；而这种时间因素的影响，也正是开发建设过程中不可忽略的，即开发建设要有时序性。综合效益的最大化一方面要强调整体效益的最大化，另一方面还要追求长期效益的最大化，不能因为近期效益而损害远期效益。

4. 主导性原则

主导性原则主要是指在选择空间优化模式时，要在全面考虑生态空间可占用性和人类空间需求的基础上进行。这是由于人类的活动有其空间选择的基本原则，坡度、高程、水源条件等影响到人类的空间选择；而生态空间可占用性评价也受到诸多因素的影响，包含坡度、高程、水源条件等。在有些情况下，同样的因素对于人类和生态系统空间选择的影响是同向的，这就会导致有些空间既有利于人类开发建设，又有利于生态保护和建设。面对这种情况，不同分区中应该采取不同的主导因素，可占用性较低的区域内，生态需求占主导；可占用较高的区域内，人类空间需求占主导。

5. 区域性原则

所谓区域性原则，有层次或尺度的概念。在下一级的层次或微观的尺度上，要根据可占用性分区的结果，确定是否适宜于人类的开发建设活动或者开发利用的类型或强度；在上一级的层次或宏观的尺度上，整个区域的开发利用强度或模式受到该区域与其他区域的相关关系的影响。以广西西江经济带为例，一方面，要根据可占用性分区类型，制定相应的保护或发展模式；另一方面，由于整个西江经济带处于珠三角上游地区，整体尚处于珠三角生态屏障的核心区位，这就要求对整个区域的开发建设强度、产业发展类型、人口集聚规模等有一个大的约束。

6. 区域关联原则

在空间尺度上，上一级的定位影响到下一级的评价结果，而下一级的功能组成又影响到上一级的功能定位；同时，尺度的变化导致了区域之间联系的变化。区域关联原则指出，任一空间单元的可占用性与该区域、甚至更大范围的自然环境与社会经济因素相关，在评价与区划的过程中，往往要从流域、区域、乃至全国尺度考虑。

二、空间格局优化的对策建议

1. 遵循生态空间可占用性评价的结论

从前面的分析结果可以看出，生态空间可占用性分区同保护性用地、开发建设性用地之间存在较好的一致性。这充分表明生态空间可占用性评价的科学性和可操作性。在广西西江经济带下一步开发建设的过程中，要充分利用可占用性评价的结论，合理安排不同类型区内的开发建设或生态保护活动。通过对可占用性较低的区域的生态保护和环境建设，保证区域“山清水秀地干净”的基本生态状况，同时优化生态空间布局，恢复原有植被，提升生态系统的质量；通过对可占用较高的区域的积极、合理地开发，推动新型的工业化和城镇化，提升工业化水平和城镇化质量，使区域经济发展和社会进步有足够的开发区域可以依托。

2. 刚性限制与柔性管理相结合

生态可占用评价分为不同的等级，人类开发利用活动占用生态空间时，要根据不同的等级，选择刚性与柔性相结合的保护手段。对于生态保护的核心区，如评价中的可占用低值区、自然保护区域（如自然保护区、国家森林公园、国家重要湿地等）、人文景观保护区域（如历史遗迹、文化遗产保护区等）、满足人类的基本功能需求的区域（如饮用水源地、城市内部或郊外的绿色休闲公共空间等），要采用刚性限制的措施，严格禁止对其开发利用（图 6-2）。对于生态重要性程度不高、可占用性较高的区域，可以制定柔性管理的措施，选择适当类型、适宜规模的开发行为。

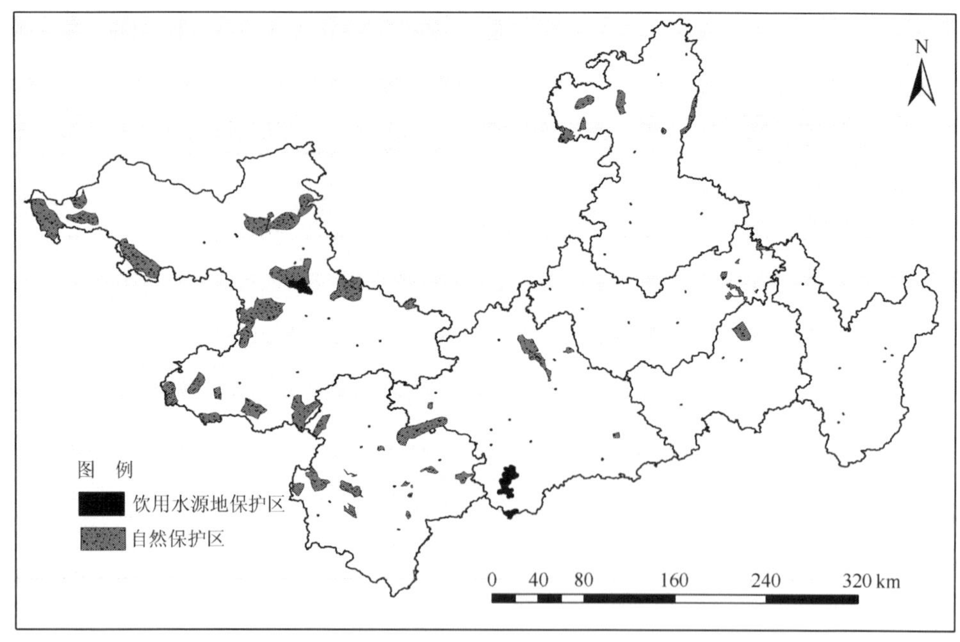

图 6-2　西江经济带饮用水源地保护区和自然保护区

3. 总量控制，分类管制

广西西江经济带一方面要通过开发实现经济发展和社会进步；另一方面，由于经济带处于珠三角上游，是珠三角的生态屏障，这种区域整体上又对开发建设行为产生了一定的约束，不能因为大规模的开发建设破坏了区域生态环境质量，影响了下游的生产和生活。因此，要对整个区域开发采用“总量控制、分类管制”原则。从建设用地类型来讲，城镇、工业园区应该在高值区和较高值区内发展；农村居民点生态环境破坏效应较小，可以散布在高值区、较高值区和中值区内，较低值区内也可允许少量农村居民点，尤其是民族人口聚居点的存在；其他建设用地中的矿产资源开发用地，由于受到矿产资源空间分布的影响，对于区域选择的空间依赖性较强，很多是处于较低值区、甚至是低值区内的，因此，矿产开发一方面要进行区域选择，推动较低值区内的开发、禁止低值区内的开发；另一方面要积极进行生态修复，做到“带走矿产资源、留下青山绿水”。从可占用性分区类型来讲，分类管制的要求是：低值区严禁人类的各种开发利用活动，应以生态保护和建设为主；较低值区，设定严格的准入政策，在保证区域生态质量不下降、生态系统不受到严重破坏的情况下，选择生态友好型的开发利用方式，发展生态友好型产业；中值区，适当规模的集聚产业和人口，发展小规模、特色城镇和产业；较高值区和高值区，重点发展，建设成经济带主要的人口产业集聚区。

4. 合理布局，格局优化

生态空间可占用性分区整体上体现了广西西江经济带生态安全空间格局构建的基本需求，是指导经济带合理布局人口和产业以及进行产业类型选择的重要工具。依托可占用性分区结果，分区域开展生态保护或开发建设活动，能够在满足生态安全格局的基础上，给人类的开发建设行为提供足够的可用空间，同时又能防止人类破坏到生态安全保障的核心区域，引发负反馈效应。这种开发利用格局满足了景观生态学上所追求的“集中与分散相结合”的景观格局的需求。从景观生态学的角度出发，Forman 基于生态空间理论提出了一个具有高度不可替代性的景观总体布局模式，即“集中与分散相结合”格局。研究认为这种格局是生态学上最优的景观格局。我们的可占用分区评价结果体现了这种格局，一方面，经济带内分布着诸多可占用性较低、生态环境质量较好的大型斑块，这在区域生态保护和生态安全控件格局的构建过程中起到重要的作用，要优先保护好这些区域，发挥其主导作用；另一方面，经济带以开发建设为主的区域内也存在一些可占用性相对较低、生态环境质量相对较好的小型斑块，这些斑块对于整个区域层面的安全格局虽然不能起到主导作用，但是仍然是提升景观多样性、优化生态保护区域空间布局、提高大型斑块之间连通性的重要支撑。因此，基于生态空间可占用性分区对于优化现状的空间布局、引导未来的开发建设具有积极的意义。

5. 充分考虑生态过程的空间需求

生态安全格局的构建不仅体现在静态上，即通过某个生态系统或景观单元的服务功能或生态价值来确定其可占用性，而且还要体现在动态上，即识别生态系统或景观单元在生态过程中的作用。景观中某些点对控制水平生态过程有关键性的作用，抓住这些景观战略点将给退化生态系统恢复带来诸多优势。在异相景观中，有一些对退化生态系统恢复起关键作用的点，如一个盆地的进出水口、廊道的断裂处、一个具有“跳板”作用的残遗斑块、河道网络上的汇合口及河谷与山脊之交接处，在这些关键点上采取恢复措施可以达到事半功倍的效果。为此，需要研究区域中生态流的特点，如珍贵鱼类的洄游规律、植被的空间扩展特征、鸟类的迁徙途经等，以此识别生态过程中重要的“不可占用区”。俞孔坚的研究中对于景观生态战略点的选择和识别提供了有利的手段（俞孔坚，1999）。实际上，我们在生态适宜性评价的过程中所做的工作也有利于这些战略点的选择（图 6-3）。在实际发展过程中，积极推动景观战略点的保护和建设，对于提升区域生态系统质量、优化生态空间格局具有重要的意义。例如，依托大藤峡水库建设过程中形成的大规模的水面及因此而推动的周围区域的生态建设、在中部大面积的可占用性高值斑块中形成“景观战略点”，可以推动东部和中部的生态流的实现，提升生态建设的效果。

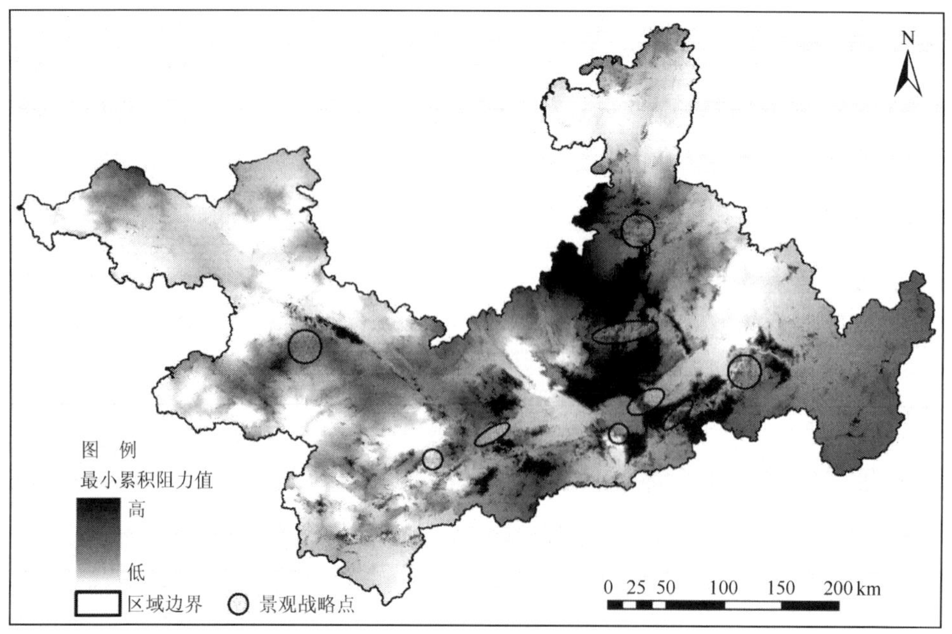

图 6-3　西江经济带景观战略点识别

第三节　研 究 展 望

由于生态空间可占用性的研究仍然处于起步阶段，生态系统自身的特征、人类活动的影响效应、人与自然关系的复杂多样等因素的存在，使得生态空间可占用性分析仍然面临诸多的问题。展望未来的研究，主要有以下几个方面的难题需要解决。

1. 生态学的优化格局如何与经济地理学上的“点-轴系统”相结合

从景观生态学角度出发，“集中与分散相结合”的格局被认为是景观上的最优格局。通过大斑块与小斑块的有机组合、廊道的高效连通能推动物种的扩散，促进物质和能量的流动。从经济地理学的角度出发，人类生产、生活活动空间的布局也具有一定的规律，如农业区位论、工业区位论、中心地理论等，都强调区域所处的位置以及与其他区位之间的联系。不同区域的定位与区域之间的联系构成了空间结构或空间格局。社会经济的空间结构是指社会经济客体在空间中的位置关系、集聚程度及通过线状基础设施而发生的相互作用的方向和强度。陆大道指出，“点-轴系统”可以按“点-轴”空间结构系统配置生产力和改善生产力的空间结构以及进行全部社会经济的空间组织，它既可以充分发挥各级中心城市的作用，又可以实现生产布局与线状基础设施之间最佳的空间结合，是区域发展的最佳结构（陆大道，1995；陆大道，2001）。

从生态学上来讲的“集中与分散相结合”格局和从社会经济角度来讲的“点-轴系统”空间结构其异同在什么地方？当在同一块地域空间上出现两种格局时，怎么进行协调或调整可以使整体格局进一步优化？这也是需要深入思考的问题（图 6-4）。

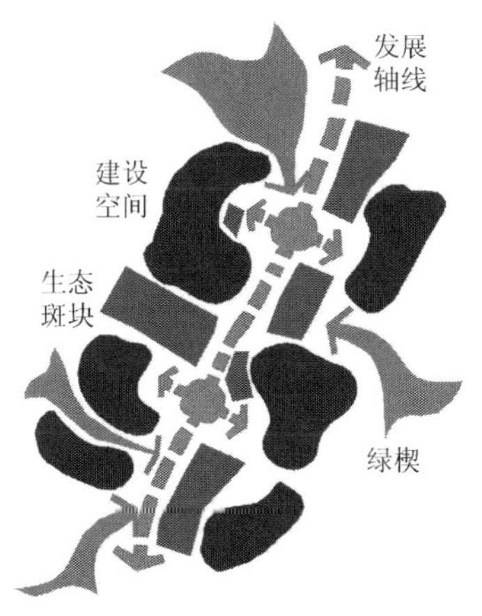

图 6-4 “集中与分散相结合”格局与“点-轴系统”空间结构

2. 空间尺度问题

空间尺度问题被认为是影响分析和决策的重要因素。在不同的分析尺度上，面对同样的问题时，所得到的解决办法存在差异。本书以西江经济带 13.08 万 km^2 的区域面积作为研究区，算是一种在宏观层面上的研究。因此，一些细节的问题可能会被忽略。我们的研究结论中，基于生态空间可占用性分析的城镇用地空间扩展，出现了一些发展优势较高的区域，未来竟然不能分配到足够的建设用地，如南宁；而在一些发展程度较低的区域，存在建设用地的增加量较高的问题，如宾阳县和来宾市辖区。这一方面让人感觉到这些地方可能是未来新兴的工业化、城镇化区域；另一方面也让人产生疑惑，即南宁的发展要受到限制？这是空间尺度问题所引起的悖论之一，这种悖论有其科学解释，那就是南宁周边的生态重要性确实较高，尤其是处在柳州—来宾—贵港一线生态本底总体上不怎么好的区域背景内。在这种宏观的背景之下，区域可占用性的评价结果是一种宏观性的引导或约束，虽然总体评价来宾市辖区和宾阳县可以进行大量建设用地扩展，但是由于发展基础也是重要的影响因素，而城市本身所具有的功能也影响了未来的发展需求，因此，南宁的发展不应该受到限制。但是，即使具体到南宁空间扩展的角度上，也应该遵循生态空间可占用性评价的规律。即使不能按照总体上的可占用性程度来开展，也应该按照相对的可占用性来开展开发利用活动。对可占用性相对较高空间的占用，所引起的生态环境破坏要低于对生态空间可占用性相对较低空间的占用。

空间尺度的另一个影响在于大尺度的分析可以弱化小尺度分析中某些“重要”因素的作用。分析南宁周围的生态空间可占用性，与分析整个区域的生态空间可占用性存在明显的差异。前者的分析可能会揭示微观尺度上城市内部的绿色空间属于不可占用的生态系统，而以整个经济带为整体的宏观研究则不能解决这些问题。反过来讲，宏观上评价可占用性高的区域，内部可能存在微观上可占用性低的区域。这也是尺度的影响。另外，这种可占用性分析也导致城市内部的绿色空间（城市公园、郊野公园、水体等）无法被识别出来。

范围也是跟尺度密切相连的一个问题。正如在生态适宜性一部分研究中所指出的，由于尺度和范围的限制，经济带外、靠近经济带的自然保护区没有被作为“源”纳入到评价过程中，因而影响了部分区域的评价结果，这种影响结果最终也会影响到生态空间可占用性的综合评价。但是，由于范围总是在研究中起着难以回避的作用，因此，需要分析这种范围外的因素在多大程度上影响了结果，如果影响程度小的话，则可忽略；如果影响程度大，则难以忽略。

3. 如何更好地处理人类的空间需求与生物的空间需求之间的关系

这就导致两者的空间需求在有些情况下会出现矛盾与冲突，适宜于生态的空间，同样也是适宜于人类的空间，如坡度、高程适宜，水资源丰富的地区；不适宜于生态的空间，同样也可能不适宜于人类活动的开展，如高海拔或高坡度的地方。怎么处理这种矛盾和冲突是区域发展战略择定中需要审视并解决的关键问题之一。一方面，考虑到人类所具有的主观能动性，以及改造自然界的能力，人类是否应该先尊重自然，宁可丧失部分眼前或局部利益，也要追求长远和整体利益的最大化？另一方面，由于自然生态系统对于外界的干扰存在一定的阈值，在阈值范围之内，适当的占用和损害不会导致灾变性的后果，但是如果一旦超越阈值，那么产生的后果不仅是自然界所不能承受的，同时对人类也是灾难性的。因此，考虑到这种情况的存在，人类是否可以通过改造相对不适宜生态的空间来开展开发利用活动，而避免对于重要生态空间的破坏和占用。

4. 如何更加清晰和具体地体现生态过程的影响

鸟类的迁徙、鱼类的洄游等生态过程，使得一个在质量上并不最优的生态系统可能在功能上是至关重要的，因为扼守了某个重要生态过程中的战略点；泥沙的输送、营养物质的传输等，使得流域上游的生态破坏或建设对下游产生有害或有利的效应。种种生态过程通过生态系统之间的联系将恶化或改良的效应传递到其他生态系统，如何通过生态过程识别生态系统的可占用性，是需要解决的问题。这种生态过程具有区域性，不同地区的生态过程具有差异，需要通过深入的研究才能了解清楚。

5. 如何更加全面客观地分析不同城市扩展模式的综合效应

基于生态空间可占用性的扩展效应是从生态系统服务功能的角度出发，定量的研究揭示出这种扩展过程可以有效减少区域生态系统服务功能的下降，对于维持高水平的生态系统服务功能具有积极的意义。但是，如何从城市未来空间格局的角度比较两种扩展模式的优劣，是本书尚未解决的问题。虽然从定性来看，基于生态空间可占用性的扩展使得城市的轮廓具有更多的棱角或者说呈带状延伸出去的区域，相对于基于土地开发建设适宜性的扩展所导致的“摊大饼式”的空间格局具有更好的合理性，但是如何定量分析这种合理性以及解释这种合理性到底具体体现在哪些方面，是本书尚未解决的问题，也是未来重要的研究内容之一。

参 考 文 献

蔡玉梅，董柞继，邓红蒂，等. 2005. FAO 土地利用规划研究进展评述. 地理科学进展，24（1）：70-78.

曹小娟，曾光明，张硕辅，等. 2006. 基于 RS 和 GIS 的长沙市生态功能分区. 应用生态学报，17（7）：1269-1273.

陈炳禄，陈新庚，吴群河. 1998. 湛江市土地利用生态适宜性评价. 中山大学学报（自然科学版），37（S2）：217-220.

陈昌勇，尹海伟，徐建刚. 2005. 吴江东部地区城镇发展用地生态适宜性评价. 陕西师范大学学报（自然科学版），33（3）：114-118.

陈诚，陈雯，吕卫国. 2009. 基于空间开发适宜性分区的城镇建设用地配置——以海安县为例. 地理科学进展，28（5）：775-781.

陈婧，史培军. 2005. 土地利用功能分类探讨. 北京师范大学学报（自然科学版），41（5）：536-540.

陈利顶，傅伯杰，徐建英，等. 2003. 基于源-汇生态过程的景观格局识别方法——景观空间负荷对比指数. 生态学报，23（11）：2406-2413.

陈灵芝. 1993. 中国的生物多样性现状及其保护对策. 北京：科学出版社.

陈萍，陈晓玲. 2010. 全球环境变化下人-环境耦合系统的脆弱性研究综述. 地理科学进展，29（4）：454-462.

陈爽，刘云霞，彭立华. 2008. 城市生态空间演变规律及调控机制——以南京市为例. 生态学报，28（5）：2270-2278.

陈雯，孙伟，段学军，等. 2006. 苏州地域开发适宜性分区. 地理学报，61（8）：839-846.

陈雯，孙伟，段学军，等. 2007. 以生态-经济为导向的江苏省土地开发适宜性分区. 地理科学，27（3）：312-317.

陈雯，孙伟，禚振坤. 2009. 无锡都市区制造业的区位决策影响与适宜性分区. 地理科学进展，28（6）：926-931.

陈燕飞，杜鹏飞，郑筱津，等. 2006. 基于 GIS 的南宁市建设用地生态适宜性评价. 清华大学学报（自然科学版），46（6）：801-804.

陈勇，艾南山. 1994. 城市结构的分形研究. 地理学与国土研究，10（4）：35-41.

楚波，金凤君. 2007. 综合功能区划的区域实践：以东北地区为例. 地理科学进展，26（6）：68-77.

代磊，汪诚文，刘仁志. 2006. 宁波市土地生态适宜性评价分析. 环境保护，（24）：40-42.

邓小文，孙贻超，韩士杰. 2005. 城市生态用地分类及其规划的一般原则. 应用生态学报，16（10）：2003-2006.

段金荣，张红燕，刘凯，等. 2010. 蠡湖水生动物栖息地适宜性评估. 上海海洋大学学报，19（1）：116-119.

樊杰. 2004. 地理学的综合性与区域发展的集成研究. 地理学报，58（S1）：34-40.

樊杰. 2007a. 我国主体功能区划的科学基础. 地理学报，62（4）：339-350.

樊杰. 2007b. 解析我国区域协调发展的制约因素 探究全国主体功能区规划的重要作用. 中国科学院院刊，22（3）：194-201.

樊杰. 2008. “人地关系地域系统”学术思想与经济地理学. 经济地理，28（2）：177-183.

樊杰. 2011. 西江经济带〈广西段〉可持续发展研究：功能、过程与格局. 北京：科学出版社.

方一平，陈国阶. 2004. 西昌市生态空间占用及其生态系统安全评估. 长江流域资源与环境，13（3）：212-217.

冯健. 2003. 杭州城市形态和土地利用结构的时空演化. 地理学报，58（3）：343-353.

傅伯杰，陈利顶，马克明，等. 2001a. 景观生态学原理及应用. 北京：科学出版社.

傅伯杰，刘国华，陈利顶，等. 2001b. 中国生态区划方案. 生态学报，21（1）：1-6.

谷凯. 2001. 城市形态的理论与方法. 城市规划，25（12）：36-41.

官冬杰，苏维词，王海军. 2006. 重庆市岩溶地区生态环境脆弱性评价研究. 农业现代化研究，27（6）：432-435.

郭荣朝，苗长虹. 2007. 城市群生态空间结构研究. 经济地理，27（1）：104-107.

韩少卿，杨兴礼. 2007. 土地生态适宜性分区及土地生态开发——以重庆市忠县为例. 安徽农业科学，35（03）：815-816，875.

何连生，朱迎波，赵勇胜，等. 2003. 城市垃圾填埋场建设环境影响评价支持系统设计. 城市环境与城市生态，16（4）：40-42.

何英彬，陈佑启，杨鹏，等. 2009. 国外基于 GIS 土地适宜性评价研究进展及展望. 地理科学进展，28（6）：898-904.

胡望舒，王思思. 2010. 基于焦点物种的北京市生物保护安全格局规划. 生态学报，30（16）：4266-4276.

华熙成. 1994. 浙闽山区茶叶生产基地评价的探讨. 地理研究，13（3）：98-103.

环境保护部（原“国家环境保护总局”），中国科学院. 2008. 全国生态功能区划. http：//sts.mep.gov.cn/stbh/js/200808/P020080801446517202442[2010-11-07].

黄大全，张文新，梁进社，等. 2008. 三明市建设用地开发适宜性评价. 农业工程学报，24（S1）：202-207.

贾良清，欧阳志云，赵同谦，等. 2005. 安徽省生态功能区划研究. 生态学报，25（2）：254-260.

贾文臣，贾香云，李福印，等. 2009. 威海市土地利用分形特征动态变化. 地理科学进展，28（2）：193-198.

黎晓亚，马克明，傅伯杰，等. 2004. 区域生态安全格局：设计原则与方法. 生态学报，24（5）：1055-1062.

李滨勇，陈海滨，唐海萍. 2010. 基于 AHP 和模糊综合评判法的北疆各地州生态脆弱性评价. 北京师范大学学报（自然科学版），46（2）：198-202.

李博. 2000. 生态学. 北京：高等教育出版社.

李鹤，张平宇，程叶青. 2008. 脆弱性的概念及其评价方法. 地理科学进展，27（2）：18-25.

李纪宏，刘雪华. 2006. 基于最小费用距离模型的自然保护区功能分区. 自然资源学报，21（2）：217-224.

李克让，曹明奎，於琍，等. 2005. 中国自然生态系统对气候变化的脆弱性评估. 地理研究，24（5）：653-663.

李娜. 2009. 基于 GIS 的仪征空间开发适宜性分区研究. 地域研究与开发，28（2）：123-128.

李平星，陈东，樊杰. 2011. 基于最小费用距离模型的生态可占用性研究——以广西西江经济带为例. 自然资源学报，26（2）：227-236.

李轶冰，杨改河，王得祥. 2006. 江河源区的生态环境地位初探. 西北农林科技大学学报（自然科学版），34（9）：109-114.

李莹，徐文轩，杨维康，等. 2010. 卡拉麦里山有蹄类自然保护区鹅喉羚生境适宜性评价. 兽类学报，30（1）：11-20.

梁涛，蔡春霞，刘民，等. 2007. 城市土地的生态适宜性评价方法——以江西萍乡市为例. 地理研究，26（4）：782-789.

刘丹，杜春英，于成龙. 2009. 黑龙江省玉米的生态适宜性评价及种植区划. 玉米科学，17（5）：160-163.

刘纪远，王新生，庄大方，等. 2003. 凸壳原理用于城市用地空间扩展类型识别. 地理学报，58（6）：885-892.

刘小茜，王仰麟，彭建. 2009. 人地耦合系统脆弱性研究进展. 地球科学进展，24（8）：917-927.

刘晓琼，刘彦随. 2010. 大型能源开发前后区域生态环境脆弱度变化研究——以陕西省榆林市为例. 干旱区资源与环境，24（1）：46-51.

刘孝富，舒俭民，张林波. 2010. 最小累积阻力模型在城市土地生态适宜性评价中的应用——以厦门为例. 生态学报，30（2）：421-428.

刘昕，谷雨，邓红兵. 2010. 江西省生态用地保护重要性评价研究. 中国环境科学，30（5）：716-720.

刘彦随，陈百明. 2002. 中国可持续发展问题与土地利用/覆被变化研究. 地理研究，21（3）：324-341.

刘彦随，刘玉，陈玉福. 2011. 中国地域多功能性评价及其决策机制. 地理学报，66（10）：1379-1389.

刘洋，蒙吉军，朱利凯. 2010. 区域生态安全格局研究进展. 生态学报，30（24）：6980-6989.

卢万合，刘继生，蔡文香. 2010. 基于生态足迹的吉林省生态脆弱性分析. 干旱区资源与环境，24（5）：17-21.

卢亚灵，颜磊，许学工. 2010. 环渤海地区生态脆弱性评价及其空间自相关分析. 资源科学，32（2）：303-308.

陆大道，樊杰. 2009. 2050：中国的区域发展. 北京：科学出版社.

陆大道，郭来喜. 1998. 地理学的研究核心：人地关系地域系统——论吴传钧院士的地理学思想与学术贡献. 地理学报，53（2）：97-105.

陆大道，刘卫东. 2003. 区域发展地学基础综合研究的意义、进展与任务. 地球科学进展，18（1）：12-21.

陆大道，姚士谋，刘慧，等. 2007. 2006年中国区域发展报告：城镇化进程及空间扩展. 北京：商务出版社.

陆大道. 1995. 区域发展及其空间结构. 北京：科学出版社.

陆大道. 2001. 论区域的最佳结构与最佳发展——提出“点-轴系统”和“T”型结构以来的回顾与再分析. 地理学报，52（2）：127-135.

陆大道. 2007. 我国的城镇化进程与空间扩展. 城市规划学刊，（4）：14-17.

陆大道. 2011. 中国地理学的发展与全球变化研究. 地理学报，66（2）：147-156.

罗怀良，朱波，刘德绍，等. 2006. 重庆市生态功能区的划分. 生态学报，26（9）：3144-3151.

马克明，傅伯杰，黎晓亚，等. 2004. 区域生态安全格局：概念与理论基础. 生态学报，24（4）：761-768.

马世骏，王如松. 1984. 社会-经济-自然复合生态系统. 生态学报，4（1）：1-9.

闵希莹. 2005. “摊大饼”的追问. 规划研究，29（1）：40-44.

明庆忠. 1995. 论山间盆地城市地貌适宜利用模式. 地理学与国土研究，11（2）：52-57.

牛文元. 1989. 生态环境脆弱带的基础判定. 生态学报，9（2）：97-105.

欧阳志云，王效科，苗鸿. 1999. 中国陆地生态系统服务功能及其生态经济价值的初步研究. 生态学报，19（5）：607-613.

彭补拙，李春华，濮励杰. 1994. 中亚热带北缘青梅土地适宜性评价方法探讨. 自然资源，（2）：14-21.

彭晋福. 2000. 应用最小累积阻力模型模拟土地利用变化——以江苏省扬中市为例. 北京：北京大学硕士学位论文.

朴妍，马克明. 2007. 交流强度对城镇扩展过程的影响——以北京为例. 干旱区资源与环境，21（12）：27-31.

邱彭华，徐颂军，谢跟踪，等. 2007. 基于景观格局和生态敏感性的海南西部地区生态脆弱性分析. 生态学报，27（4）：1257-1264.

全国主体功能区划方案及遥感地理信息支撑系统课题组. 2008. 省级主体功能区域划分技术规程（试用）.（内部资料）

冉圣宏，金建君，薛纪渝. 2002. 脆弱生态区评价的理论与方法. 自然资源学报，17（1）：117-122.

申金山，关柯，李峰. 1999. 城市居住用地适宜性评价方法与应用. 城市环境与城市生态，12（2）：29-31.

石青，陆兆华，梁震，等. 2007. 神东矿区生态环境脆弱性评估. 中国水土保持，（8）：24-26.

时亚搂，李升峰. 2004. 风景名胜区旅游环境适宜性分析——以中山陵园风景名胜区为例. 城市环境与城市生态，17（5）：15-17.
史德明，梁音. 2002. 我国脆弱生态环境的评估与保护. 水土保持学报，16（1）：6-10.
宋彦华，薛莲荣，王玉梅，等. 2009. 半干旱地区城市用地生态适宜性评价——以呼和浩特市为例. 中国沙漠，29（5）：942-946.
孙兰东，岳立，郭慧. 2010. 石羊河流域生态系统的气候变化脆弱性评估. 干旱区研究，27（2）：204-210.
孙儒泳，李庆芬，牛翠娟，等. 2002. 基础生态学. 北京：高等教育出版社.
孙铁珩，杨翠芬，赵学群. 1998. 城市污水土地处理适宜性评价系统. 中国环境科学，18（6）：506-509.
孙伟，陈雯，段学军，等. 2007. 基于生态-经济重要性的滨湖城市土地开发适宜性分区研究——以无锡市为例. 湖泊科学，19（2）：190-196.
唐先明，周万村. 2001. 山地城镇迁建选址模型研究——以巫山县为例. 山地学报，19（2）：135-140.
陶和平，高攀，钟祥浩. 2006. 区域生态环境脆弱性评价——以西藏“一江两河”地区为例. 山地学报，24（6）：861-868.
田大伦. 2008. 高级生态学. 北京：科学出版社.
田亚平，刘沛林，郑文武. 2005. 南方丘陵区的生态脆弱度评估——以衡阳盆地为例. 地理研究，24（6）：843-852.
王翠红. 2004. 中国陆地生物多样性分布格局的研究. 太原：山西大学博士学位论文.
王德炉，喻理飞. 2005. 喀斯特环境生态脆弱性数量评价. 南京林业大学学报（自然科学版），29（6）：23-26.
王桂芝. 1997. 基于 GIS 的三亚市热作土宜评价模型的建立. 测绘信息与工程，（2）：23-25.
王宏伟，张鑫，邱俊楠. 2010. 榆林市脆弱生态空间分异特征及脆弱度分析. 水土保持研究，17（3）：184-188.
王介勇，刘彦随，张富刚. 2007. 海南岛土地生态适宜性评价. 山地学报，25（3）：290-294.
王介勇，赵庚星，杜春先. 2005. 基于景观空间结构信息的区域生态脆弱性分析——以黄河三角洲垦利县为例. 干旱区研究，22（3）：317-320.
王丽婧，郭怀成，刘永，等. 2005. 邛海流域生态脆弱性及其评价研究. 生态学杂志，24（10）：1192-1196.
王敏，黄沈发，鄢忠纯. 2006. 上海市生态环境功能区划研究中的两个重要指标. 环境科学与技术，29（11）：102-105.
王如松，李锋，韩宝龙，等. 2014. 城市复合生态及生态空间管理. 生态学报，34（1）：1-11.
王小丹，钟祥浩，刘淑珍，等. 2009. 西藏高原生态功能区划研究. 地理科学，29（5）：715-720.
王新生，刘纪元，庄大方，等. 2005. 中国特大城市空间形态变化的时空特征. 地理学报，60（3）：392-400.

王仰麟. 1995. 渭南地区景观生态规划与设计.自然资源学报，10（4）：372-379.

王引，陈纷. 2005. 北京城市发展与“摊大饼”. 北京规划建设，（1）：39-42.

邬建国. 2007. 景观生态学：格局，过程，尺度与等级（第二版）. 北京：高等教育出版社.

吴传钧. 1991. 论地理学的研究核心——人地关系地域系统. 经济地理，11（3）：1-6.

吴传钧. 1998. 人地关系与经济布局. 北京：学苑出版社.

吴钦孝，韩洛川，王晗生. 2000. 油松飞播造林的地理分布和适宜性分区. 水土保持学报，14（1）：18-23.

吴仁烨，陈家豪，徐宗焕，等. 2009. 漳州果树种植适宜性区划的 GIS 应用. 福建农林大学学报（自然科学版），38（4）：366-370.

肖笃宁，李秀珍. 1997. 当代景观生态学的进展和展望. 地理科学，17（4）：356-364.

肖笃宁. 1991. 景观生态学：理论、方法及应用. 北京：中国林业出版社.

肖笃宁. 2010. 景观生态学. 北京：科学出版社.

肖桐，王军邦，陈卓奇. 2010. 三江源地区基于净初级生产力的草地生态系统脆弱性特征. 资源科学，32（2）：323-330.

谢标，杨永岗. 1998. 贵州省岩溶山区生态环境脆弱性及人为活动的影响——以息烽县为例. 水土保持通报，18（4）：12-16.

谢高地，鲁春霞，成升魁，等. 2001. 中国的生态空间占用研究. 资源科学，23（6）：21-23.

谢高地，鲁春霞，冷允法，等. 2003. 青藏高原生态资产的价值评估. 自然资源学报，18（2）：189-196.

谢高地，鲁春霞，甄霖，等. 2009. 区域空间功能分区的目标、进展与方法. 地理研究，28（3）：561-570.

谢花林，李波. 2004. 城市生态安全评价指标体系与评价方法研究. 北京师范大学学报（自然科学版），40（5）：705-710.

谢花林，李秀彬. 2008. 基于分形理论的土地利用空间行为特征：以江西东江源流域为例. 资源科学，30（12）：1866-1872.

谢力扎提·哈布尔，高敏华，吉别克·哈力克巴义. 2010. 基于分形理论的哈巴河县土地利用类型分析. 安徽农学通报，16（7）：145-147.

徐广才，康慕谊，贺丽娜，等. 2009. 生态脆弱性及其研究进展. 生态学报，29（5）：2578-2588.

徐健，周寅康，金晓斌，等. 2007. 基于生态保护对土地利用分类系统未利用地的探讨. 资源科学，29（2）：137-141.

杨伟民. 2008. 推进形成主体功能区，优化国土开发格局. 经济纵横，（5）：17-21.

姚建，丁晶，艾南山. 2004. 岷江上游生态脆弱性评价. 长江流域资源与环境，13（4）：380-383.

俞洁，邵卫伟，于海燕，等. 2006. 浙江省生态功能区划研究. 环境污染与防治，28（8）：620-623.

俞孔坚. 1998. 景观生态战略点识别方法与理论地理学的表面模型. 地理学报，53（增刊）：11-20.

俞孔坚. 1999. 生物保护的景观生态安全格局. 生态学报，19（1）：8-15.

张彩霞，许丽，周心澄. 2007. 阜新矿区煤矸石山植被恢复土地适宜性评价. 水土保持研究，14（3）：246-248.

张红旗. 1998. GIS 支持下的县级区域柑桔土地适宜性综合评价. 资源科学，20（1）：62-70.

张建华. 2010. yaahp 群决策操作演示. http://www.jeffzhang.cn [2010-10-14].

张金屯. 2003. 应用生态学. 北京：科学出版社.

张竟竟，杨德刚，张豫芳，等. 2007. 基于 GIS 与分形理论的天山北坡城乡空间演变综合研究. 资源科学，29（6）：83-89.

张世光. 1987. 中华鲟在西江的分布及产卵场调查. 动物学杂志，22（5）：50-51.

张庭伟. 2001. 实证研究和定量分析——介绍一个实例. 城市规划，25（9）：57-62.

张文广，唐中海，齐敦武，等. 2007. 大相岭北坡大熊猫生境适宜性评价. 兽类学报，27（2）：146-152.

赵慧霞，吴绍洪，姜鲁光. 2007. 自然生态系统响应气候变化的脆弱性评价研究进展. 应用生态学报，18（2）：445-450.

赵平，彭少麟，张经炜. 1998. 生态系统的脆弱性与退化生态系统. 热带亚热带植物学报，6（3）：179-186.

赵平，彭少麟. 2001. 种、种的多样性及退化生态系统功能的恢复和维持研究. 应用生态学报，12（1）：132-136.

赵庆杰. 2009. 生态脆弱性、可持续发展与生态伦理. 科学管理研究，27（5）：47-50.

赵涛，郑新奇，邓祥征. 2004. 城市土地利用优化配置分析应——以济南市为例. 地球信息科学，2（6）：53-57.

赵筱青，王海波，杨树华，等. 2009. 基于 GIS 支持下的土地资源空间生态优化. 生态学报，29（9）：4892-4902.

郑晓兴，张浩，王祥荣. 2006. 长江三峡库区（重庆段）沿江区域生态功能区划. 复旦学报（自然科学版），45（6）：732-737.

郑莘，林琳. 2002. 1990 年以来国内城市形态研究述评. 城市规划，26（7）：59-64.

郑永光，徐英宝. 1996. 南方五省（区）火炬松气候适宜性的研究. 中南林学院学报，16（1）：26-31.

钟林生，肖笃宁，赵士洞. 2002. 乌苏里江国家森林公园生态旅游适宜度评价. 自然资源学报，17（1）：71-77.

周洁敏，寇文正. 2009. 中国生态屏障格局分析与评价. 南京林业大学学报（自然科学版），33（5）：1-6.

周劲松. 1997. 山地生态系统的脆弱性与荒漠化. 自然资源学报，12（1）：10-16.

周立三. 1981. 中国综合农业区划. 北京：农业出版社.

周应书. 2000. 毕节地区池杉引种造林适宜性的 Fuzzy 评判及分区. 农业系统科学与综合研究，16（3）：217-219.

周永娟，王效科，欧阳志云. 2009. 生态系统脆弱性研究. 生态经济，（11）：165-167，189.

祝仲文，莫滨，谢芙蓉. 2009. 基于土地生态适宜性评价的城市空间增长边界划定——以防城港市为例. 规划师，（11）：40-44.

宗跃光，王蓉，汪成刚，等. 2007. 城市建设用地生态适宜性评价的潜力-限制性分析——以大连城市化区为例. 地理研究，26（6）：1117-1127.

Adger W N. 2006. Vulnerability. Global Environmental Change，16（3）：268-281.

Adriaensen F，Chardon J P，De Blust G，et al. 2003. The application of 'least-cost' modelling as a functional landscape model. Landscape and Urban Planning，64（4）：233-247.

Birkmann J. 2007. Risk and vulnerability indicators at different scales：Applicability，usefulness and policy implications. Environmental Hazards，7：20-31.

Blaikie P，Cannon T，Davis I，et al. 1994. At Risk：Natural Hazards，People's Vulnerability，and Disasters. New York：Routledge.

Chen H，Jia B，Lau S S Y. 2008. Sustainable urban form for Chinese compact cities：challenges of a rapid urbanized economy. Habitat International，32：28-40.

Collins M G，Steiner F R，Rushman M J. 2001. Land-use suitability analysis in the United States：Historical development and promising technological achievements. Environmental Management，28（5）：611-621.

Costanza R，d'Argo R，De Groot R，et al. 1997. The value of the world's ecosystem services and natural capital. Nature，387：253-260.

Deressa T，Hassan R M，Ringler C. 2008. Measuring Ethiopian farmers' vulnerability to climate change across regional states. Washing DC：International Food Policy Research Institute.

ESRI（Environmental Systems Research Institute）. 1991. Cell-Based Modeling with GRID .US：ESRI.INC.

Fan J，Li P X. 2009. The scientific foundation of major function oriented zoning in China. Journal of Geographical Sciences，（19）：515-531.

Forman R T T，Godron M. 1986. Landscape Ecology. New York：John Wiley & Sons.

Gert D R. 2000. Environmental conflicts in compact cities：complexity，decision-making and policy approaches. Environment and Planning B：Planning and Design，27（2）：151-162.

Knappen J P，Scheffer M，Harms B. 1992. Estimating habitat isolation in landscape planning. Landscape and Urban Planning，23：1-16.

Leorey O M，Nariida C S. 1999. A frame work for linking urban form and air quality. Environmental Modelling & Software，14：541-548.

McCarthy J J，Canziani O F，Leary N A，et al. 2001. Climate Change 2001：Impacts，Adaptation，and Vulnerability. Cambridge：Cambridge University Press.

McHarg I. 1969. Design with Nature. New York：Natural History Press.

Newell B，Crumley C L，Hassan N，et al. 2005. A conceptual template for integrative human-environment research. Global Environmental Change，15：299-307.

O'Neill R V，Krummel J R，Gardner R H，et al. 1998. Indices of landscape pattern. Landscape Ecology，1：153-162.

Peterson G，Allen C R，Holling C S. 1998. Ecological resilience，biodiversity，and scale. Ecosystems，1：6-18.

Polsky C，Neff R，Yarnal B. 2007. Building comparable global change vulnerability assessments：The vulnerability scoping diagram. Global Environmental Change，17：472-485.

Reberto C，Maria C G，Paolo R. 2002. Urban mobility and urban form：the social environmental costs of different expansion. Ecological Economics，40（3）：199-216.

Risser P G，Karr J R，Forman R T T. 1984. Landscape Ecology：Directions and Approaches. Illinois：Special Publication II，Illinois Naural History Survey.

Roberts M G，Yang G A. 2003. The international progress of sustainable development research：A comparison of vulnerability analysis and the sustainable livelihoods approach. Progress in Geography，22（1）：11-21.

Smith E，Tran L，O'Neill R. 2003. Regional vulnerability assessment for the Mid-Atlantic Region：evaluation of integration methods and assessments results. www. epa. gov/reva/docs/vulnerable. P04[2010-11-19].

Stephen P，Friedrich D. 2001. Assessing the environmental performance of land cover types for yrban planning. Landscape and Urban Planning，52（1）：1-20.

Turner M G，Romme W H，Gardner R H，et al. 1993. A revised concept of landscape equilibrium：Disturbance and stability on scaled landscapes. Landscape Ecology，8：213-227.

Vitousek P M，Mooney H A，Lubchenco J，et al. 1997. Human domination of earth's evcosystems. Science，277（25）：494-499.

Yohe G，Tol R S J. 2002. Indicators for social and economic coping capacity-moving toward a working definition of adaptive capacity. Global Environmental Change，12：25-40.

彩　　图

(a)

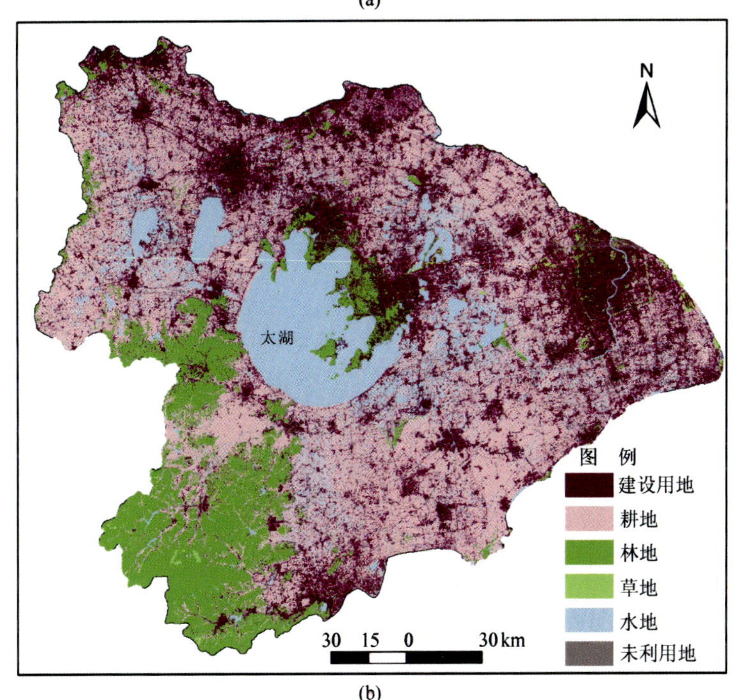

(b)

图 1-3　太湖污染及太湖流域 2010 年土地利用状况

（(a) 左志英，2007）

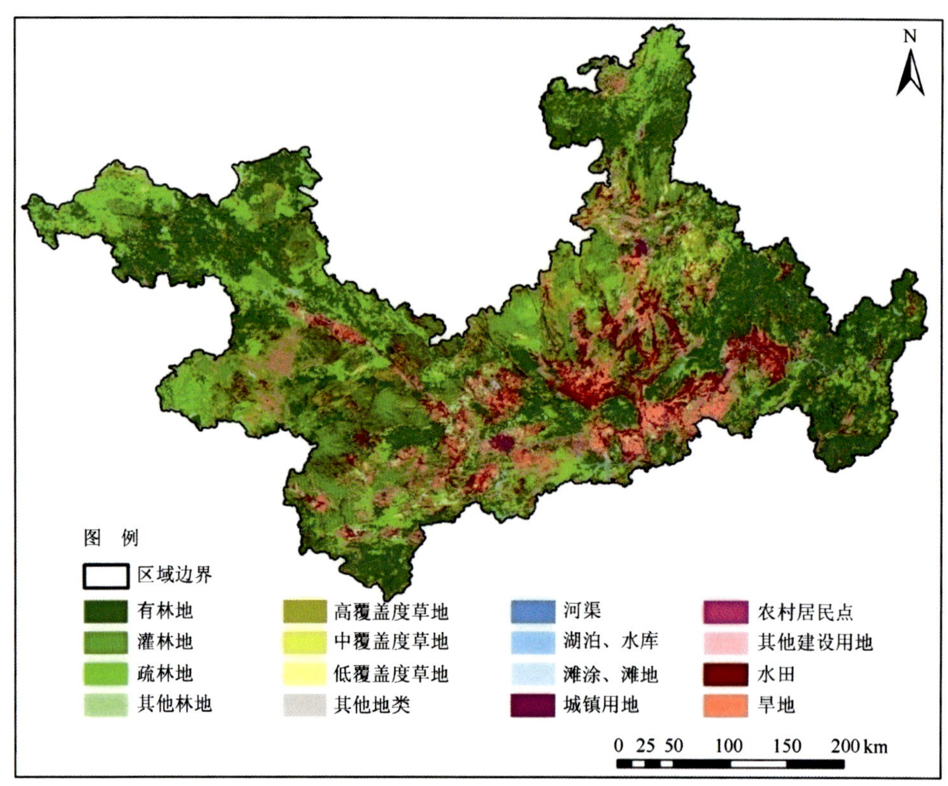

图 3-2　西江经济带土地利用图（二级分类）

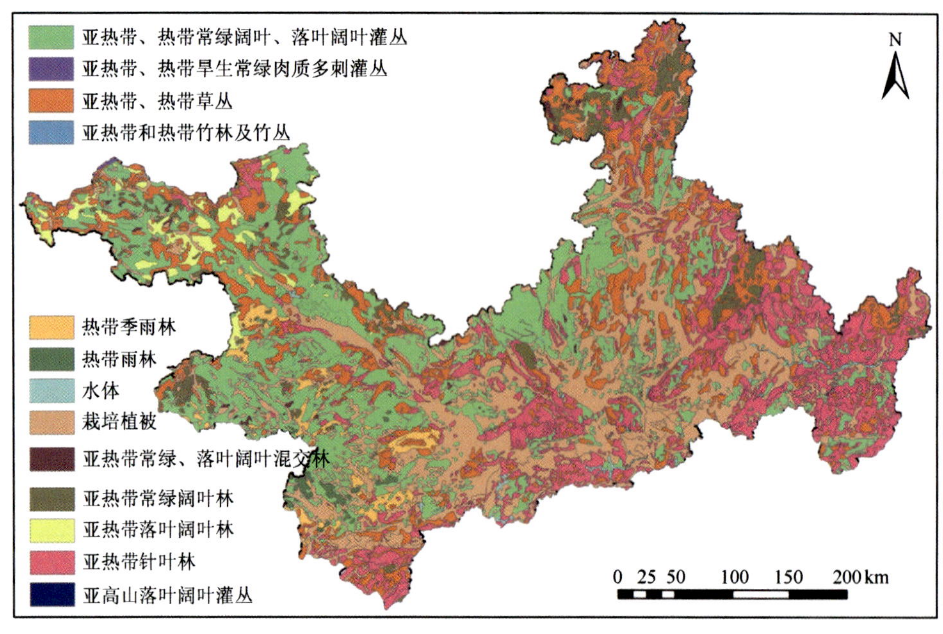

图 3-6　西江经济带植被类型

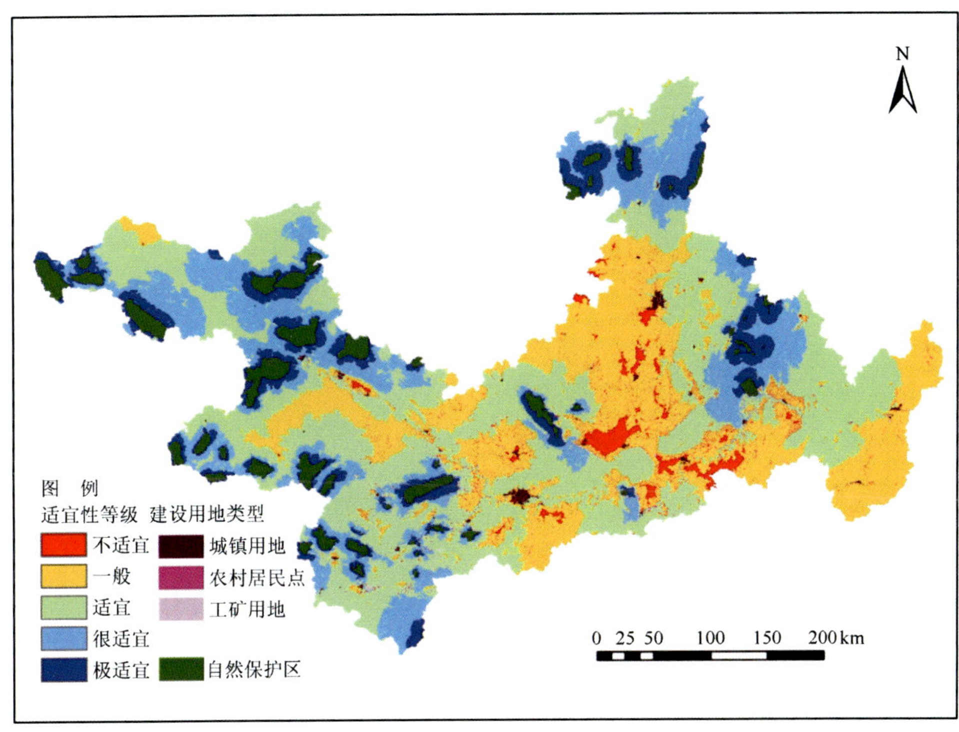

图 4-5　西江经济带生态适宜性分区与自然保护区、建设用地空间分布图

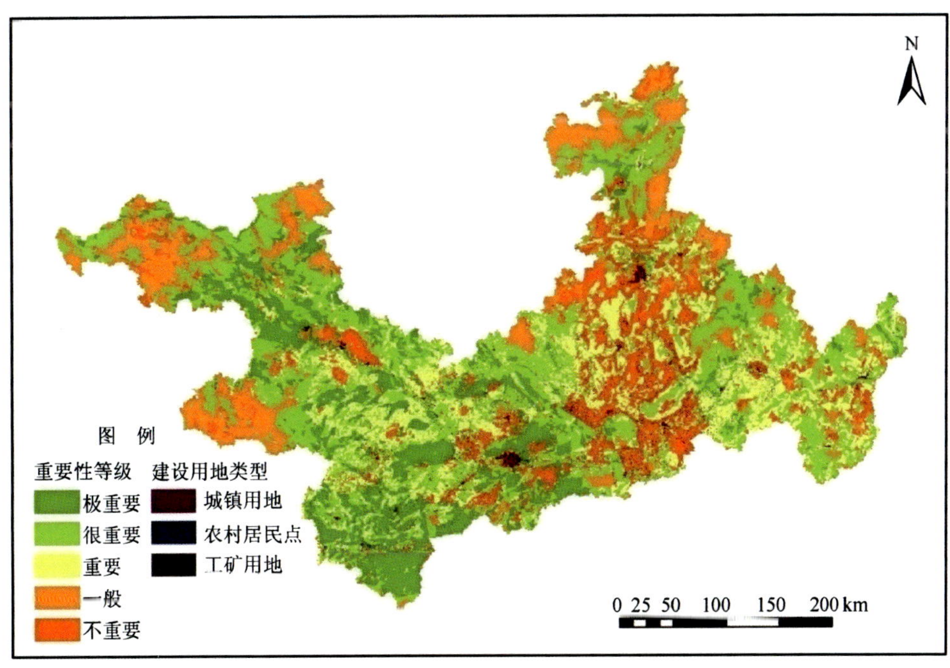

图 4-13　建设用地与不同等级重要性类型区的空间耦合

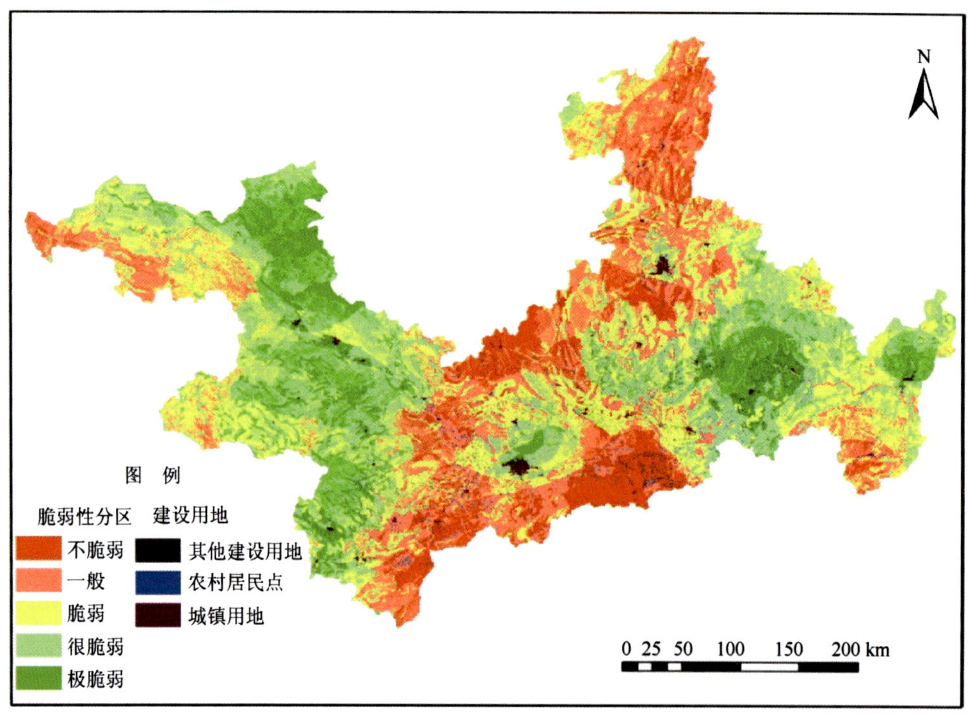

图 4-21　西江经济带脆弱性分区与建设用地空间耦合

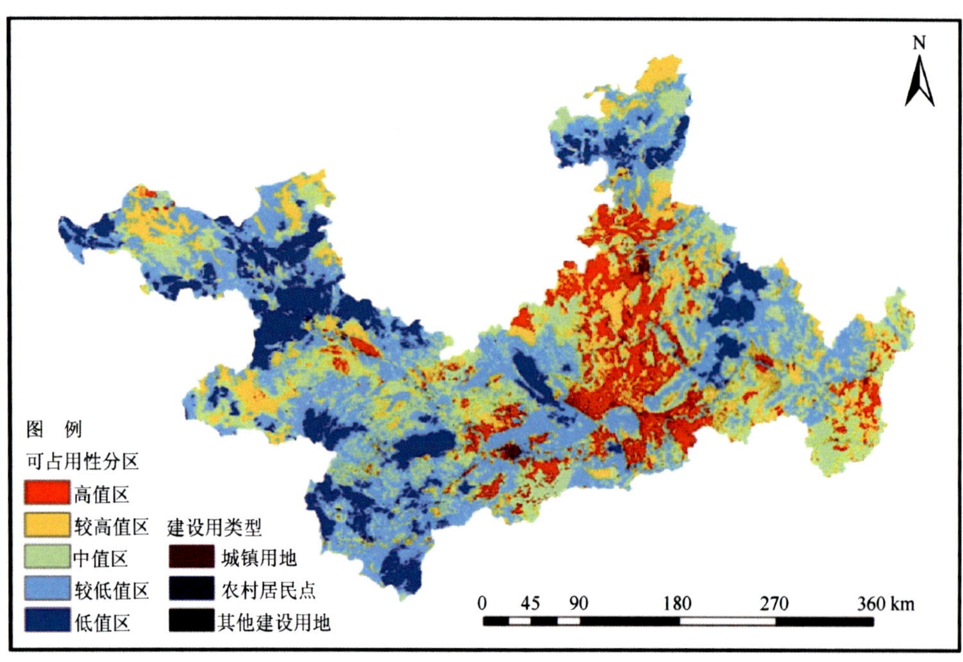

图 4-29　西江经济带生态空间可占用性分区与建设用地的空间叠置关系

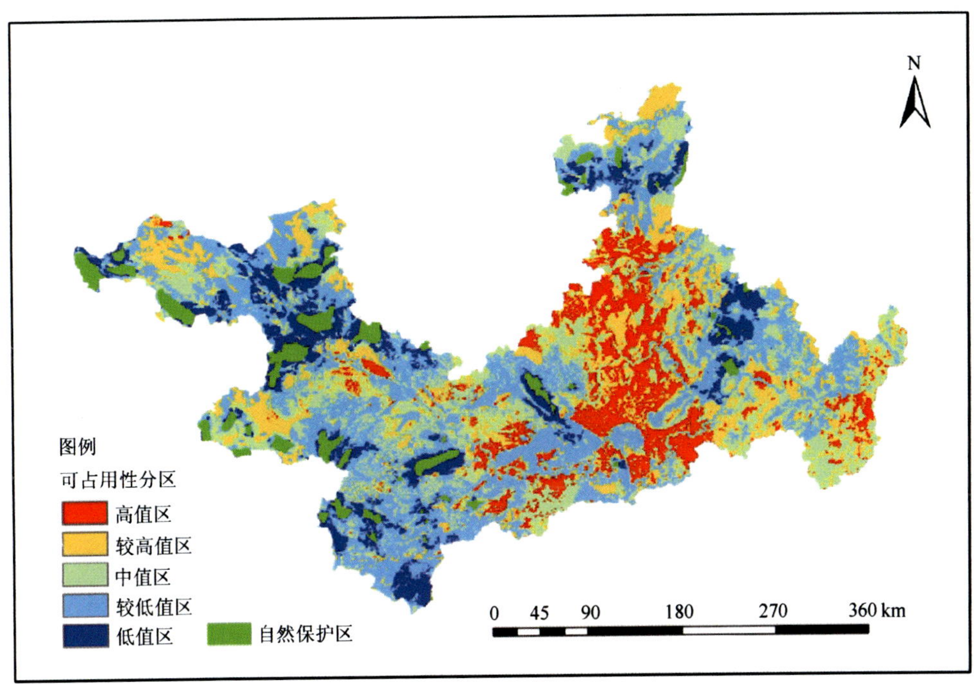

图 4-30　西江经济带生态空间可占用性分区与自然保护区的空间叠置关系

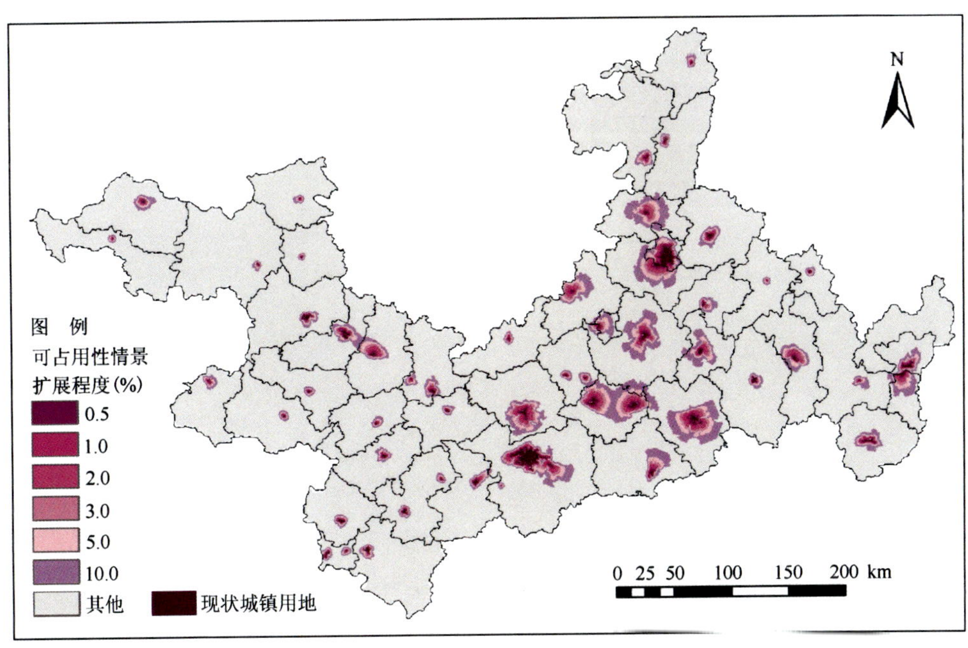

图 5-13　基于生态空间可占用性的西江经济带城镇用地空间扩展模拟图

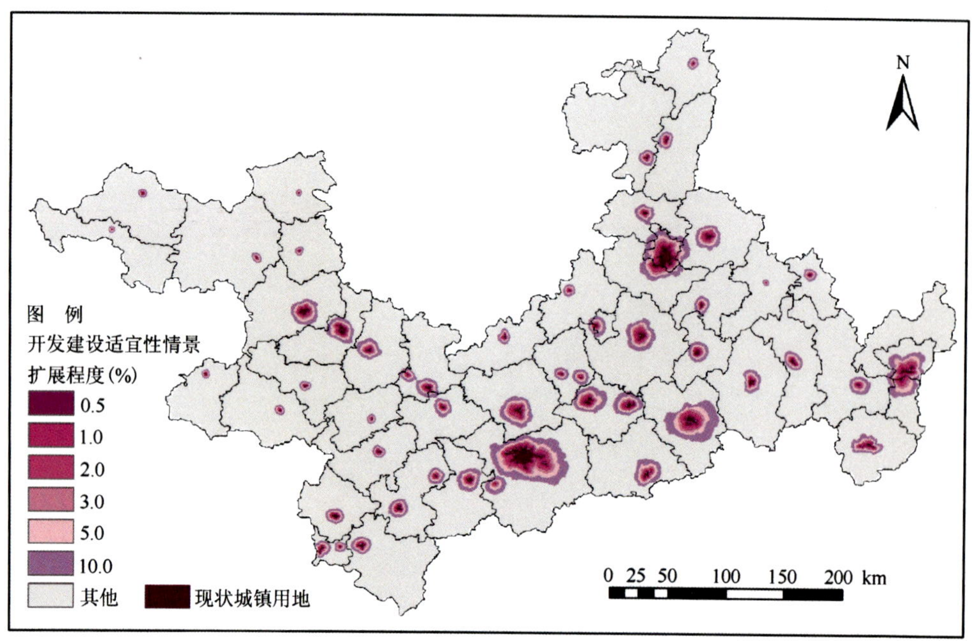

图 5-14　基于土地开发建设适宜性的西江经济带城镇用地空间扩展模拟图

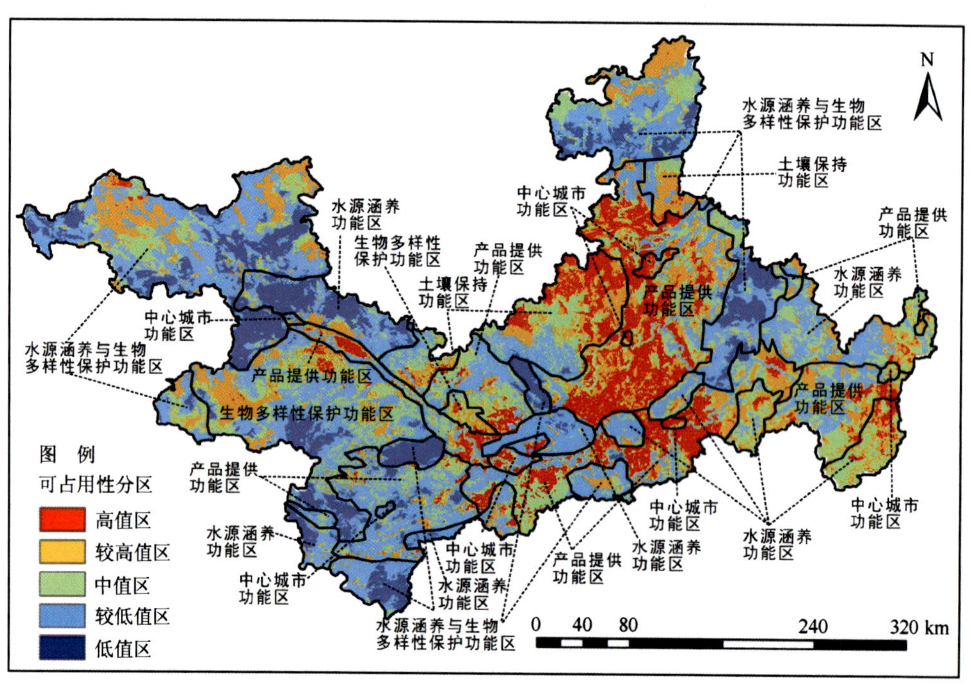

图 6-1　西江经济带生态空间可占用性分区与生态功能区划